（最新修订版） | 秦涛 ⊙ 著

老谋子
司马懿

一本书读懂司马懿的政治智慧

图书在版编目（CIP）数据

老谋子司马懿：最新修订版 / 秦涛著. -- 重庆：重庆出版社，2017.6（2017.9重印）

ISBN 978-7-229-11837-2

Ⅰ. ①老… Ⅱ. ①秦… Ⅲ. ①司马懿（179-251）—人物研究
Ⅳ. ①K827=361

中国版本图书馆CIP数据核字（2016）第303727号

老谋子司马懿（最新修订版）
LAOMOUZI SIMAYI（ZUIXIN XIUDING BAN）

秦涛 著

策　　划：华章同人
出版监制：伍　志　徐宪江
责任编辑：何彦彦
责任印制：杨　宁
营销编辑：张　宁　初　晨
封面设计：今亮后声 HOPESOUND
　　　　　pankouygu@163.com

重庆出版集团
重庆出版社　　出版

（重庆市南岸区南滨路162号1幢）

投稿邮箱：bjhztr@vip.163.com

三河九洲财鑫印刷有限公司　印刷
重庆出版集团图书发行有限公司　发行

邮购电话：010-85869375/76/77转810

重庆出版社天猫旗舰店
cqcbs.tmall.com

全国新华书店经销

开本：787mm×1092mm　1/16　印张：24.5　字数：318千
2017年6月第1版　2017年9月第3次印刷
定价：45.00元

如有印装质量问题，请致电023-61520678

版权所有，侵权必究

目 录

引子　司马老儿只剩一口气了 / 1

01 潜龙勿用：初入仕途，司马懿先隐后等

如果第一次，司马懿就接受曹操的征辟直接出仕，官位难以凌驾兄长之上。司马懿拒绝平庸，他永远追求直逼目标的捷径；尽管有时候这捷径看上去反而像绕远路，但最后的事实总能印证司马懿的判断。司马懿深知"以退为进"和"欲速不达"之深意。更关键的是，司马懿第一次如果直接应征，则根本无法在广大应征者中引起曹操的注意。注意力资源，有时候是比官位更重要的资源，是一种官场晋级的潜在资源。

政治，不是太学生能亲近的玩意儿 / 2
要么迎头赶上，要么被时代抛弃 / 9
裸送钱财，保住司马氏 / 15
读经典，通晓春秋之大义 / 22
藏于九地之下，方能动于九天之上 / 27
敲门砖，不等于终南捷径 / 33
退一步，求的是进一万步 / 37
一只鸟不肯叫，司马懿会等它叫 / 42

02 终日乾乾：他搭上了曹丕这把登天之梯

曹操以选拔太子为契机，逼重臣们表态。虽然选太子貌似曹操的家事，但是谁对曹操的家事越热心，一定程度上也表明谁对曹操继承人的篡汉大业越支持。这是高水准的指鹿为马的好把戏。司马懿看出来了。因此他违背了"不干预君王家事"的古训，积极奔走其中，一

方面是为自己进行无本万利的风险投资；另一方面则是做给曹操看，表明我司马懿坚决拥护您的子孙继承您的事业。

  新人第一课，学会克制自己 / 50
  低头做司马，人前勿露"狼顾之相" / 60
  夺嫡，是一门技术活 / 66
  有所不为，而后可以有所为 / 72
  风险投资，巧妙"干预君王家事" / 81
  借力使力，打人不一定要伸出自己的手 / 88
  拿捏分寸，搅弄风云谋士的生存之道 / 94

03 或跃在渊：谋国先谋身，韬光养晦是上策

  谋国谋军，是为大谋；大谋的能力，标志着一个谋士的水准。而如果只能大谋、不能小谋，那充其量也只能是一个谋士而已。司马懿清楚，献策的目的不能太大公无私；献策并不是为了让采纳者成功，而是为了让自己成功。

  有权就有责，莫要插手他人事 / 102
  九品官人法，是个好办法 / 111
  让事实去证明你是对的 / 117
  王佐之才与暴发户的区别 / 122
  为人臣之道，韬光养晦是上策 / 128
  谋国先谋身，别让自己边缘化 / 138
  当好贤内助，让司马懿都为你折腰 / 145

04 龙战于野（上）：真正的权威，有且只能有一个

  龙多不治水，人多不管事。真正的权威，有且只能有一个。尽管从官衔和权力上看，司马懿已经是西部军区至高无上的权威，但论到对蜀作战的经验与战绩，张郃的威望恐怕就要高那么一点点了。张郃这样的老将，适合独当一面，但绝不适合屈居人下。不除掉这个老钉子户，我司马懿如何能够成为西部军区说一不二、至高无上的真正权威？

驭下之道，在于高瞻远瞩 / 154

先斩后奏，置之死地而后快 / 161

拖不起输不起，只能险中求胜 / 167

下不犯上，疏不间亲 / 175

从容进退，善败者不亡 / 182

高手过招：不动声色，亦步亦趋 / 192

龙多不治水：真正的权威，有且只能有一个 / 201

05 龙战于野（下）：抱持"告成归老"之心态

你们都只见我司马懿人前显赫，谁能知道我几十年如一日在这个位置之上，是怎样的战战兢兢、如临深渊、如履薄冰啊。当今皇上曹叡雄才大略、政自己出。他要是想解散我的势力，简直易如反掌。这次调我出关中、远征辽东，不能说没有这一考虑。如此情势之下，我司马懿手握重兵，怎能不帖耳俯首、善处人臣之分呢？唯有时刻抱持"告成归老、待罪舞阳"之心态，方能逢凶化吉、转否为泰。

任何小疏漏，在较量中都可能成为致命要害 / 212

司马、诸葛之争，耐力决定成败 / 222

君臣唱双簧，耗死诸葛亮 / 233

可以给你的，自然也可以拿回去 / 240

抱持"告成归老"之心态，方能逢凶化吉 / 247

集腋成裘，学习他人的长处 / 256

权力较量：庙堂更胜战场 / 265

06 飞龙在天：朝堂之争，离不开枪杆子

权随事走，事在人为。我不让你做事，哪怕你有无上权力，照样等于赋闲在家。司马太傅老当益壮，再次展示出了自己的军事才华，也让曹爽发现他的集团有一个致命的漏洞——不懂军事。枪杆子里出政权，如果不懂军事、不能掌控军界，一切都是白搭。

不可将客气当福气，同床异梦才是真相 / 276
朝堂之争，离不开枪杆子 / 283
权力永远与事务挂钩，有事才有权 / 292
敌不动我不动，积蓄力量后发制人 / 299
要使其灭亡，必先使其疯狂 / 308
装病再奏奇效，彻底骗过曹爽 / 319
大棒加萝卜，才是最有效的 / 330

07 亢龙有悔：有些事情，只能留给子孙做

司马懿能够立身朝廷数十年而不败、爬到今天这个位置，靠的乃是十足的忍耐力与小心谨慎。他饱读历代史籍，绝对清楚什么事情该做、什么事情不该做。改朝换代当皇帝，当然是天大的诱惑；可我司马懿是七十一岁的老骨头了，说不准哪天就一命呜呼了，现在如果老夫聊发少年狂、过把瘾再死，我是过瘾了，可是要给子孙遗祸啊！

以毒攻毒，让对手退无可退 / 338
有些事情自己做，有些事情只能留给子孙做 / 345
这样当罪人：宁负卿，不负国家 / 353
盖棺论未定，功过后人评 / 363

后记：历史之中的人性，照亮人性之下的历史 / 372

附录：司马懿年表 / 375

引子　司马老儿只剩一口气了

蜀汉延熙十二年（249年），汉中。

姜维已年近五十了。当年的他血气方刚，继承诸葛亮的遗志，立誓要克复中原，何其壮哉！

随着征战阅历的增长，姜维越来越意识到这是一个近乎不可能的任务。

姜维的对手，是曹魏征西将军郭淮和雍州刺史陈泰。郭淮是对蜀作战的名将，陈泰是老臣陈群的公子、曹魏军界的新贵，这是两个非常棘手的对手。不过这两个人并不够资格让独得诸葛亮真传的军事奇才姜维绝望。真正令他感到绝望的，是这两个人背后近乎完美的军事防御体系。

十几年前，司马懿在诸葛亮一波又一波的猛烈攻击之下，不慌不忙地构筑起一套军事防御体系。组成这套防御体系的，有受司马懿提拔和培养的杰出军事人才，有可以掎角互援的各大防点，以及应对蜀汉惯常进攻模式的一整套防御办法。所以，在诸葛亮病逝、司马懿抽身离去之后的十几年中，尽管姜维一直在绞尽脑汁地努力，却始终难以在曹魏边防线上有一尺半寸的推进。

姜维正在筹划今年秋收之际再次突袭雍州的大规模军事行动。在没有找到敌方的软肋之前，姜维只能用这种毫不间断的徒劳攻击来掩饰自己的无能为力。

难道真的没有半点破绽吗？姜维站在汉中军营前凛冽的寒风中，望向东方一个他所看不见的城市——洛阳。那是曹魏的政治中枢，近十年来，姜维实际上的对手司马懿几乎没有离开过那座城市。司马懿的兴趣，早已经从军界转向政界了，只留下一盘珍珑棋局等姜维来破解。

东吴赤乌十二年（249年），建业。

六十七岁的吴帝孙权是三国开国君主中硕果仅存的一位，但他丝毫没有一览众山小的快感。因为孙权很清楚，尽管当年的诸多强劲对手都已经先后谢世，但他仍然不是当今世界上最强的那个人。

孙权不是没有吞并天下的野心，但东吴却始终以一个闭关自守的形象出现在世人面前，原因在于兵种的先天不足。

东吴的水军足以傲视天下，但陆战却始终是一大命门，因此自守有余、进取不足。冷兵器时代的陆战，骑兵克步兵。孙权虽然控制着广袤的疆域，却没有一处养马的所在。东吴土生土长的马匹孱弱不堪，驮驮粮食、搞搞后勤还可以，真要上阵杀敌，根本不是北方悍马的对手。

北方盛产马匹的地方，西北的河套平原算一个，燕赵故地的辽东算一个。以前，孙权经常派海军舰队远涉重洋，从海路向辽东购买马匹。当时的辽东，由世代盘踞于此的东北王公孙家族所控制，不受曹魏直接管辖。

但是，这条商路已经断绝十一年了。

十一年前，东北亚的霸主、辽东公孙家族末代掌门人公孙渊，在自己的地盘上被杀，其头颅被快马千里传送到曹魏帝国的首都，悬挂在城门之上示众。

这起军事行动的操刀手，就是司马懿。

孙权想起此事，不禁长叹一口气。公孙渊鼠辈而已，死不足惜；可是辽东归魏，断了我东吴的战马来源，实在可恼！重重深宫之中，光线昏暗。暮气沉沉的孙权独坐冥想已久，精力不支，昏昏欲睡。身边的侍女赶紧服侍孙权就寝。

年迈的孙权入睡之前最后一个意识流般的念头是：为什么司马懿比朕大三岁，却仍然像年轻人一样精力充沛？

曹魏正始十年（249年），洛阳城郊。

少年天子曹芳正在大将军曹爽陪同下拜谒祭扫先帝曹叡的陵墓——高平陵。

祭祀大典在太常的主持下有条不紊地进行着。曹爽志得意满地欣赏着眼前的场景。

自从文帝曹丕出于节俭的考虑下诏禁止上陵祭祀以来，这还是首次破例。这次上陵扫墓，是曹爽安排的。而且曹爽特意关照太常，不妨搞得隆重一点儿。曹爽要用这一隆重而奢华的仪式，向墓中的曹叡，向普天之下的子民发出一个庄重的宣言。

曹爽很年轻，但他已经表现出了卓绝的政治手腕。受先帝曹叡托孤以来，十年间他与一群志同道合的政界新秀展开大刀阔斧的改革，雷厉风行地推行新政。另一面，曹爽用明升暗降、李代桃僵的办法将同受托孤的辅政重臣、朝中最强大的对手司马懿一步步架空。两年前，司马懿知趣地告老退休，但曹爽毫不放松警惕，仍派人严密监视司马府。

也就是说，曾经在曹魏权重一时，令蜀汉东吴闻风丧胆的司马懿，已经被曹爽全面软禁。而且，前一段时间心腹李胜去司马府查探，回来报告：司马老儿已经只剩下一口气儿了。

曹爽决定赶在司马懿断气之前举办这场拜谒高平陵的祭祀盛典。他要通过这场祭祀，向人们宣告旧世界的终结，新时代的开启。

大年初三清晨，洛阳城内。

地上还残留着爆竹的残迹，一派喜庆过后的景象。重要的官员，都一大早跟随皇上出城谒陵去了，此地只剩下一些中低级官员和退休的老官员们享受着年后的闲散与慵懒。

唯一与这慵懒气息格格不入的，是一所高门深宅。这所宅第最近两年一直门庭冷落鞍马稀，因为宅第的主人已经卧病在床、整整两年没有出门了。尽管大门紧锁，宅第内却散发出极具穿透力的强大气场，令人不寒而栗。

镜头穿越紧闭的黑漆大门，直接推进到光线阴沉的内室。一位古稀老人，正端坐在床榻之上，向身边的两个儿子交代事情。老人干瘪的嘴唇以难以察觉的幅度迅速翕动，声若蚊蚋。气氛分明紧张得令人窒息，偏又仿佛能听到一种气定神闲的节律。显然，这位古稀老人就是那强大气场的来源所在。

近半个世纪以来的叙事，都以他为主题展开；近半个世纪以来的最杰出者，都暗自以他为对手；近半个世纪以来与他作对的人，都不曾有过好死。

因此，尽管现在还是兵权在握、权势滔天的大将军，但曹爽的生命从此刻开始，进入了倒计时。

他，就是乱世三国的终结者——司马懿。

司马懿的传说，对于洛阳城——不，对整个曹魏的子民来讲，都是耳熟能详的谈资。在高平陵政变之后，人们都会把司马懿这次为时两年的"装病事件"，与他年轻时那次长达七年的"装病事件第一季"相提并论。

当时，曹操想强行录用司马懿为公务员，司马懿为了放弃面试名额，在床上卧病七年。在这七年期间，曹操与司马懿进行了第一次交手，这是三国史上一次帝王级顶尖高手之间的巅峰对决，双方钩心斗角、见招拆招，过程波谲云诡、精彩灿烂。埋个伏笔，后文再为您现场直播、全程解析。

但是，阅历更丰富、智谋更深远的人则能洞察到这两次装病事件之间的细微差别，比如曹魏第一代明星智囊团中唯一活到现在、成为四朝元老的蒋济。

蒋济清楚,司马懿的"装病事件第一季",是为了抬高身价、博取名利;而他这次的"装病事件第二季",目的则单纯得多——生存。四十年前的司马懿如果不装病,他就难以得到曹操的另眼相看;两年前的司马懿如果不装病,他就难以活到今天。

在蒋济这位职业谋士的眼里,司马懿一直是那么谋略迭出、智计无双。但是,如果说当年的司马懿还有些年轻人争强好胜的毛病,花哨的计策有炫技之嫌的话,那么如今的司马懿则信奉绝对的实用主义。

重剑无锋,例无虚发。

蒋济已经六十多岁了。他感到自己谋士的黄金生涯已经过去了。谋士也是要吃青春饭的,年轻时候的谋士有足够的精力和智力进行周到缜密、犹如神来之笔般的神机妙算,而年老的谋士则可能更多依靠经验与稳重。这是一般谋士的特征。

司马懿绝对是个例外。

一般人的人生,是发泄式的:趁着年轻尽情挥霍自己的才华与青春,到年老的时候,只好吃年轻时的老本;司马懿的人生,是摄敛式的:七十年一路走来,不断积累和凝聚着自己和别人的经验与教训,犹如滚雪球般,时间越长,越发厚重。

夕阳之所以辉煌,在于它收敛了一整天的阳光。

与司马懿这肆意喷薄辉煌的夕阳相比,蒋济就像一抹残月,唯有静静站着,旁观司马懿行云流水般调兵遣将。

此时司马懿已经到了朝堂之上,正紧急召会群臣,调度政变事宜。

按常理来讲,行政权力的生效,必须依靠反复的使用。任何一名行政首长只要离开原单位两年,就难以再度顺畅行使原有的权力。然而,尽管这两年来司马懿一直未出现在公众的视野之中,但他今天重新出山居然没有遭遇任何的阻力。

一千五百六十多年后,法国一位伟大的人物也做到了这一点。他在被流放到孤岛上一年之后重返法国,立马得到军民的热烈拥戴。

他，就是拿破仑。

司马懿与拿破仑，靠的都是过人的威望与足以征服一切的人格魅力。

群臣都已经完全站到了司马懿一边，各自领命而去，只剩下蒋济与高柔两位老臣。

司马懿踱到高柔面前，用信任的目光郑重地望着高柔，声音分贝虽低却极有力度："君为周勃矣。"

周勃是西汉的中兴名臣，以平定吕后之乱、安定皇室而闻名于世。

司马懿的话很简洁，语气很平淡，却有一种奇异的说服力。

高柔是比司马懿还要老的老头儿，一生见惯了大场面，现在却像得到鼓励和信任的孩子一样热血逆涌、激情澎湃，认真地点了点头。

蒋济欣赏着司马懿的一举一动和他周身散发出的淡淡光华。蒋济已经分不清哪些是表演，哪些是真情流露。也许，连司马懿本人也分不清楚。因为这种官场权谋的游戏已经深深融入司马懿的血液，构成了他生命的一部分。

生人之初，皆如玉璞。这七十年，你究竟是怎么修炼成精的呢？

01 潜龙勿用：
初入仕途，司马懿先隐后等

政治，
不是大学生能亲近的玩意儿

每个人终将死亡，所以每个人都会消逝；每个人亦曾存在于世，但不是每个人都算活过。

公元179年，司马懿出生于河内郡温县孝敬里。他是家里的老二，字仲达。

河内郡，属于司隶校尉（有点儿清朝直隶总督的味道）的管辖区域。河内紧挨着当时大汉王朝的首都洛阳。你可以把河内和洛阳的关系，想象成天津和北京的关系。

温县，一个县级行政单位，是当时大汉王朝上千个县中的一个，没有什么特别的地方。到汉末为止，温县出过一位名人——子夏，是孔子最优秀的学生"孔门十贤"之一。温县将来会有个地名叫"陈家沟"。（耳熟吧？）陈家沟会出个武林高手陈王廷，陈式太极拳开创者、天下太极拳的祖师爷。

那是明末的事情，现在还是汉末。孝敬里，是温县县城的一个居民区。住在孝敬里，表明司马懿是城市户口。当时的城市，被切割为若干居民区，每个居民区周围用高高的围墙围住，围墙上开有小门可供出入。一到深夜，小门关闭，有兵丁值班巡逻。这在现在叫"熄灯"，在当时叫"宵禁"。

听上去跟今天的大学宿舍差不多，其实不然。今天大学生晚归，顶多记个违纪，当时却是犯罪行为。

在司马懿出生前四年，其父司马防先生提拔了一个有为小青年担任洛阳北部地区的治安长官（洛阳北部尉）。这位小青年在一次带领一群兵丁值班巡逻的时候，遇见蹇叔叔携带管制刀具深夜出行。蹇叔叔是蹇硕的叔叔，蹇硕是当今朝廷中最有权势的太监之一，是当今朝廷中武力最强悍的太监——没有之一。

这位小青年喝令拿下蹇叔叔，蹇叔叔傲气得很，大叫：我侄子是蹇硕！

蹇硕？天王老子来了也没用！

因为这个小青年是曹操。

最终，蹇叔叔被曹操所率领的兵丁用五色棒活活打死在街头。（《三国志·武帝纪》注引《曹瞒传》）

曹操之所以敢当街打死蹇叔叔，不是因为他是曹操，而是因为他爸是曹嵩，他干爷爷是曹腾。曹腾当过中常侍、大长秋，秩二千石；曹嵩是太尉，三公级别的高官，相当于大汉王朝的军委主席。蹇叔叔的侄子蹇硕当时是小黄门，秩六百石，比曹操的干爷爷低了不止一个档次，跟曹操的爸比更是相去不可以道里计。

历史告诉我们，汉末的时代，有个好爸爸，真的很重要！

司马懿就出生在一个不错的家族，在当时有资格被称为"世家"。这个世家据说可以追溯到楚汉相争时期的一名将领司马卬，但第一个真正靠谱的大人物，是司马懿的高祖父——东汉的征西将军司马钧。

但是很不幸，这位司马家族历史上的大人物，最后在狱中自杀了。

司马懿的高祖父司马钧身处的时代，国家的主题是与羌族作战。汉羌之间旷日持久的战争，在帝国的西陲断断续续打了一百多年，是不折不扣的"百年战争"。司马钧是个热血武夫，但绝非一个没有政治头脑的武夫。

后来贯穿东汉王朝数百年的外戚与宦官轮流执政的状况，已经初现端倪。当时垂帘听政的，是开国第一功臣邓禹的后人邓太后。邓太后的哥哥邓骘担任大将军，司马钧就投靠在大将军邓骘的门下，当了一名从事中郎。

抱大腿要抱粗的，司马钧抱的这条大腿毫无疑问是汉王朝最粗的。

但是司马钧的作战成功率很低，低到什么程度呢？就史书记载来看，胜率为零。

决定司马钧命运的，是他的最后一次征战——他跟着庞参一起负责对羌作战的军事任务。

庞参是东汉的一代名将，但是很遗憾，这次跟他一起参战的是胜率为零的司马钧，所以作战结果可想而知。

当时，庞参与司马钧分兵两路，分进合击。司马钧一路高歌猛进，很快就遇到了敌军把守的城池，并不费吹灰之力将城池拿下。

进去才发现，这是一座空城，一粒米都没有。难怪这群兔崽子丢城丢得那么爽快！司马钧骂骂咧咧，命令属下仲光率领三千人马出城割麦子。

悍将手下哪有听话的兵。这仲光也是条好汉，他得了三千人马，不去割麦子，居然直接杀奔羌人大营！

羌人刚刚喘息未定，发现三千汉兵杀气腾腾直冲过来。羌族头领大怒：这么点儿兵也敢来踹营，还把不把我们放在眼里了？于是指挥军队把仲光的三千人马团团包围。

司马钧得知仲光被困，大发雷霆：兔崽子居然敢违抗军令？还把不把我这个主帅放在眼里了？不许救援！

司马钧跟仲光赌气的结果是，仲光的三千人马全军覆没。司马钧折损三千人马，难以守城，只能匆匆撤退。

司马钧回去的结果，是被投进大牢等待军事法庭审判。司马钧虽然作战胜率为零，却有飞将军李广的骨气，在牢房里自杀了。

邓氏家族在司马钧死后不久，被宦官们推翻。东汉陷入外戚、宦官轮流执政的恶性循环之中不能自拔。

司马钧的儿子是司马量。这个在历史上没有留下任何事迹，甚至连名字都被人写错了的司马懿的曾祖父，却极有可能是司马家族的最大转折点。

司马量，官至豫章太守。这是历史上关于司马量的全部记录。

但是，值得注意的是，司马量并没有像他父亲以及传说中的十三世祖司马卬一样担任武职。也许可以说，从司马量开始，司马家族终于下了马背，以另一种方式在东汉生存。

毫无疑问，这是一个明智之举。东汉王朝是中国历史上以重文轻武著称的朝代之一。研究学术和担任文官，都是很有前途的事情——起码比把脑袋别在裤腰带上过刀头舔血的军旅生活强。

到司马量的儿子司马儁时，已经是博学好古的儒生气象了。唯一与他儒生形象不大符合的，是他军人般的高大身躯。史称他身高一米九一（身长八尺三寸），这一身高后来很好地遗传给了司马懿。

经过三代人、近半个世纪的努力，到了司马懿的父亲司马防这一代，司马家俨然已经儒风蔚然，一派世族气象。

司马防这代青年，心目中的偶像是李膺、郭太。李膺、郭太是名士的代表，在当时年轻人中有着天王巨星般的号召力。荀彧的叔父、一代名士荀爽曾经担任过李膺的司机，回来后大肆宣传以自抬身价。一般的年轻人，一旦有机会和李膺交谈一次，也会立马身价百倍。所以社会舆论把跟李膺交往称为"登龙门"。

司马防也暗下决心，要把儿子们也培养成为李膺、郭太这样的名士，为家族光大门楣。

如果不是闹起了轰轰烈烈的学潮，司马懿也许将来真的能成为一位名士。

东汉王朝，是一个思想比较自由和宽松的时代。这一切，都要感谢光武帝刘秀定下的立国基调。

与注重武功和崇尚游侠的西汉不同，在东汉，品德和学养更吃得开。政治中枢虽然始终由外戚和宦官轮流把持，但他们始终也要靠文官们来实现治理。而文官的选拔途径，在本朝也有了进一步的规范化。

自上而下的征辟和自下而上的选举，使得天下英雄尽入汉王朝彀中。发达的选拔制度推进了教育体制的繁荣。底层有广收门徒的私人讲学和世代相传的家学，中层有各地长官兴办的郡学，中央有专款筹建的太学。

公元29年，东汉王朝刚刚建立，百废待兴。开国君主刘秀本着再穷不能穷教育的精神，勒紧裤腰带大力压缩行政预算，裁减官僚机构，斥巨资在首都洛阳皇宫外八里处兴建规模可观的太学。最初，太学生只有几千人。经过几轮急剧的扩招，太学生人数激增到三万多人。随着学生的激增，校舍规模也日渐扩大，到了司马防生活的时代，太学已经拥有二百四十栋建筑，近两千个房间。（《后汉书·儒林传序》）

这就是当时世界上规模最大、规格最高、师资力量最雄厚、办学条件最优越的高等学府，世界学子心目中的圣地——伟大的东汉洛阳太学！

2世纪60年代，洛阳的太学生们还是充满激情与梦想的。他们不像后来的太学生们那样世俗、功利、不关心政治。当时，独立之思想、自由之精神洋溢于校园的每一个角落。

舆论，对于司法的不公可以产生现实的影响。

公元153年，冀州刺史朱穆因为依法逮捕宦官赵忠的不法家属而被判服劳役，太学生领袖刘陶率领数千太学生上书请愿，朝廷不得已赦免朱穆。（《后汉书·朱穆传》）

公元162年，宦官向名将皇甫规索贿未果，将皇甫规迫害入狱，太学生领袖张凤等三百多人游行示威，朝廷不得已赦免皇甫规。（《后汉书·皇甫规传》）

此外，太学生们还经常聚集在一起举办品评政要和名流的沙龙，当时称之为"清议"。清议的尺度很开放，言辞很激烈，上至执政的外戚、当红的宦官，下到贩夫走卒、引车卖浆之流，旁及学术界、司法界的怪现状，无不在抨击范围之内。

在清议的过程中，朝中正直的官员、开明的外戚和血气方刚的太学生们逐渐形成了针对宦官的统一战线，这在当时被称为"清流"；而他们的对立面，宦官及其党羽，自然就是"浊流"。

宦官们感受到了深刻的威胁，他们对清流切齿痛恨。公元166年，在清议达到最高潮的时候，朝廷终于开始了血腥的镇压。太学生的偶像李膺等两百多名正直官员以煽动学生、结党营私、诽谤朝廷的罪名被捕入狱。

水滴进了油锅里，社会舆论爆炸了。太学生们通过请愿、示威等种种方式在皇宫前进行抗议，太尉陈蕃、外戚窦武也积极展开营救活动。社会各方力量奔走努力的结果是，李膺等官员被释放，但同时被判终身不得为官，史称第一次党锢之祸。

三年后的公元169年，掌握实权的窦武、陈蕃起用李膺，决心彻底铲除宦官。遗憾的是，消息走漏，宦官们在死亡的威胁下空前团结，作困兽一击，结果窦武、陈蕃遇害。李膺等一百多人再次被捕入狱，严刑拷打之后死于狱中。这次被禁锢的"党人"有六七百之多，史称第二次党锢之祸。

事情远远没有完结。也许天真而勇敢的太学生对于朝廷还抱有希望，也许他们已经绝望，总之公元172年窦太后去世后，洛阳皇宫朱雀阙上出现了一张匿名大字报，点名抨击当红的三名宦官头子：

"天下大乱！曹节、王甫幽杀太后，常侍侯览多杀党人，公卿皆尸禄，无有忠言者！"（《后汉书·宦者列传》）

这张大字报，遭到了宦官的空前反扑。他们招来在军界享有威望的将军段颎，出动军队大肆逮捕太学生一千多人。经过这次反扑，太学生对政治彻底绝望了。

2世纪60年代，这个充满青年人光荣与梦想的黄金时代，也就此终结。开国之初，已经贵为天子的刘秀与他昔日的大学同窗、布衣严子陵同榻而眠这样令人神往的故事，已经彻底成为传说。整个国家由理想主义转入实用主义，社会风气也就此江河日下。纯粹具有正义感和报国热情的名士难以再有生存的空间，虚伪造作、奢侈淫靡的时局需要真的猛士来收拾。

不自由，毋宁死，这是2世纪60年代以前的风骨。

不求生，就要死，这是2世纪60年代以后的环境。

要生命，还是要灵魂，这是2世纪70年代生人面临的问题。

司马懿就出生在这样的大背景之下。

要么迎头赶上，要么被时代抛弃

我们小时候并不知道苏联解体，并不知道南方讲话，尽管这些是那个时代最重要的事情，尽管这些事情将潜在而深刻地构成我们的成长环境，影响我们的一生。

小时候的司马懿也是如此。

我们今天可以自由选择人生道路，比如做科学家，做老师，做公务员，做小卖店老板……司马懿面对的道路则很简单，他和所有世族子弟一样，都以读书和做官为唯一目标。

万般皆下品，唯有读书高。学而优则仕，仕有暇则学。

朝中无人莫做官。从司马钧到司马防，整整四代人一直都在朝为官，都做到了两千石的郡守级地方长官。两千石是个坎，但是司马懿的祖辈已经花费四分之三个世纪给司马懿搭建好了突破这道坎的入仕人梯。

只等司马懿最后一跃。

司马懿这代人入仕的确比父辈们顺利得多，比如司马懿的大哥司马朗。

司马朗比司马懿大了八岁，早已经是河内郡的名人。

据说早在司马懿出生的那年，九岁的司马朗就干了一件载入史册的事情。当时，有人来拜访司马防。那位客人在交谈的时候总直呼司马防的字，这是一种很不礼貌的表现，毕竟论起来那位客人是司马防的晚辈。小司马朗一本正经地对客人说："不尊重别人的亲人，想必也不会尊重自己的亲人吧。"（慢人亲者，不敬其亲者也。）客人闹了个大红脸，连忙道歉。

司马朗再次载入史册，是在十二岁去应童子试的时候。童子试，是当朝一个选拔神童的制度，专门选拔十二岁到十六岁之间的神童。监试官看司马朗身材高大，完全不像十二岁的样子，怀疑他虚报年龄，就质问他：你隐瞒真实年龄了吧？快老实交代，到底多大了？

司马朗正色回答："我家上上下下几代人都身材高大，我只是基因遗传得好，发育得早罢了。虚报年龄作弊这种事情，我是不屑干的。"（朗之内外，累世长大，朗虽稚弱，无仰高之风，损年以求早成，非志所为也。）

结果司马朗被录取。

十二岁就通过考试被录取为洛阳太学少年预科班特招生"童子郎"。能够在东汉成为太学生，万里挑一；能在十二岁就成为太学的特招生"童子郎"，更是极品中的极品。

几乎可以预见，司马朗的仕途不可限量。

司马朗比司马懿大八岁。可以用一句广告词简单描述司马朗在司马懿面前的地位：一直被模仿，从未被超越。

少年老成的司马朗背起行囊，在全乡人的欢送中告别了家乡，去首都洛阳上太学，司马懿则只能在家里接受家学。教导他的，很可能是父亲司马防。

两汉时期，知识普及程度不高，不是每个家庭都有藏书和知识分子的。也就是说，知识为某些家庭所垄断。垄断的知识代代相传，形成家学。家学是汉魏之际传承文化的重要途径。

司马懿的父亲司马防，性格方正，是典型的严父。他嗜读《汉书》，能诵数十万言。司马防家教很严，平日居家极有规矩。但凡司马防所在的房间，没有允许，司马懿就不敢进；但凡司马防在的场合，不得到许可，司马懿就不敢坐。这个习惯，一直保持到司马懿成人以后（《三国志·司马朗传》注引司马彪《序传》）。司马防有八个儿子，在老爷子的严格教育之下皆成才，当时号称"八达"（《晋书·宗室传》）。所谓言传身教、耳濡目染，司马防的修身功夫对司马懿养成沉稳的性格起到了潜移默化的作用。

司马懿学习的历程，我们也可以猜想一二。

根据东汉成书的《四民月令》记载，司马懿在七八岁的时候入小学，课程主要有语文、数学、天文、地理。语文课学习识字，课本是《急就》《三仓》等启蒙字书；数学课学习《九九》，可能涉及简单的四则运算；天文课学习《六甲》，也就是四时节气和六十甲子的计算办法；地理课学习《五方》，即当时所知的九州、山河、列国之名，相当于中国地理与世界地理。

这些基础课程的学习时间，大约是四年。自十二岁起，司马懿开始接触经典。汉末三国的孩子所要学习的第一部经典是《孝经》，之后是《论语》。这两部书最薄，最容易读懂，因此作为入门教材来使用。

花两三年时间学完《孝经》《论语》等进阶教程，司马懿就可以接触"五经"这样的高阶教程了。到了这一阶段，司马懿也许要进入太学或者郡学学习。司马懿的孙子司马炎后来回忆说："朕的祖上有大学学历。"（本诸生家。）"诸生"，可以是郡学的学生，也可能是太学生。总之，司马懿是具有大学学历的。

大学出来，并不包分配，而是要参加毕业大会考，根据考试成绩来安排职位。考试成绩分甲乙两等，甲等入中央为郎官，乙等下基层做小吏。在两等之外的，比如范式，就回到老家新野县成为一名光荣的街道清洁工。

以上是一般人的学习历程，不排除有个别神童可以跳级。比如大哥司马朗，再比如还没有出世的钟会。钟会在望子成龙的才女母亲亲自督导下，四岁读完《孝经》，七岁诵《论语》，八岁诵《诗》，十岁诵《尚书》，十一诵《易》，十二诵《春秋左氏传》《国语》，十三诵《周礼》《礼记》，十四诵成侯《易记》，十五岁入太学。与超级神童钟会相比，司马懿简直就是班里常见的那种身材高大，永远坐在最后一排，最不起眼的男孩。

尽管如此，学龄前儿童司马懿对于自己即将开始的学习生涯还是感到新鲜而好奇，充满了惊喜和期待。

遗憾的是，我们的小司马懿连坐在宽敞明亮的大教室最后一排安心学习、认真听讲的机会都未必有。司马懿六岁的时候，入小学的前夕，一个被朝廷鉴定为邪教组织领袖的神棍在整个东汉王朝范围内挑起了一场巨大的武装暴动，史称"黄巾起义"。

机会未必会留给有准备的人，命运却喜欢捉弄有准备的人。前一句话送给曹操、刘备、孙坚，后一句话送给司马懿。

公元184年春天，张角临时决定发动全国的数十万信徒共同起事。

在此之前的张角，就如9·11之前的拉登，虽然早就被当局盯上，但知名度还局限在高层内部交流的范围，也远远没有被提上议事日程。

大约在2世纪60年代末，党锢之祸还方兴未艾，人祸引发天灾，中华大地局部开始暴发瘟疫。这时候，一位救世主般的大贤良师出现在饱受疾病困扰的劳苦大众面前。他就是张角。

他通过符咒加中医的治病方法，传道布教、广收门徒。十几年间，他成为汉末最大的民间组织——太平道的领袖，太平道组织的成员遍布全国，人数有几十万之众！

朝廷上有人感受到了这股异常强大而诡异的势力。这个人是司徒杨赐，杨修的爷爷。杨赐秘密上书，请求逮捕张角。

但是这份上书被搁置下来，原因很简单也很可怕——中央已经有了张角的人。

张角把太平道越做越大，终于萌发野心：我要让神圣美好的天国，在甲子年降临人间！

口号已经拟好：苍天已死，黄天当立；岁在甲子，天下大吉。

暗号已经约好：用白粉在洛阳寺门和州郡官府的大门上写上"甲子"二字。

内鬼已经找好：宦官封谞、徐奉，以及暗中信仰太平道的朝廷官员。

时间定在三月初五，甲子年甲子日，天国降临的神圣时刻。

准备工作进入紧张的倒计时，所有太平道信徒都在翘首期盼。

但是，张角派入洛阳活动的要员马元义被内鬼唐周告发，事情败露。洛阳城内一千多名信徒被逮捕杀死。

时不我待。张角临时决定提前发动起义，一举攻克人类黑暗和罪恶的大本营洛阳，迎接天国降临。

朝廷赶紧调动帝国的军队，对各地此起彼伏的黄巾军进行镇压。

黄巾军人数实在太多，帝国的正规军左支右绌、捉襟见肘。

曹操、孙坚、刘备们的机会来了。曹操被征拜骑都尉，在颍川大显神通，升迁为济南国相；孙坚被举荐为佐军司马，在攻克宛城战役中表现神勇，提拔为别部司马；刘备也带领一支乡勇跟在正规军的屁股后面收拾残局，因功被任命为安喜县尉。

更重要的是，他们三人都借这次机会建立起了嫡系的武装，成为日后争夺天下的班底。

曹操、孙坚都不是世族的贵胄，不学无术；刘备虽然以皇族自命，实际上是个卖草鞋的穷鬼，学问也不过是半吊子。这样三个人，在仕途上按理没有多少希望，但是黄巾起义改变了他们生命的轨迹。

同样被改变了生命轨迹的还有司马家族。司马家族经过四代人的努力，好不容易才终于实现了由武入文的转变，而黄巾起义的突然爆发明确向世人宣布：枪杆子代表话语权。

也就是说，即便司马懿刻苦努力，以优异的成绩读完大学并且考上公务员，也只能给曹操、孙坚这种低学历的小老板打工。如果继续循规蹈矩地读书、考试、工作，司马懿必将泯然众人。

要么主动改变自己，要么被动被社会改变，没有第三个选择。

尽管现在考虑这些事情还太早，但人生的早期体验已经以一种无意识的方式深深嵌入到司马懿的生命中，构成了他的基因，使他将来时时能够以一种近乎动物本能的反应来及时调整自己，适应一切环境。

总之，黄巾起义很快被包括曹操、孙坚、刘备在内的军队镇压下去，托他们的福，司马懿安稳读了五年书，掌握了汉朝一般小男孩都要掌握的常用汉字、简单的数学运算和最基础的天文地理常识。在此期间，大哥司马朗也已从洛阳太学毕业归来，俨然成为本地的青年才俊，待业在家辅导弟弟的功课。

老天爷一定是个心眼儿极小的家伙，容不得人世间一切美好的时光驻留太久。眼瞅着司马懿即将开始《孝经》《论语》的进阶学习，有个与司马懿八竿子打不着的人突然从斜刺里杀出，横插一杠子，使四代为官的司马家全面破产。

这个人二十多年来几乎一直在西北做边防军官，他的名字叫董卓。

真正的考验到了！

裸送钱财，保住司马氏

有人的地方就有江湖。洛阳是东汉王朝人最多的地方，江湖格局自然也最复杂。

简单来讲，可以把洛阳的江湖分为三大派系。

第一派：外戚系。创始人：吕后。现任掌门：何进。

外戚系在汉朝历史上源远流长，现任掌门何进原先是个杀猪的屠夫，因为妹妹当了太后，朝为猪肉郎，暮登天子堂，成为帝国的掌舵人。

第二派：宦官系。创始人：前朝太监。现任掌门：张让、赵忠。

东汉的宦官，势力足以与外戚分庭抗礼，到了本朝更是达到了巅峰，形成一个在江湖上令人闻风丧胆的超级组合——十常侍！

其实真正追究起来，十常侍应该是十二个人，整整一打死太监。他们的首领是张让和赵忠。汉灵帝管张让叫爸爸，管赵忠叫妈妈，这票人的势焰可见一斑。

宦官系与外戚系势同水火，近百年来搞得洛阳城腥风血雨、鸡犬不宁。

第三派：清流系。现任掌门：袁绍。

清流系在三派之中历史最短，离政治中枢相对较远，但影响力不可小觑。清流系经过两次"党锢之祸"的大洗劫，元气大伤，已经无力单独与另外两支派系相抗衡。因此，当时的清流系采取了韬光养晦的策略，与外戚系暂时联合，共同对抗势力最大的宦官系。

值得注意的是，清流系内部也有分化：一支是世族，一支是寒族。世族是家族历史悠久、在中央有相当影响力的大家族；而寒族则大多是历史不长的新兴官僚家族，以及仅具有区域影响力的小家族。前一支的带头大哥是袁绍、袁术，后一支的领头人物是曹操。曹操，从出身看，算是宦官系的党羽——浊流。但是他不屑与宦官为伍，积极跟袁绍等一班太子党混在一起，为何进出谋划策。

为了除掉宦官，袁绍给何进出了一条决定中国向何处去的绝妙好计：召西北的军官董卓进京，以武力消灭宦官。

接下来发生的事情可以用峰回路转来形容。

外戚系和清流系要除掉宦官的风声走漏，宦官系先下手为强，杀死了何进。盘踞两汉政界数百年之久的第一大门派外戚系就此一蹶不振。

清流系见势不妙，索性拿起刀直接与宦官火拼。张让绑架了小皇帝一路逃至黄河边，最后走投无路，自个儿跳进黄河被冲进了历史的垃圾堆。宦官系也就此灰飞烟灭。

清流系办完了事情，正在收拾现场。上个月受到召唤的董卓终于带着他的军队风尘仆仆地赶来，连骗带吓，把清流系赶出了洛阳城。

清流系忙活了半天，心有不甘，跑到东边组织起地方军队，以保护皇帝、诛锄国贼为名组织义军攻打董卓。这就是《三国演义》里最热闹的"十八路诸侯讨董卓"的好戏。

一石激起千层浪，再回首已百年身。谁也没有料到袁绍的一条计谋竟引发如此巨大的连锁反应，延续近百年的洛阳江湖三大门派顷刻间土崩瓦解，利益格局实现神奇重组。

蝴蝶效应还在向历史的纵深处煽风点火。

袁绍组织的盟军与董卓打仗，城门失火殃及池鱼。司马懿的家乡温县终于难保古老的宁静。大哥司马朗预感到家乡要出事，就以世家大公子的身份，提醒邻县豪族首领李邵：越是危急时刻越要稳住本地民心，全县父老乡亲可都盯着咱们的一举一动呢。咱们两家要是乱了，两个县就没有主心骨了。

李邵不听，率先搬家逃跑。李家一跑，全县都乱了，良民四处乱窜，刁民趁火打劫，再加上盟军的散兵游勇到这里打秋风，司马家也遭遇了打砸抢。大约在这一时期，司马朗携全家进京投靠老爹。司马懿从此开始了颠沛流离的生活。

天下之大，却容不下一张平静的书桌了。

董卓被义军纠缠得受不了。

江山轮流坐，今年到我家，谁有实力谁说话。外戚、宦官轮流把持朝政这么久，也该换我董卓了。

董卓一怒之下，索性把皇帝连同满朝文武一起搬迁到长安去，把一座空城洛阳留给袁绍的盟军。

司马防也在搬迁之列。司马防临行之前紧急召唤大公子司马朗，交给他一个任务：把全家老小安全护送回老家。金窝银窝，不如自己的狗窝，老家纵然残破，也好过董卓的魔窟。

然而，这对于司马朗来讲近乎是一个不可能完成的任务。

董卓所在的地盘，岂是让你想来就来，想走就走的？在这迁都的非常时刻，董卓早已经下令全城戒严，不但各个城门都有重兵巡逻把守，而且在公卿百官的府门前安插了密探，秘密监视大家的行动。

早有密探把司马朗要出京的事情汇报到董卓处，董卓震怒，下令擒拿司马朗一行，押解归案，并亲自审问。

董卓要杀鸡儆猴。

司马朗看到杀气腾腾的董卓，丝毫不为所动，依旧沉着冷静。

董卓看到司马朗年轻俊俏、气度不凡，不禁张口便问：你今年几岁了？

司马朗不卑不亢：虚度十九。

哦？董卓不禁一阵心酸：我儿子要是活到现在，也是这个年纪啊。有一种感受，叫"移情别恋"。老猫死了儿子，会领一只小狗回来养，这是一切动物的天性。眼下，董卓就把所有对亡儿的感情倾注到司马朗身上："你与我死去的儿子同岁，我那些该死的手下却差点儿杀了你啊！"（卿与吾亡儿同岁，几大相负。）

司马朗一瞧，有戏，看来人身安全暂时没事了。于是他狂拍马屁，给董卓猛灌迷汤，夸董卓品德高尚（高世之德），使董卓晕晕乎乎、云里雾里；接着适时提出在迁都之时搞恐怖政治（四关设禁，重加刑戮），与董卓一贯光明磊落、英明神武的形象不符，使董卓羞愧万分，无地自容；最后告诉董卓，你只要改正错误，就能成为与日月同辉，与伊尹周公相媲美的大圣人（愿明公鉴观往事，少加三思，即荣名并于日月，伊、周不足侔也）。

董卓早就被司马朗的三寸之舌搅得丧失了判断力，忙不迭狂点头："很有道理啊！"说完就把司马朗放了，继续挟持中国史上最郁闷的小皇帝刘协为人质，裹挟着公卿百官一起西迁。

放人不等于允许你出城。司马一家子仍然在强制搬迁的黑名单上。

司马朗的大脑高速运转，绞尽脑汁思考着如何才能完成父亲交予的这个近乎不可能完成的任务。

首先解决一个问题，为什么司马朗这么坚持，一定要回家？

史书上给出的理由是司马朗认定董卓是一只垃圾股，迟早要完蛋。我们来抠抠历史的指甲缝，应该还可以看到这样两则隐藏的理由：

一、司马朗是个有气节的人，不愿意跟董卓这样的流氓军阀同流合污。前面我们谈到，司马防老先生的教育很成功，培养出的儿子都是清正之士。而董卓军队的纪律之坏、部下的虎狼之狠，天下共睹。司马朗不是瞎子，当然看在眼里恨在心里，所以执意要摆脱董卓，誓将去汝！

二、司马家族是温县的地方大族。地方大族唯有在地方才称其为大族。这样一个家族，在地方上积累了名望、人脉和势力，可谓盘根错节；而一旦被连筋带肉地拔除掉，换个坑位待着，那就什么都不是了。所谓龙虎必须借风云之势，否则只能遭到虾戏犬欺。

这就是司马防老先生叮嘱司马朗一定要回家的根本原因。

司马朗终于想出了办法。他决定以一个巨大的代价，逃离这座四关设禁、全城戒严的洛阳城。

这个代价就是——裸送，将司马家族累世经营的全部财产拱手送人。

司马家四世高官，家财绝非寻常百姓所可想见；要把这笔家财全部送人，换谁都会心疼。

送的对象是董卓身边能说得上话的人。董卓是当今天下最有权势的人，宰相门房七品官，何况他身边能说得上话的人，更是天下眼界最高、胃口最大的人。

所以，还真非得送全部财产不可。

可口可乐公司总裁说过，如果我的厂房一夜之间全被烧毁，我可以在第二天就让公司重建。靠的是品牌。

司马朗同样可以说，如果我的家财一夜散尽，只要能回到家乡，我可以在第二天就让它们全部回来。靠的是世家的号召力。

枝叶虽芟，树大根深。这就是汉末的世家，未来五百年中国历史舞台的真正主角。

"裸送"的成效是显而易见的，四关设禁、严密布防立马变得形同虚设。司马朗终于举家逃出洛阳，带领幼弟们回到温县。但是敏锐的嗅觉使他再次感受到：家乡绝不比洛阳和长安安全。

盟军的目标是洛阳。洛阳往东有成皋，险绝天下的虎牢关就坐落在此。虎牢关是兵家必争之地的代名词。如果盟军打不进洛阳，就会顿挫在这一带。以目前的情势来看，盟军与董卓军相比，也就是少抢点儿粮食、少劫掠点儿壮丁和妇女的区别罢了。

而温县在哪里呢？在盟军的最终目标洛阳和兵家必争之地成皋之间。

不逃何待？

司马朗这次没有光顾着自己逃跑，他把族人父老都召集起来，给大家分析形势。他不但讲了温县将要遭遇的危险，还指明了出路："现在屯扎在黎阳营的军队首领赵威孙是司马家族的姻亲，足以庇佑父老乡亲。"

汉光武帝时，曾对开国的军队进行过一次大裁军，剩下的精勇有一支屯扎在黎阳营，是东汉最精锐的正规军之一，直属中央。现在，赵威孙正是这支军队的统领。

但是父老乡亲们不愿意离开温县。前面说过，对于一个地方大族来讲，离开势力范围近乎死路一条。父老乡亲们宁可死在这片熟悉的土地上，也不愿意苟活于陌生的环境。当然，他们更愿意一厢情愿地认为事情并没有司马朗所想象得这么严重。

你不过二十岁而已，我们走过的桥比你走过的路还多。

司马朗携全家，在众人的不理解中毅然东行，前往黎阳。一个人做出一个准确判断并不难，难的是不因别人的质疑而动摇自己的判断。能做到这一点的人，一定是个自信的人。司马朗毫无疑问正是一个非常自信的人。

之后，正如当初向邻县豪族李邵所做的预言一样，事情的发展再度如司马朗预料的那样准确：诸侯军几十万驻扎在成皋一带，号令不能统一，兵勇四出劫掠杀戮，温县有一半人死于兵祸，比董卓军所杀的人还多。

然而董卓是魔王，而他们是义军。

义军打不着董卓，却相互间争斗不断。而长安那边也并不太平：折腾了一辈子的董卓，终于在他的干儿子吕布和朝臣王允合谋下死去，残缺的尸体被欢腾的长安老百姓点了天灯，膏油满地，遗臭万年。

董卓的部下杀回长安，王允死节，吕布出逃。不久，长安的董卓残部就闹了内讧，分成两拨，一拨劫持了皇帝，一拨劫持了百官，互相殴打。老爷子司马防也在被劫持的人质之中，生死未卜。

这些都是司马懿在黎阳营得到的消息。

黎阳的兵丁并没有战意，也不打算勤王或者自立。他们在这乱世所能做的，唯有自保。但这对于司马家族来讲，已经足够了。在这个军营驻地，司马懿在兄长的指教督促之下，坚持读书和修身养性，丝毫不敢松懈。

司马懿就这样每天在军人们操练的口号声中晨读，闲来观摩军人们骑马射箭，也许还会与他们学习和切磋一下兵法战术，热血沸腾地讨论历代的经典战例和名将传奇。而在这外界各种消息和谣言交杂的环境中，司马懿可能还学会了我自岿然不动的耐性与沉着。

在军营读书，恐怕不是每个人都能有的经历吧，何况这样的生活持续了五年左右。

司马懿十六岁的时候，新兴的曹操和流落本地的吕布在黎阳附近的濮阳打了一场大仗。安定了五年的黎阳营也终于不可避免地被卷入这乱世的漩涡。司马朗再度领着家眷和幼弟回到河内温县的老家。

老子曰："大军之后，必有凶年。"家乡迎接司马兄弟的是一场大饥荒，人吃人的大饥荒。这是一个抱着黄金也会饿死的时代，何况司马家已经家财散尽，连黄金都没有了。物质基础都无法满足，如何能有精神上的追求？

上面这个问句是典型西方式的思维。在传统中国，物质上的匮乏从来不足以成为放弃精神的借口；在贫寒之中读书，才是真正的品节。

司马朗在这样的时危世乱中担负起了收恤宗族、教训诸弟的任务。

正如司马家族一样，在这朝纲解纽，国家基本丧失教育功能的衰世，在大汉王朝的土地上，成百上千个宗族担负起了教育子弟、保存文化的功能，使得中华的文化得以在黑暗时代不绝如缕，等待下一个光明盛世的绽放。

读经典，通晓春秋之大义

我一直在想一个问题，三国的牛人为什么会这么多？三国的牛人既然这么多，一定有一个共同的秘诀。

这个秘诀，肯定不是智商高，因为关羽的智商就不见得有多高；肯定不是武功好，因为诸葛亮也并不会武功；也肯定不是口才妙，因为邓艾是个结巴。

如果有这样一个秘诀，一定是关羽、诸葛亮、邓艾，以及其他三国牛人所共享的。如果这个秘诀在三国成立，那么在其他时代，也一定成立，在今天也肯定能应用。用好了，你也可以是牛人。

我通过刻苦钻研，对数百个三国人物进行定量分析，终于在几年后的一天清晨发现了这个秘诀。这个秘诀只有三个字，下面我就通过司马懿这个个案来逐步揭示这三个字。

司马懿将来会遇到很多事情，碰到很多对手，但他都能一一化险为夷，克敌制胜。这固然与他先天的智慧和性格有莫大的关系，但是我宁愿认为，这与他少年时期的学习生活关系更大。

人不可能经历所有的事情，但很多智慧必须从经验中习得。这里面就有了一个悖论：碰上从来没有遭遇过的问题怎么办？是不是只有吃一堑才能长一智？

答案是：否！

人类区别于动物的一大特性，在于人类有历史，而动物没有历史。动物不会去了解自己的前辈有过哪些成功，又遭遇过什么失败，经验和教训分别是什么。每只动物刚刚诞生时，都必须把前人（前物？）干过的所有事情重新来过，才能将之寄存在体内成为它自己的经验。而人类不同。人类有记忆，把记忆书写下来成了文字，把文字汇编成册，几千年书籍的积累经过大浪淘沙，至今仍有一些畅销不衰的，这就叫"经典"。

经典，是人类生存和成长的所有终极智慧的精华总结。不阅读经典，势必事倍功半。太阳底下没有新鲜事，所有的问题前人都遭遇过，解决之道都总结出来了，关键看你自己怎么吸收，怎么演绎。三国英雄成百上千，如果要总结一个共同的成功经验，无疑就是读书，阅读经典。

对，这个惊天地泣鬼神三国成功学第一秘诀的三字真言，就是——读、经、典。

孙权手不释卷，鼓励吕蒙读书而使之成一代名将的美谈至今仍在传诵；曹操老而好学，亲注《孙子兵法》；刘备给阿斗开了份书目，也显示出了他自己的阅读修为；诸葛亮读书观其大略；关羽能活学活用《左传》（羽好《左氏传》，讽诵略皆上口）。

用孙权的话讲，读这些书并不是非得做博士搞学问，而是学习人之为人的基本素养和速成捷径。

《晋书》说到司马懿兄弟在汉末的天下大乱中，仍然能够粗衣蔬食，坚持读书（处危亡之中，箪食瓢饮，而披阅不倦），这想必就是他们成功的秘诀。

但是，历史的长河自古及今流淌了几千年，所谓"经典"就只有那么几本。全人类共享这几本经典，为什么有人读成了诸葛亮，有人读成了司马懿，有人读成了关羽、吕蒙？

因为阅读有侧重。

几部经典,其本身的功能就有不同。《春秋》能让你属辞比事,《礼记》能让你恭俭庄敬,《易经》能让你洁净精微。诗书之教,各有不同。因此,下一个问题就是——

少年司马懿读什么书?

司马懿今年十六岁,表面看来至今接受的都是正统的儒家教育。但是如果要深刻理解司马懿成年后的性格和作为,我们必须深度考察一下他的阅读范围和兴趣。

一个人的阅读范围和兴趣,可以深深决定或者反映这个人的内在性格和精神。想了解一个人,就看他读什么书。

考察汉末人的一般阅读书目,肯定与经书脱离不了干系。"五经"之中,司马懿所喜欢读的,我们也不妨做一个猜测:《易经》和《春秋》。

《易经》中包含了天地的大智慧,可以使人掌握宇宙的平衡之道。《春秋》近乎一本政治、军事案例教程。前面讲过,这两本书是汉朝人的高阶读物。

晋朝最喜欢八卦的《搜神记》作者干宝对司马懿的评语是"行数术以御物",意思就是以易理来驾驭纷繁的世务。司马懿劝谏曹操"圣人不能违时,亦不可失时",乃是活用《易经》的原理。《易经》里"乘时顺变"的思维方式影响了司马懿整整一生,使他总能抓住机遇占据上风。

司马懿读《春秋》,也有据可循。他在后来对曹爽的定罪书上,引用了"君亲无将,将必诛焉"的《春秋》大义,可见对《春秋》很熟悉。

儒家著作而外,司马懿对道家之学也颇有心得。他在晚年曾经告诫子弟:"盛满者道家之所忌。"纵观司马懿一生,很有一点道家的权谋与风骨。

另外,千万不要忘记司马家的军人血统。

无论是他的远祖司马卬，还是爷爷的爷爷司马钧，都是著名的将领。从曾祖开始，才弃武习文。但是先祖的军人基因，遗传到司马懿这一代仍然有所体现：一是身材高大，以至于司马朗十二岁应试"童子郎"的时候，被人误以为是成年人，而司马懿本人也是"天挺之姿"；二是家里留下了许多兵书战策。

可以想象一下：司马懿某一天在尘土堆积的储物间探宝（小孩子普遍爱干这个事情）。他发现了一副甲胄，那是祖上征战时穿的；他发现了武器，饱舔刀头血的利器；还发现了一堆发黄的卷册——兵法书。

尘封已久，重见天日。

战斗是男人的天性。这些祖先留传下来的不祥之器，一定激发了埋藏在少年司马懿心底作为一个男人的狂野和热血。

司马懿熟读兵法，几能成诵。在后来与曹爽的论战中，他说："兵书曰：成败，形也；安危，势也。"这里引用的话，正是活用了《孙子兵法·势篇》的论断。

另一次则是应对东吴侵略军的御前会议上，司马懿分析形势："《军志》有之：将能而御之，此为縻军；不能而任之，此为覆军。"《军志》，是一部现已失传的古兵书。类似的内容，《孙子兵法》也作了引用，由此可见司马懿对各种兵书战策的熟悉程度。

一个人的早年阅读足以在一定程度上决定此人的一生。我询问过几位朋友，他们读的第一本书是什么。结果惊奇地发现，该书的内容几乎都与他们现在所从事的工作或学术兴趣相关，甚至与其性格也有莫大关联。如果您有兴趣，不妨也回忆一下您读的第一本书。古人云"慎始"，为孩子挑选第一本书，可不慎哉！

阅读兵法、史册和《易经》长大的司马懿，其性格与他的兄长、诸弟有所不同，就成为顺理成章的事情了。

孟子曰："知人论世。"我们再从之前的叙事中考察一下司马懿的成长经历，会发现有这样几个特点：

第一，司马懿没怎么接受过父亲的教育和关怀。根据史书上的蛛丝马迹，司马朗是父亲一手带起来的。而到司马懿出生之后，正是司马防事业的上升期。司马防作为京官，长期在京城任职，而司马兄弟则在家乡成了留守儿童，这对于司马懿的心灵和人格的健全是有隐蔽而深远的影响的。

第二，司马懿自小就生活在哥哥的阴影之下。司马朗成名早，是远近闻名、光芒四射的神童。光芒的背后是阴影，司马懿就生活在这样的阴影里。别人提到司马懿的时候，一般不会叫司马懿，而是称呼其为"司马朗的弟弟"。没有名字的生活是苦闷的，但也足以塑造出一种低调而阴郁沉稳的性格来。

第三，司马懿的成长时期，社会剧烈动荡。他出生之前，两次党锢之祸使得社会风气虚伪而道德败坏；六岁的时候，黄巾起义；十一岁时，董卓进京，关东诸侯军起，司马朗领着他四处逃亡。后来，司马朗被曹操请去当官，司马懿顶替兄长的角色，成为全家的顶梁柱。这就养成了他独立而重实利的性格和取向。

汉末衰世，已经是一个大酱缸，白丝进去，黑布出来，每个人都无处可逃。逃避的，成为隐士；反抗的，成为烈士。纯粹的儒生，已经无法生存和立足。只有掌握生存法则，才能在这口大酱缸中左右逢源。

如果选择活着，就要生存下去；如果选择入世，就要混出名堂。这就是乱世的血酬定律，这就是酱缸的生存法则。

尽管司马懿是标准的官二代，却毫无纨绔子弟的不良习气；尽管他的家族以忠君爱国的儒学世代传家，司马懿却没有那么迂腐。他无师自通了道家的权谋和兵家的手段。

具有这些不为人知品格的司马懿默默成长。《学记》云："独学而无友，则孤陋而寡闻。"司马懿这个时候的良师益友，除了他的兄长司马朗以外，还有一位高人奇士。

这位高人，正是孔明。不过他不姓诸葛，姓胡。

藏于九地之下，
方能动于九天之上

洛阳城里花如雪，陆浑山中今始发。

洛阳城南，坐落着陆浑山。春秋时期，秦、晋灭陕西境内的陆浑戎族，把陆浑族人迁徙到河南洛阳附近，陆浑山就此成为华夷交杂的聚居区。由于王化未开，民风淳朴而落后。日出而作，日落而息，帝力于我何有哉？

在这样一座好山里，居住着一位有经天纬地之能的隐士。

此人姓胡名昭，字孔明。胡昭也曾是个少年奇才，学富五车、满腹经纶。也许目睹了太多的荒唐，也许亲历了太多的惨剧，胡昭独自深味着这浓黑的悲凉，他只觉得他所在的并非人间。与积极入世的司马懿不同，胡昭选择了另一条道路：隐逸。

世人皆走阳关道，我偏要过独木桥。谁的去路好，唯有天知道。

胡昭先在冀州隐居，当时北方最大的军阀袁绍慕名而来，请胡昭出山。胡昭不想成为庙堂之上的祭品，唯愿自由地在泥涂中打滚。他连忙跑回家乡颍川，躲避袁绍的骚扰。

是金子总会吸引淘金者，第二位大淘金者曹操慕名而来。曹操以他一贯的强硬风格，用行政命令强制胡昭出山。

胡昭答应见一见曹操。

胡昭，一介布衣，他的来访却让曹操感到仿佛是种恩赐。两人相对而坐，这是权势与风骨的较量，国家强制与个人自由的对峙。

胡昭开门见山："我胡某不过是一介野生，不堪军国之用，请放我回去。"

这明明是第欧根尼面对权势滔天的亚历山大时，不屑地麻烦亚历山大"请别挡住我的阳光"的口气。

曹操有成人之美的雅量，慨叹："人各有志，义不相屈。"这是对另一种生活态度的尊重，这种尊重来自曹操，天底下最有资格表达这种尊重的人。

国家的力量，终于也有无法干涉的领域。

胡昭第三次搬家。这次，他索性搬进陆浑山里，过起了"源水看花入，幽林采药行"的隐居生活。相比起袁绍、曹操，还是陆浑山里未开化的山民更贴近人性的本真。

胡昭结庐在人境，躬耕乐道，以经籍自娱，平时练练书法，与闲云野鹤为伴。胡昭的书法是一绝，在汉末三国是殿堂级书法大师。他擅长行草，所书作品为当时士大夫争相临摹，连平时练字扔进废纸篓的只言片字都可以卖个好价钱，史称"尺牍之迹，动见模楷"。

风往北吹。胡昭隐居在陆浑山的消息，传到司马懿的耳中。司马懿难捺结识这位世外高人的少年心性，登门拜访。

相见之下，格外投缘。

司马懿与胡昭切磋经史、指点江山，疑义相析、奇文共赏。司马懿从这位师者身上，学到了经史的修养和隐逸的气息。成名后的司马懿一直有一种"隐逸情结"，当始于此。

与司马懿一起拜访胡昭的，还有一位颍川的周生。史书上没有记载他的名字，但是这位无名氏差点儿要了司马懿的命。

梁子是怎么结下的，史书没有记载。我们不妨做如下猜测：

周生应该也是来拜访胡昭的。在一起切磋的过程中，周生可能感受到了司马懿这位来自河内的少年锋芒毕露的才华。自古云汝颍之间多奇士，可是自己这个颍川士人的风头居然全被司马懿抢光了，是可忍孰不可忍？

屡次遭受到来自少年司马懿的打击和轻蔑之后，周生的羡慕嫉妒恨融化成一种终极的情感——杀意！

周生联络了几个人，决定谋害司马懿。司马懿蒙在鼓里，消息被胡昭得知，胡昭大吃一惊。他早就发现周生不是什么善茬儿，但没有料到事态已经严重到了要死人的地步。

司马懿今天又要来访，周生今天也要行动。司马懿打北边来，周生打西边来，凶杀现场也许将在陆浑山某个幽僻的山脚。

事不宜迟，胡昭迅速向西赶去。他徒步翻山越岭，渡河涉险，终于在崤山的山谷截住了杀气腾腾的周生一伙。周生知道胡昭的来意，自然不肯罢休，执意要杀司马懿。

胡昭抱着普救众生的大慈悲，动之以情，晓之以理，以至于泣下沾襟。草木尚且为之摇落，何况周生一介凡躯？周生终于化解了胸中的仇怨，放下屠刀，长叹一声：要不是你，今天司马懿非死不可。

胡昭心思缜密，怕周生反悔，让周生指着道旁一棵枣树发誓。周生拔刀砍枣树说：如果我周某仍要害司马懿，下场有如此树！（昭因与斫枣树共盟而别。）

起誓之后，周生打道回府。胡昭也连忙赶回陆浑山的住处，司马懿在此已等候多时了。胡昭绝口不提起刚才的事情（口终不言），与司马懿言笑如常，尽欢而散。

胡昭终身隐居不仕，以漫长的人生践行着自己的信念。他终年八十九岁，在司马懿死前一年去世，是三国有名的寿星（《三国志·管宁传》）。这位与诸葛亮同字的胡孔明，向我们诠释了"卧龙"的真谛。

尽管胡昭未曾言及周生之事，但司马懿想必也有所察觉。锋芒毕露，会招来杀身之祸。因此，不单要隐敛身形，即便是才华也应当深藏不露。这才是老师胡昭的"隐"之道啊！

也许是纪念，也许是巧合，数年之后司马懿的两个儿子先后出世，一个叫司马师，一个叫司马昭。师昭，司马懿以这一独特的方式，向胡昭致敬。

这是后话。此刻，司马懿开始加强自身的修养和韬晦功夫，以图通达"隐藏"的真谛。

"隐藏"也是一种品格，是坤德，是地道。藏于九地之下，方能动于九天之上。司马懿衣褐其外，藏玉其中，和光同尘于乱世，不求闻达于诸侯。

深藏不露的人最怕被人看穿。偏偏这时候，有一个人指着司马懿说："此非常之人也！"

说此话者，乃是杨俊，河内人，与司马懿是同郡的老乡。此公以眼毒著称，看人不走眼。这天，杨俊看到十六岁的少年司马懿，觉得此子不同寻常，于是称赞道："此非常之人也！"（《三国志·杨俊传》）

眼毒不毒？

有人会说：毒个屁，司马懿当然是非常之人了，卧龙诸葛亮都斗他不过，他可是将来要开创大晋王朝的宣皇帝、真命天子他爷爷啊！

这个思路不对。

我们读史，常看到有些大牛人，小时候并没有什么事迹，但后来做出了大成绩，史家就追忆说他从小如何如何了得。这叫"后见之明"，别称马后炮、事后诸葛亮，不是历史的思维方式。

历史的思维方式是这样的：按照英国著名历史学家柯林武德先生的观点，要学会使用"移情"的思考方式，将过去的事情在你的心中重演。说白了，就是角色代入：假设你是司马懿十六岁时的同龄人，司马懿是你的邻家小弟，那么请你判断，隔壁司马家的老大司马朗和老二司马懿，谁更有出息？

一个是少年神童，大亦了了；一个是终日读书，闷声不响。一个年纪轻轻，见识已经超越本地豪强李邵，跟全国名人董卓对过话，多次保全宗族性命，前途未可限量啊！另一个……反正除了个子大没别的优点，据说前些天还差点儿被人给弄死了。

谁是非常之人？

如果你给出答案是司马朗，恭喜你，你已经学会历史的思维方式了。

如果你给出答案仍然是司马懿，恭喜你，你也是非常之人。

好吧，其实以上所说只是历史思维方式的第一重境界；而杨俊所持的，乃是第二重境界：见微知著。

《易经·坤卦》云：履霜坚冰至——踩着霜，就应该想到坚硬的冰快冻起来了。怎么知道的？凭过去经验的总结，达到一定的火候，就可以洞察极其几微的征兆。

杨俊凭借的正是这样一门功夫。这门功夫在汉末有专门的名号，叫作"品藻""品题""品鉴""品评"或"人伦"。这门功夫来源于一项制度和一次事件。

制度叫作"察举制"，是汉朝的人才选拔制度：由地方向中央推荐精英人才。当时还没有后世的公务员考试制度，这就非常考验地方官员的眼力了，从而逼出了这门功夫。

事件就是前面所讲的"党锢之祸"，简单来讲是士大夫联合起来反对宦官及其爪牙，从而形成了"清流"和"浊流"的区别。如何鉴别并褒扬清流、贬抑浊流，也就成了一种风气，这种风气叫"清议"，是汉末清流对抗浊流的舆论斗争。

所以汉末看人特别准的人物很多，比如我们所熟悉的水镜先生司马徽，再比如主持"月旦评"（每月初一集中品评人物的活动）的许劭。杨俊也是其中一位。

如果刘备听到别人这样的夸奖，也许会惊讶地问："您也知道世间有我刘备这么一号人物吗？"典型的渴望出名受宠若惊。

如果曹操，就算别人不夸奖他，他也要去逼迫那人夸奖他一番，然后大笑而去，典型的强横谲诈一代雄主。

而司马懿却心头一凛。

怎么理解这种心态？如果勾践正在卧薪尝胆，他最怕别人夸他有雄心壮志；如果豫让正在隐姓埋名打算行刺，他最怕在闹市之中被人认出说"豫让君，久仰久仰"；如果曹操在感叹鸡肋，他最怕被人揭穿欲罢不能的心事；如果刘备正在菜园子里韬光养晦，他最怕被人指着鼻子说："今天下英雄，唯使君与操耳！"

老子都装鳖成这德行了，你还能看出我的英雄气来？太假了吧？

司马懿如果手头有权，一定要动杀机了。可他现在只是一介布衣，所能做的，唯有进一步和光同尘、加强修炼。

终于，觉得修炼得小有火候的司马懿有一天出关，正看到大哥司马朗跟一位客人在堂上聊天。司马懿收形敛迹，默默路过……突然听到客人正在对司马朗高谈阔论："令弟聪亮明允，刚断英特，非子所及也！"（《晋书·宣帝纪》）

司马懿震惊了，抬起头看这客人是何方神圣。司马朗也震惊了，别过头看着自己的弟弟。

司马兄弟四目对接，司马朗看到的是惊慌失措、灰头土脸的老二司马仲达。

司马朗扭过头哈哈大笑，不以为然。

司马懿却心头大震，因为他看清了来人，知道刚才那句赞语定非虚言。

因为这位客人名叫崔琰，将来是曹操帐下主管人事选拔的头号人物。

敲门砖，不等于终南捷径

汉末选拔人才，还没有统一的公务员考试，很大程度上取决于社会舆论。舆论如果把某个人捧上了天，地方政府就有察举他的责任，中央政府就有征辟他的义务。

酒香不怕巷子深，何况还有崔琰这样重量级的广告明星代言。司马懿尽管深藏不露，仍然被河内郡的官方猎头给盯上了。

司马家族是河内响当当的世家大族，司马家的二公子要出仕，这正是巴结司马家族的大好机会，何乐不为？猎头把消息报告上去，当局立即推举司马懿担任上计掾。

建安六年（201年），二十三岁的司马懿挖到了仕途的第一桶金，出任河内郡的上计掾。

上计掾这个职位，究竟有没有前途？一言难尽。我们还是先来了解一下汉末的普通晋升体系。前面讲过，汉朝的太学生毕业之后，有一次毕业大会考，成绩分甲乙二等，甲等入中央为郎官，乙等下基层当吏员。郎官如果做得好，会下基层挂职锻炼，比如担任某地方县令之类，然后再升迁为郡守或者直接调回中央，前途是最光明的；吏员做得好呢，有机会进中央为郎官，也就是说在晋升过程中比甲等考生慢了一步。当然，为郎为吏，除了太学的考试，还可以由中央和地方察举。汉朝这种晋升体系，对社会影响甚大，钱穆先生称之为"郎吏社会"。

上计掾，是吏不是郎。但是，上计掾是吏中的肥缺。简单来讲，如果说郎是第一等，吏是第二等，那么上计掾就是二等中的头牌。

上计掾负责什么工作呢？这需要了解一下汉朝的上计制度。黄仁宇先生批评中国古代没有数目字管理，其实这个观点大可商榷。汉朝的上计制度，就是一种典型的数目字管理。

上计，顾名思义，就是统计了相关数据，向上汇报。举个例子，假如你是温县的县令，你在每年大约七八月份的时候，要统计今年温县的户数人口、钱粮收入、财政开支、治安情况等有关数据，制作成一本"算簿"或者叫"计簿"，毕恭毕敬地上交给河内郡的上计掾司马懿。司马懿汇总了各县的计簿，进行核对和验算，然后整理成郡级的计簿，在十二月份亲自跑到京城洛阳，呈递给司徒，甚至可能还会得到皇帝的亲自接见。这些计簿，就是中央对今年各项情况进行总结、考核地方政绩、出台政府工作报告向皇帝汇报以及进行来年预算的基本依据。

因此，上计掾的选拔，必须符合以下几项条件：

第一，形象好气质佳。因为上计掾经常要跑到京城去，对外代表本郡形象。司马懿身材高大，相貌想必也比较堂堂，符合这项条件。

第二，口才出众。上计掾要随时应对上级的询问和责难，因此必须口才了得，时刻能够为本郡遮丑争光。司马懿反应敏捷，机变百出，符合这项条件。

第三，数学优秀、心细如发。上计掾的工作，主要是面对各种数据，验算其正误，核算其真伪，一旦算错，是有罪的。司马懿从小接受数学方面的教育，并且心思缜密，这方面也没有问题。

上计掾的前途如何呢？这个有点儿不好讲。西汉没有专职的上计掾，一般由郡丞临时担任，地位不可谓不高；东汉上计掾事务职业化，设立了专门的上计掾。设立之初，地位很高，进京时可享受诸侯王般的礼遇，可以专门住宿在各郡的驻京办（郡邸寓）。

由于上计掾多是能说会道、形象出众的人才，所以往往被中央看中，直接留下担任郎官。"计吏拜官"成为仕途的一条终南捷径。

可惜，这条终南捷径早就被堵死了。

汉桓帝的时候，下命令："今后严禁留上计掾在中央为郎官。"（《后汉书·杨秉传》）当然也不是没有例外。比如前不久汉献帝流落长安，社会治安极其混乱，各地的上计掾都不敢出门了；唯独颍川郡的上计掾刘翊，冒着生命危险，在兵荒马乱、强人出没的东汉大地上千里走单骑，经历了九九八十一难终于来到长安进贡。备受冷落的汉献帝一看，居然还有人想着朕，激动得热泪盈眶。大喜之下，提拔刘翊为议郎。

但是这种特例，难以复制。除非你有孙悟空的本事，或者刘翊的傻劲儿。前者，司马懿没有；后者，司马懿不想有。

现在的上计掾有什么前途呢？我们来看两个活生生的例子。一个是勤勤恳恳的审计员，一个是号称"算圣"的大数学家。

前途之一：审计员。

这位审计员，叫师饶。你查遍古书，也可能找不到他的名字，因为他的名字是在1993年随着尹湾汉墓的出土才为人所知的。

师饶，是西汉末年一位东海郡的功曹史，担任过上计的任务，相当于今天的审计员。墓室里出土了大量他生前制作的计簿。这位兢兢业业的小审计员，生前默默无闻，死后不为人知，甚至连名字都未闻于世下来，只能长眠于地下。

这就是司马懿未来的前途之一。

前途之二：数学家。

就在司马懿担任上计掾的这一年，山阳郡有一位七十多岁的老人，正在用混浊的双目努力观测星象，审定他耗费毕生心血制作的《乾象历》，争取把误差缩减到当时人类最顶尖的科技水平所能控制的最小范围内。这位老人叫刘洪，是汉末最杰出的数学家、天文学家。

刘洪是皇室的远亲，从小表现出卓绝的数学天赋，因此被任命为上计掾。他在上计掾的任上，钻研数学，最后发明了算盘，被誉为古老东方的电脑，他本人也被后世称为"算圣"。

刘洪，是上计掾界的一个传说。司马懿如果也有这样的数学天分，他也许可以成为第二个刘洪，被今天的我们拿来炫耀我中华文明的灿烂辉煌，比欧洲领先多少多少年。

当然，上计掾还有别的前途。比如郑玄，后来成了经学家；比如公孙瓒，后来成了土霸王。但是，他们都不是通过正常的晋升途径上去的。要想真正出人头地，绝不能走寻常路。

路是人走出来的。

走的人多了，也便没了路。

这两条，永远是仕途的铁律。

更何况，司马懿所担任的上计掾，乃是汉朝的小吏。汉朝早已名存实亡，当汉朝的小吏铁定没有前途，只能当块跳板。是金子总会发光，是怀才不遇者的自慰；锥子必须放进口袋，才会脱颖而出。所以，司马懿接下了这份差事。他的考虑可能有三个：

第一，纸上得来终觉浅，绝知此事要躬行，锻炼实际工作能力。

第二，在工作中以突出的表现博取更大的猎头的关注。

第三，伺机而动，寻找真正有实力的老板。

司马懿认认真真干着上计掾的差事，不确定自己的未来究竟是审计员还是数学家。这时候，影响司马懿命运的人出现了。

他，是本朝的司空。司空府一纸文件发到河内温县，点名要司马朗和司马懿这两位司马家族最优秀的公子。

谁能有这样的气魄？

曹操。公元201年的曹操。

退一步，
求的是进一万步

曹操今年四十七岁，正当年富力强。在去年的官渡之战中，曹操刚刚打败北霸天袁绍，成为中原独一无二的霸主。

曹操拔剑四顾，睥睨天下；麾指所向，试问有谁还能抵挡？

当然，逃跑的袁绍和他的几个儿子还在北方苟延残喘，有待我去赶尽杀绝；周边的一些小军阀已经开始瑟瑟发抖考虑前途问题了，有待我去开导驯化；可恨的刘备，官渡大战的过程中一直像苍蝇一样骚扰后方，有待我去拍死；东南半壁，以前的主子孙策刚死，现在掌握在小年轻孙权手里，有待我去吓唬吓唬他，争取兵不血刃拿下江东。嗯，统一全国看来只是时间问题了。

曹操收敛思绪，打算趁袁绍新败，即将挥军北上追杀穷寇的这个空当儿，办几件事情。比如，二十八年前，当时的京兆尹司马防提拔我做洛阳北部尉。那是我曹操这辈子的第一个官衔。如今，听说司马防的儿子们很有出息，该是投桃报李的时候了。

曹操打定主意，派人来司马家征辟已经到了出仕年龄的司马朗和司马懿。

此时，司马朗已是三十一岁（《三国志》作二十二岁，错）的大龄青年，修身齐家的功夫相当了得，慨然有治国平天下之心。有此机会，欣然出仕，在曹操的司空府当了一名属官。

这是当时的正常仕进路线：三公属官——地方县令守长——中央高级官员。

对于正在等待跳槽时机和实力派大老板的司马懿来讲，这当然也是不可多得的机会。但是，司马懿选择的是——

拒绝！

等等！我没听错吧？司马懿连基层小吏上计掾都欣然出任，为什么居然会公然拒绝当今天下最强大的头号霸主曹操的聘请？

不但如此，司马懿连已经到手的上计掾也一并抛弃，索性辞官回家。他拒绝曹操聘请的理由也很奇特：我得了风痹，也就是严重的风湿病，严重到长年累月下不了床。

司马懿莫不是失心疯了？

当然不是，他有自己的考虑。

如果和大哥一起上任，那么大哥凭着他的名气（老神童）和身份（司马家长子），升迁速度必然在我司马懿之上。

退一万步讲，即便凭借能力能赶超大哥，曹操府中的要职都已经被荀彧、荀攸、郭嘉、贾诩、程昱这些传说中的超一流谋士占据了。在别人眼中，我不过是个靠关系进来的纨绔子弟罢了，有什么资格去和他们争？

而且，就目前的天下形势来讲，袁绍虽然新败，但似乎还没有到一蹶不振的地步；袁曹之争，鹿死谁手，尚未可定。当今之世，君择臣，臣亦择君。选择一个老板，就是一次风险投资。如果急着应曹操的征辟，一旦袁绍翻盘，这项风险投资就要泡汤。

更何况，曹操并不是一个理想的老板。在他手下，世族与寒族一视同仁；甚至由于曹操本人出身并不太光彩，乃是宦官的干孙子，寒族的代表，所以寒族人士更受曹操青睐，世家大族受到一定程度的打压。我司马懿身为河内司马氏的代表，自然不可贸然追随曹操。

再者，大哥司马朗已经在曹操手下，我司马懿还可以观望观望，看看哪家老板有潜力。看今天的局势，未必那么容易天下一统。我兄弟数人，各保一家，岂非给我司马家族上了多重保险？

司马懿高卧病榻。他要放长线，钓大鱼。

使者领着司马朗回到曹操府第。曹操见只领回来一个人，显然对没领回来的那个更感兴趣。他心不在焉地吩咐人事经理给司马朗安排了一个职位，接着饶有兴致地想知道司马懿的情况。

使者说，司马家的老二得了风痹，不能起床。

风痹？曹操一笑，论装病我是祖宗！我曹操十几岁就能装中风把叔父玩得团团转，你区区司马懿瞒得过我？

你有没有亲眼见司马懿卧床不起？

没有，属下只在前堂，未曾去后房。

你现在去刺探一下，看他是不是真起不来了。

是。

慢……你后天去刺探一下。

是。

使者离去，曹操对这个学自己十几岁时耍的把戏的二十多岁的年轻人产生了莫名的感觉。

居然使出装病这么幼稚而富有想象力的办法，年轻真好啊！

使者领着司马朗走后，司马懿直挺挺地躺在床上不动弹。

司马懿的新婚妻子张春华提醒司马懿可以起床了。张春华是本地一名地方官的女儿，刚和司马懿成婚。

司马懿仍然不动。

据一位无聊的专家统计，人的一生中平均每天要撒四次谎，男人要撒六次谎。我们都有过撒谎的经验，自然知道圆谎的重要性。所以，如果是一般人骗曹操说得了风痹起不了床，当然也会躺在床上装病。过了一会儿，找个丫鬟问：使者走了没？丫鬟说走了，就伸个懒腰起床，嘴里还要骂骂咧咧。

这是一般人的水平，司马懿不是一般人。司马懿撒的谎，一定要等到谎言被戳穿的危险性彻底消失，才会罢休。

因为得风痹而不能当官这样的谎言，被戳穿的危险性什么时候才会消失呢？答案是：风痹痊愈的时候。

再问：风痹多久才能痊愈？

再答：最起码得好几年。

其实，是不是撒了装病的谎，就必须一直躺在床上呢？不是，关键看你欺骗的对象是谁。如果像四十七年后诈病骗曹爽的话，就没有这个必要。

但这次撒谎的对象是曹操。撒谎是要看对象的，对象不同，代价就不同。

所以司马懿既然撒了这个谎，就有义务在床上躺个几年来圆谎。这就是撒谎的代价。这样的代价值得不值得？待会儿咱们会专章分析。反正现在的司马懿只能老实躺在床上。

事实证明，司马懿这样做是对的。第三天，曹操的使者来了，像一个轻功绝顶的武林高手，随风潜入司马家府邸，悄无声息飘到司马懿"病榻"的窗前。司马懿看到了映在窗纸上的黑影——使者故意没有躲藏，直接站在窗前观察司马懿。

司马懿躺在床上，岿然不动。使者站了很久，司马懿躺了很久。

耐心的较量。

比耐心的话，相信中国历史上没有人能与司马懿抗衡。曹操亲来，我尚不惧，况你小小使者乎？

果然，使者败下阵去。当然，他并不知道自己败下阵去，而是觉得已经圆满完成了老板交代的任务，凯旋归去。

司马懿吁了口气，但他不知道是否还会有第二个使者，只好耐心躺着，誓把床板躺穿。

这一切，都被正打算进来送饭菜的张春华看在眼里。她渐渐明白了夫君的用意。

使者回去禀报曹操，曹操有点儿纳闷。

无论从政治、军事还是文学来看，曹操都是个天才。天才都极为自信，甚至自负，自负的人不愿意轻易承认自己错了。曹操已经认定司马懿在装病，而使者居然禀报司马懿确实风痹在床，不能动弹。在曹操看来，使者的回复等于扇了自己一个耳光。

没有我曹操猜得对不对的问题，只有他司马懿装得像不像的问题。

你继续去司马懿家门口蹲点，曹操吩咐。

这……要蹲到什么时候？

他病多久，你就蹲多久。

是……

使者很郁闷地离去了。对于这样一位古怪而多疑的主公，他不能多问什么。但他在心里认定，主公这次真的多疑了。

曹操是位成功人士，成功人士都很忙。曹操的注意力不可能一直停留在一个名叫司马懿的莫名其妙的小伙子身上。他马上要出兵扫平袁绍的残余势力了，司马懿不过是他戎马倥偬之余的小游戏而已。

我曹操府中办事员成千上万，随便派出万分之一就足以玩死你。而你如果想跟我玩，就请拿出百分之百的诚意来！

曹操北上。而司马懿府中，十三岁的张春华杀人了！

一只鸟不肯叫，
司马懿会等它叫

　　事情的经过是这样的。这天天气晴朗，司马懿吩咐下人们把自己的藏书拿出去晒一晒，以防发霉生虫。他自个儿照常躺在床上。

　　突然，暴雨滂沱。司马懿是爱书之人，他对书的喜爱，是本能性的，不受大脑控制，直接由神经作用于肢体。

　　司马懿一跃而起，跑到院子里抢救藏书。

　　院子的一角，一个刚刚进来的婢女近距离目击了这一切：风痹已久、瘫在床上的司马懿突然身手矫健地在雨中收书。婢女吓得捂住了嘴，跑出门去。司马懿忙着收书，没有察觉。另一个刚刚进院子的人却看到了这一切。

　　这个人就是司马懿的妻子张春华。

　　张春华尾随婢女出去。过程有点儿血腥，此处删减数百字。总之，张春华亲手把婢女做掉了。具体怎样处理尸体，不得而知。我们只知道，根据史书记载推算，张春华当时大约十三四岁。

　　张春华做掉了婢女以后，冷静地亲自做饭。从此以后，家里不再请婢女和下人，一切家务皆由张春华一手承担。

我始终觉得中国历史上有些夫妇是绝配，比如刘邦和吕雉，再比如司马懿和张春华。有其夫必有其妇。

司马懿得知此事以后，对妻子大为器重。从此也更为谨慎，认真装病。

这一装就是好几年。

这里有几个问题，我们来澄清一下，不感兴趣的朋友请直接跳过看下一节：

第一，司马懿装病装了多久？

关于这件事情，书上没有明确的说明。涉及此事的，首先是《晋书·宣帝纪》："汉建安六年，郡举上计掾。魏武帝为司空，闻而辟之。帝知汉运方微，不欲屈节曹氏，辞以风痹，不能起居。魏武使人夜往密刺之，帝坚卧不动。及魏武为丞相，又辟为文学掾，敕行者曰：'若复盘桓，便收之。'"曹操做丞相，是建安十三年（208年）的事情。从建安六年首次征辟司马懿，到建安十三年第二次征辟，间隔七年。中间司马懿没有任何行事可记载，说明他这段时间可能一直卧病；而七年之后，曹操说"若复盘桓"，说明司马懿这段时间一直"盘桓"着。

其次张春华的传记里提到的晒书事件："尝暴书，遇暴雨，不觉自起收之。"这次暴雨不可能是曹操征辟当天发生的事，而应该是长期装病中的某一天的突发事件。由此也可见司马懿是长期"卧病"。

但《太平御览》所引的臧荣绪《晋书》的残本，记载则有所不同。该书说晒书事件被使者发觉，使者回禀曹操，曹操强迫司马懿出仕。这显然是把时间间隔很久的两件事情合并在一起了，与本传不符，不可信。不过这也说明，晒书事件之后，强迫出仕之前，无事可叙。

所以结论是，司马懿虽然未必卧病七年之久，但长年装病是没有疑问的。

第二，究竟有没有司马懿装病骗曹操这样一件事。

有学者提出，《晋书》关于司马懿装病之事是虚构的。目的是为了美化司马懿，说他忠于汉室，不愿出仕奸贼。理由有二：一，司马懿的父亲司马防、兄长司马朗、堂兄司马芝都已经在曹操帐下了，司马懿也没有理由产生对抗情绪；二，司马懿当时寂寂无闻，曹操没理由派刺客强迫他出仕。（见张大可等著《三国人物新传》）

这里这位学者混淆了两个问题。

第一，《晋书》所记载的司马懿装病躲避出仕是事实判断，司马懿不出仕的原因是价值赋予。原因可能是后人虚构的，但事实却是板上钉钉的。因为同样的事实不仅见于《宣帝纪》，还见于张春华的传记。如果说《宣帝纪》中还只是顺带一笔美化了司马懿，那张春华的传记中，四分之一的篇幅都在描述此事，难道也是虚构？把这段虚构去掉了，那张春华几乎就无事可叙了。臧容绪的《晋书》残本中，也记载了这件事。多书有征，难道都是美化？不能因为看到《宣帝纪》里有"不欲屈节曹氏"这样的鬼话，就连"辞以风痹，不能起居"这样的真话也不信了。所以，此事的断案是：事实描述基本正确，动机描述有美化之嫌。

司马懿装病不出仕的动机，可能有两个：首先，自抬身价；其次，袁绍虽败但实力仍在，北方局势并不明朗，天下未知鹿死谁手。女怕嫁错郎，男怕入错行。此时贸然出仕，投错主公，影响的是一辈子的命运。

第二，所谓的"魏武使人夜往密刺之"，不是派刺客去刺杀，而是派探子去刺探。这件事，臧容绪《晋书》描述得比较详细："魏武遣亲信令史，微服于高祖门下树荫下息……令史窃知，还具以告。"可见是刺探而不是刺杀，更不是有些民间传说的"针刺"。

曹操强迫司马懿出仕，未必是因为他能力多强名头多响。这要结合汉末的社会风气和曹操的行政风格来看待。汉末的真名士淡泊名利或者假名士沽名钓誉、拒绝朝廷的征辟已成为一种时尚。翻开《后汉书》，类似记载比比皆是。而曹操厉行"名法之治"，对于拒绝征辟的行为深恶痛绝。再加上曹操本人雄猜多疑的性格，自然有可能强迫司马懿出仕。

书归正传，司马懿的"病情"时好时坏，在床上断断续续躺了七年，不知何时方是个尽头。

这七年，曹操已经荡平北方，杀光袁绍的子弟，还兵邺城，荣升丞相了；这七年，兄长司马朗在基层锻炼，历任三地县长，最后当上丞相主簿（秘书长）了。

这七年，自己却在床上整整躺了七年，肌肉功能都要退化了。司马懿有没有后悔自己的选择，我不清楚。但我想，他应该明白了一点：不要轻易和曹操斗。

北伐归来、春风得意的曹丞相，究竟有没有忘记七年前那个装病在床的司马家老二呢？

答案是——当然没有。

之前七年，曹操以一个诗人的激情和浪漫，指挥了一场波澜壮阔的北伐。袁绍的青、幽、并、冀四州地盘，被一一打平。在大军回来的路上，曹操特地取道碣石。在这观海胜地，东汉末年唯一有资格看海的英雄曹操望着吞吐日月、波澜壮阔的大海，一种望见宇宙本原的感受油然而生，胸中豪气憋郁已久，不吐不快：

东临碣石，以观沧海。
水何澹澹，山岛竦峙。
树木丛生，百草丰茂。
秋风萧瑟，洪波涌起。
日月之行，若出其中；
星汉灿烂，若出其里。
幸甚至哉，歌以咏志。

回到邺城，曹操就收到了来自汉朝廷的任命通知，荣升丞相。他提拔了近两年官声甚佳的司马朗为主簿，又任命名士崔琰担任丞相西曹掾，主管选拔人才。崔琰自然念念不忘十四年前见过的司马家老二，连忙向曹操推荐。而曹操帐下的首席谋主荀彧，竟然也力荐司马懿。

其实不需要你们推荐，我也早想再会会他了。

曹操找来当年那位使者：还记得司马懿吧？

使者心想：废话，这七年来我就没干别的。

你去把他请来吧，我要任命他为相府的属官。曹操顿了顿又说："如果他还不肯来，就逮捕。"（若复盘桓，便收之。）

使者心想：老大，我就喜欢你玩干脆的。

使者来到司马懿的府第，惊奇地发现三十岁的司马懿正喜气洋洋地坐在堂上恭候。

七年了，太久了。再不出山，天下都要统一了。天下统一了，就没我司马懿什么事儿了。

使者一怔，揉了揉眼睛：这就是我监视了七年的司马懿？前两天还气息奄奄，怎么这病说好就好了？

丞相命我来征辟阁下，丞相还说，如果你……

我去！

使者后面的话被噎了回去。他永远不会明白，聪明人之间是不必把话说透的。七年之前，曹操没有征到司马懿，七年之后断然不会仍征不到。曹操用不了的人，断然不会让他活在世上。

日本的一个段子，放到三国仍然适用：一只鸟不肯叫，怎么办？曹操会逼它叫，刘备会求它叫，司马懿会等它叫。

但是，听起来"等"似乎是最被动的办法。如果曹操迟迟不来第二次征辟司马懿，那这七年，甚至司马懿的一辈子，岂不是白费了吗？

不会的。司马懿的"等"，不是消极的等待。因为他心中有数：曹操有必用我司马懿之理。

曹操与袁绍的抗衡，一定程度上是寒族势力与世族势力的抗衡。曹操用人不拘一格，多有案牍小吏、行伍军人被提拔到高位的。而曹操本人，更是所谓的"阉宦之后"，为世族所鄙视。所以，曹操必须拉拢一批世族在他帐下，以表现出他的政府向所有人开放，从而争取更多的人站到自己这一边，团结一切可以团结的力量。而河内司马氏，无疑是当地世族的一大代表，属于必须争取的对象。这是其一。

司马朗在曹操的府中任职，在人事任用上能说得上话。而从名义上讲，曹操还是司马防的门生故吏，自然应该用司马懿。这是其二。

其他与司马氏交好的世族，自然也不会错过这个保举司马懿、进而与司马氏进一步修好的机会，以延续世世代代的交情（所谓世交），比如崔琰和荀彧就出手了。这是其三。

以曹操的用人风格，目前为止还真没有过他用不上的人才。他一定不会轻易放过这个七年前拒绝过他的年轻人。这是其四。

那，回到老问题：牺牲七年时间，代价是不是太高了？

司马懿如果当年直接出仕，官位难以凌驾兄长之上。司马懿拒绝平庸，他永远追求直逼目标的捷径；尽管有时候这捷径看上去反而像绕远路，但最后的事实总能印证他的判断。因为有两句老话，一句叫"以退为进"，另一句叫"欲速不达"。

更关键的是，司马懿第一次如果直接应征，则根本无法在广大应征者中引起曹操的注意。注意力资源，有时候是比官位更重要的资源，是一种官场晋级的潜在资源。得到上级的器重，职未必高，权一定大；如果被上级忽视，职再高，却可能是个虚位。

况且，《易传》上说："潜龙勿用，阳在下也。"作为未出茅庐的司马懿，直接出山和荀彧、荀攸、贾诩、郭嘉、程昱这些超一流的谋士们PK，显然不是明智的选择；这七年，司马懿并没有白躺。他大量地读书，有了更深的体悟；他修养身心，把韬光养晦的功夫修炼到了极致。

十年磨一剑，今朝试锋芒。

潜龙出山，司马懿终于有机会直接挑战相府的智囊们，开始自己的官场生涯了。

02 终日乾乾：
他搭上了曹丕这把登天之梯

新人第一课，
学会克制自己

司马懿终于进入了相府。

过去七年，他对时局有着深刻的洞察，也对前途有着美好的设想。

曹操的丞相府，有着催人奋进的环境和良好的激励机制，充满着压力与机遇，是青年人奋斗的好地方。与那些腐败没落的机构不同，在这里，家世是没有用的。要想出人头地，就得靠自己的功劳去博取功名。曹营的老牌谋士，程昱在与吕布作战时保住根据地立下巨功，荀彧劝挟天子以令诸侯成就奇谋，荀攸、贾诩、郭嘉在官渡之战中都有着出色的表现。

要想超越这些人，有没有机会？

有！机会就在眼前。

眼前，曹操已经荡平北方，西北的马腾、韩遂和东北的公孙氏，都不足为虑；南方，益州的刘璋和汉中的张鲁，都是自守之贼，剩下荆州刘表和江东孙权，老的老少的少，绝不是曹操的对手。刘备倒是有些能耐，不过他现在一没兵二没地，寄寓荆州朝不保夕。所以，现在只要曹操挥军南下，很有可能一战而统一天下。对于刚入府的新人司马懿而言，要想在人才济济的丞相府迅速出人头地，没有比这更好的机会了。

如果有机会跟着曹操出征，凭借自己的谋略，想必不难博得曹操的青睐。再加上曹操用人不问资历只看功劳的风格，说不定可以一举超越那些老牌谋士！

司马懿躺在床上的时候经常这样想，现在他不这么想了。

因为他的官职是文学掾。

汉朝的文学，含义和今天不同。不是进行小说散文之类文艺创作，而是"文献学术"之谓。曹操看中的，是河内司马氏经学传家的家学渊源。他想让司马懿用经学去教育自己的儿子。

哪个儿子呢？曹丕。

所以，文学掾只不过是个负有教育职能的低级文职官员，根本没有机会从军出征。

身怀绝学却没有机会上战场一展才华，反而被安排在大后方教育一个毛头小子。等曹操凯旋，改朝换代，自己或许也能随着百官一起得些封赏，将来终老在一个中级官员的位置上吧？

司马懿内心异常郁闷。

比司马懿更郁闷的是曹丕。

曹丕今年二十出头，是曹操的次子。

曹丕的母亲卞氏出身娼妓之家，原本是曹操的小妾。曹操的长子曹昂，一向受宠，可惜（对曹丕来讲是幸亏）在宛城为了掩护父亲与张绣的嫂子通奸而战死了。曹昂的母亲丁夫人因为儿子的死大哭大闹要上吊。曹操岂是怕老婆的人，不胜其烦之下就废掉了丁夫人，把卞氏扶正了。

但在卞夫人的四个儿子之中，曹丕也并不得父亲宠爱。他的二弟曹彰，勇猛善战，深得曹操喜欢，爱称其为"黄须儿"。他的三弟曹植，才高八斗，最得曹操器重，曾被当众称赞"在几个儿子里最能成大事"（儿中最可定大事），看来暗有要立为接班人的意思。另外还有个幼弟曹冲，聪明伶俐，小小年纪就以"曹冲称象"的神奇故事闻名天下，最得曹操疼爱。

曹操的儿子们，个顶个的优秀。曹丕生活在一群极其优秀的兄弟中间，从小就得不到父亲的关爱。为了吸引父亲的注意，曹丕费尽了心机。他学骑射剑术，可谓出类拔萃，但始终不是曹彰的对手；他雅好文章，诗赋兼通，但始终为曹植的光芒所掩盖。曹丕内心自卑到了极点。

最关键的是，曹操本人也并不认为曹丕优秀。

今年年初，司徒赵温想保举曹丕当官。这对于曹丕来讲，是踏入仕途的绝佳机会，所以他心里美滋滋的，对未来充满了憧憬，决定借此机会大展拳脚。

但是曹操却出人意料地表示公开反对。他冷冷地上奏说："赵温保举我曹操的儿子，明显是想讨好我，人才选拔工作不实事求是。"（温辟臣子弟，选举故不以实。）曹丕当官的美梦泡汤，赵温也被罢免。

对未来满怀期待的曹丕当头被泼了一盆冷水。

凭我自己的本事，也可以让三公辟举，难道仅仅因为我是你曹操的儿子，反而要受这种不公平的待遇？曹丕不敢言而敢郁闷。

更郁闷的事情还在后头。古代君主出征，太子监国。曹操虽然还不是什么君主，但以前出征总还是让曹丕留守。这次曹操南下，居然不再让曹丕留守后方。在政治敏感度极高的曹丕看来，这无疑是个危险的信号。世子留守的殊荣，不知道还能享受多久；岌岌可危的第一接班人的地位，不知道哪天就要转手了；曹丕想找个人来倾诉，却不知道向谁张口。

这时候，同样一肚子郁闷的文学掾司马懿来了。

建安十三年（208年）秋，七月流火的日子，曹操挥军南下。三国历史上最华丽的智谋盛会——赤壁之战一触即发。

司马懿有没有参与这场千载难逢的盛会呢？很遗憾，史书没有记载。没关系，我们来考证一下。

司马懿这时候是丞相府的文学掾，职责是教育曹丕。名义上相当于曹丕的老师，实际上相当于曹丕的幕僚。所以，司马懿有没有参与赤壁之战，很大程度上取决于曹丕的行踪。

那曹丕有没有参与呢？很遗憾，同样没有明确的记载。不过，一些字里行间的蛛丝马迹，可以说明问题。

首先，曹丕当太子后写了一篇在文学批评史上很有地位的《典论》，其中有一段自传性质的记载，堪称史上最无耻的自传，我们后面还要提到；现在先看《典论》里曹丕的一篇日记：

某月某日，晴

今天，我们的军队南征驻扎在曲蠡，尚书令荀彧叔叔奉命来犒劳大家。我正在教弓箭手们怎么完成高质量的射击呢，荀彧叔叔插话说："听说你精通左右开弓、同时射击，双枪曹丕果然不是浪得虚名啊！"我说："那只不过是小把戏。荀叔叔您还没见过我骑在快马上用嘴衔箭搭弦、在脖子后面开弓射箭、俯仰都能射中移动靶的功夫呢！"（项发口纵，俯马蹄而仰月支。）荀叔叔笑呵呵地说："哇，这么厉害呀！"（彧喜笑曰："乃尔！"）

曹丕怎么向射箭门外汉荀彧吹嘘，我们不管；这里提到"军队南征驻扎在曲蠡"，曲蠡是许昌南面颍川郡的颍阴县。这里，正是当年曹操由许昌出兵，"直趋宛、叶"（《三国志·荀彧传》）而下荆州的必经要道。所以这次南征，就是208年赤壁之战时的南征。

我们还可以从曹丕其他的作品里找证据。曹丕《感物赋》说："丧乱以来，天下城郭丘墟，惟从太仆君宅尚在。南征荆州还过乡里舍焉。"南征荆州的时候，曹丕回老家住过。

《述征赋》则直接坐实了这次南征："建安之十三年，荆楚傲而弗臣，命元司以简旅，予愿奋武乎南邺，伐灵鼓之硼隐兮，建长旗之飘摇。"

所以综上，曹丕参与了南征。司马懿作为曹丕这时期几乎唯一的辅佐人员，推定他也参与了南征是有理由的。

再来解决一个问题，为什么曹丕和司马懿的个人传记里都没有记载这件事情呢？原因很简单，因为两人在这次南征中没有什么表现，所以无事可记。

没有表现不等于没有收获。司马懿跟着曹丕的队伍一起南下。

司马懿现在对曹丕还不熟悉，正如曹丕不清楚父亲给自己派来的这个文学掾究竟是什么身份。良师？益友？还是监视自己的眼线？

所以表面上是参见世子、先生免礼之类分别展现敬畏和亲和的客套话，背后却是两个警惕的灵魂在充满敌意地互相打量。

除了尽快研究曹丕这个课题，司马懿还必须迅速了解自己的竞争对手、曹营的其他谋士。天才郭嘉几年前在北征乌桓的征途中病死了，首席谋士荀彧这次照例坐镇后方。不过他临行前给曹操建议了基本的先期战略："表面上兵出宛、叶，暗地里精兵急行军，打闪电战。"（可显出宛、叶而间行轻进，以掩其不意。）这个建议被曹操全盘采纳，荀彧在曹营的影响力可见一斑。

不过还好，司马懿这次出仕正是靠荀彧一力举荐。看来与这位汝颍世族的领袖人物搞好关系，不是难事。

八月，曹操急行军兵出宛、叶，进入荆州境内。在强大的兵力和糟糕的健康双重压迫下，荆州的老主人刘表一命呜呼。小儿子刘琮继承父亲的政治遗产。

九月，曹操抵达新野，刘琮举州投降。刘备领着部属继续逃亡。曹操亲率精锐骑兵五千人，一日一夜强行三百里，在当阳长坂追上刘备。刘备的部属家眷被杀得落花流水。同样，在这里上演了赵云单骑救主、张飞拒水断桥两出好戏。逃跑专家刘备得到关羽和刘表大儿子刘琦的接应，得以到夏口喘息。

曹操大军进抵刘表的重镇——江陵。经过两个月急行军的大部队在此进行整顿，清点并接管战利品。

七月出兵，九月兵不血刃占领荆州、打垮刘备。"出其不意、攻其不备"这样的话,司马懿在兵书上看得多了,但是在一代军事天才曹操手中实际应用起来的效果,仍然给他留下了极其深刻的印象。

但是竟有人站出来泼曹操的冷水了。

这人居然是曹营谋士中从来不主动出谋划策的贾诩。

贾诩一贯表情木然,泥塑木雕一般坐着,从来不主动献计。这次是破天荒的头一回,也是史料记载中他在曹魏谋士生涯中唯一的一次主动献计。

贾诩背书一般木木地说:"明公昔破袁氏,今收汉南,威名远著,军势既大;如果能以刘表荆州旧有的底子进行整顿,扎实地搞好安抚工作,那么不必兴师动众,就可以让孙权拱手来降了。"(若乘旧楚之饶,以飨吏士,抚安百姓,使安土乐业,则可不劳众而江东稽服矣。)

曹操不以为然。

贾诩见曹操不以为然,也不坚持己见,默默地坐回了自己的位子,重新变成了一尊泥塑木雕。

不独曹操不以为然,几百年后的裴松之给《三国志·贾诩传》作注的时候一样不以为然,还跳出来大肆批评:"当时西北有马超、韩遂的后顾之忧,荆州士民也只服刘备和孙权。这时候不趁大好形势立马拿下江东,更待何时?后来之所以赤壁战败,主要是天数。总之贾诩这个献计是错的!"不可否认,裴松之先生对贾诩很有成见。他在该传的末尾再次跳出来指责贾诩不配和荀彧、荀攸合传。其实,一个重要原因在于裴松之的时代是讲究门第的时代,而贾诩出身寒族,在他眼里自然不配跟贵为世族领袖的二荀合传。

书生轻议冢中人,冢中笑尔书生气。

司马懿却清楚,贾诩这个谋略是赤壁一战中曹操智囊团提出的含金量最高的谋略。

第一,曹操一下子吃下荆州这么大的地盘,必须要花时间慢慢消化。强咽不行,必须靠"养"。

第二，曹操要和孙权作战，必须靠水军；曹操自己的水军不行，必须靠原属刘表的荆襄水师。荆州新破，荆襄水师的战斗力和忠诚度都无法保证，必须靠"养"。

第三，曹操军队新到南方，水土不服难免发生疾病甚至可怕的瘟疫。仍然必须靠"养"。

第四，曹操坐守荆州（或者派将领留驻亦可），而不主动出击，就可以逼孙刘被动出击，"致人而不致于人"，以逸待劳。

第五，曹操坐镇荆州，刘备就没有立足之地，也阻断入川的去路；刘备没有实力，孙权自然孤掌难鸣。至于西北的马超、韩遂，完全是观望之徒、乌合之众，曹操不去收拾他们，他们绝对不敢主动跳出来没事找抽。

这实在是一个王翦灭楚的翻版计谋。贾诩如此高妙的计谋，能看出其精妙之处的大约也就司马懿了吧！

另一件事情，使司马懿发现了曹操的弱点。

益州军阀刘璋见曹操占领了荆州，连忙派属下张松来向曹操示好。张松此人，五短身材，其貌不扬，而且早就想卖主求荣，于是借此出使机会企图把益州卖给曹操。

曹操见了张松，心里很不高兴。益州难道没人了，派这么一个活宝作为外交官来见我曹操？

曹操的主簿杨修是个大才子，谁也没服过，却唯独佩服张松。他在接待张松的宴席上，曾经拿出曹操写的兵书给张松看。张松翻了一遍，就能全文背出（松宴饮之间一看便暗诵）。杨修对张松这样过目成诵的本事大吃一惊，力劝曹操辟用张松为属下。

曹操理都不理。辟用你？我曹操帐下谋士如云，哪缺你这个三寸钉丑八怪？我曹操现在眼看要拿下江东了，下一个就是你主子刘璋。还是叫你主子洗干净脖子，等着挨宰吧！

张松受了冷遇，一气之下回了益州，回头又把益州卖给了刘备，这是后话。

一失足成鼎足三分。

司马懿摇了摇头，看来天下不好取了。司马懿又点了点头，看来曹操的弱点在于，关键时刻难以克制自己，头脑容易发昏。浪漫主义的情绪太浓重，会战胜理性主义。这大概就是一个诗人军事家的气质吧。

要想成大事，就必须克制自己；像贾诩一样，克制自己。

这时候有探子来报：孙权派鲁肃联络刘备，刘备派诸葛亮前往江东。可能孙刘两家要联合。

诸葛亮？这是司马懿第一次知道世间还有诸葛亮这样一号人物。

司马懿没有料到，多年以后，正是这个诸葛亮成了与他难分伯仲的对手；更没有料到，正因为他战胜了诸葛亮，他的名字才家喻户晓妇孺皆知。

虽然，在那些传说中，他是作为诸葛亮的陪衬出现的。

曹操听到消息，哈哈大笑：刘备穷极无路，竟去投靠孙权；他不知道孙权和荆州刘表是世仇？看来刘备要被孙权干掉了。属下们纷纷摇着尾巴称是。

贾诩在发呆，司马懿在装哑，唯有程昱站了出来："丞相无敌于天下，孙权不是您的对手。但是刘备有英名，关羽、张飞都是万人敌，狡猾的孙权一定资助刘备来抵御我军。看来刘备又杀不了了。"（权必资之以御我。难解势分，备资以成，又不可得而杀也。）

曹操再一次没有听进程昱的话。他浪漫的脑袋现在已经开始酝酿诗歌，等凯旋之时一吐为快了。

时间进入到十二月。曹操的军队由于水土不服，爆发了可怕的瘟疫。瘟疫在军中迅速蔓延，曹操的大军非战斗减员十分严重，战斗力迅速下降。就连曹操的爱子曹冲也染上了瘟疫，在军医的精心调护之下仍未见好。曹操急得像热锅上的蚂蚁，团团转。

曹操军出现破绽，对于孙刘联军来讲正是天赐良机。接下来的战事很简单，形势逆转很迅猛：

周瑜部下黄盖诈降，借着突然刮起的东风火烧了曹操的船只。

曹操这时候已经无心恋战，率部取道华容步行逃跑。前方道路泥泞不堪，军队难以通行；周瑜和刘备在后面水陆并进追赶。

曹操下令：得了瘟疫的士兵在前面负草填路，后面的骑兵加速前行。

得了瘟疫的士兵大多体力不支，倒在地上，人马纷纷踩踏而过。死者甚众。罕见的人间惨剧，定格了的灾难大片。

在这悲惨到窒息的时刻，曹操突然放声大笑。司马懿在部队后面，隐隐约约听到曹操大笑："刘备，也算是我的一个对手。但是脑子太慢。如果早点在这一带放火，我就挂了！哈哈哈！"（刘备，吾俦也。但得计少晚；向使早放火，吾徒无类矣。）

这时候，部队后方远远的火光冲天，显然是刘备的陆军放的火，不过已经没有威胁了。

在这样危急的时刻，还能笑得出来，曹操果然不是寻常人物。

趁着曹操大军逃命的间隙，我们来解决一个问题。好多三国迷问：如果司马懿参与了赤壁之战，为什么不出谋划策呢？

有一位成功的企业老总对我说过，如果你刚到公司，作为一个新人，三年之内不要提任何建议。踏实做事就可以了。三年之后，也请有保留地提建议。

原因是什么呢？有这样几个。

第一，你刚到公司，对公司不了解；即使提建议，往往也是空想。

第二，你这么聪明，提这么好的建议，把一班老员工比如荀攸、贾诩、程昱置于何地？你将来怎么跟同事打交道？

第三，老板会怎么看你？小伙子很想显聪明，而且功利心很强，想往上爬。

有没有例外？当然有，比如诸葛亮在刘备手下，就出谋划策，出尽风头。原因照样有这样几个：

第一，刘备是去请诸葛亮当高级管理人员的，而曹操只不过把司马懿弄进来当个低级文员。

第二，刘备的厂子很小，人事关系简单，而曹操的公司很大，人事关系复杂。

第三，诸葛亮的老板是刘备，以仁德宽厚著称；司马懿的老板是曹操，以多疑猜忌闻名。

在这样的公司，给这样的老板提建议，找死吧？借着这样的机会，搞好同僚关系，摸清老板性格，顺便再多学一些实战经验，才是实在的。

曹操终于逃到了安全的地方。这时候，身患重病、历尽颠簸的曹冲再也支撑不住，死了。这位天才少年给我们留下了一则"曹冲称象"的经典故事，生命永远地定格在了十三岁。

似乎是冥冥中有什么安排，司马懿的长子在这一年出世，取名司马师。

中年丧子，曹操放声痛哭。他哭得如此之哀痛，明眼人都能看出，他不仅仅在哭曹冲。曹丕劝父亲节哀顺变。曹操瞥了一眼儿子，冷冷地说："这是我的不幸，你们的大幸。"（此我之不幸，而汝曹之幸也。）

曹丕顿时满面通红。

把一切看在眼里的司马懿，终于看懂了曹丕。

低头做司马，
人前勿露"狼顾之相"

　　有时候，司马懿也很嫉妒那个素未谋面的诸葛亮：这家伙比我小两岁，却已经在赤壁之战这样的重量级战役中出尽风头。而我司马懿，至今不过是个低级文官，不知何时方有出头之日。

　　不过，他现在已经找到了比战争更快速、更便捷的晋身之阶。这个阶梯，就是曹丕。

　　曹操迟早要称王称帝，也迟早会荣登极乐。他所留下的庞大政治遗产由谁继承，这是一个大问题。就目前来看，曹丕继承的机会显然很大。如果将来曹丕上位，一朝天子一朝臣，在曹丕时代最得势的人肯定不是曹操时代立下汗马功劳的人，而是为曹丕上位出过最多力气的人。

　　一个集团新老首脑交替之时，正是集团内部势力重新洗牌、重新排座次之日。所以，中国历史上往往出现"内朝""外朝"的区分——外朝是老主公留下的班子，内朝是新主公自己的人；外朝在新主公的时代，往往有位无权，敬而远之；而内朝才是新主公的心腹，权力炙手可热。

你在老主公时代没有上佳的表现没有关系，好好看准一个新主公候选人并力挺他上位，正是一步登天的捷径。

司马懿决定放弃曹操时代，争取曹丕时代。

司马懿在以经学教育曹丕之余，也指引他积极结纳朝中重臣和少壮派新人。根据史书记载，老臣荀彧、荀攸、钟繇，以及正当得势的人事主管崔琰、毛玠，都在曹丕的拉拢之列。而新人陈群、吴质和朱铄也被曹丕深自结纳。这三人，后来和司马懿一起，被称为"太子四友"。不过，除了四人中做人高调的吴质以外，另外三人在曹丕上位的过程中究竟起了什么作用，已经无从考证。

关于司马懿的作用，史书只留下了一句"每与大谋，辄有奇策"，至于都有哪些奇策，都已经出我之口、入君之耳，烂在了司马懿和曹丕的肚子里。

通过这一句记载，我们有理由相信，曹丕即位前后的策略奇谋，大多出自司马懿，至少司马懿也是重要的知情者和赞成者。因此，后文中会写到曹丕夺嫡上位的不少重大事件，虽无史料直接证实，但可以看作是司马懿在这一时期的杰作。

同时，史书只留下了一句"每与大谋，辄有奇策"，也可以看出司马懿为人之低调。

低调做人，高调做事，是司马懿处世的基本准则。

司马懿与曹丕关系越来越亲密，自然逃不过曹操的法眼。老谋深算的曹操决定验一验司马懿的成色。

有一次，曹操给司马懿交代任务，司马懿领命离去。

曹操眯起眼睛盯着司马懿高大的背影若有所思，忽然叫了一声：仲达！

司马懿转过头来，望着曹操。

曹操一怔，眼睛里掠过一线杀机。

没事了，你下去吧。

司马懿疑惑不解，出去了。而曹操却坐不住了。

曹操精通相术，相术上说，有一种相叫"狼顾之相"：回头看人的时候，整个身子朝前不动，脑袋一百八十度向后转。据说有"狼顾之相"的人都不会安为人臣。

司马懿刚才就做了这个高难度的回头动作！

曹操找来曹丕谈心，意味深长地告诫他："司马懿很危险，不会甘为人下，将来一定会干预你的家事，你注意一些。"（司马懿非人臣也，必预汝家事。）

曹丕此时正和司马懿处在蜜月期，回头就把这事告诉了司马懿。司马懿从此更加兢兢业业干事，夜以继日办公，以至于连喂马这样的事情都亲自动手。（勤于吏职，夜以忘寝，至于刍牧之间，悉皆临履。）以前看张国良先生的三国评话《千里走单骑》，里面说喂养护理赤兔马的是司马懿，我还觉得是小说家言、无稽之谈。现在想来，也是渊源有自。"司马"如今真是名副其实了。

由于司马懿的勤恳敬业和为人低调，再加上曹丕的一力保举，他很快由文学掾转黄门侍郎，转议郎，转丞相府东曹属，最后升至丞相府主簿。

司马懿平步青云的这段时间，发生了几件大事：

建安十六年（211年），傀儡天子汉献帝任命曹丕为五官中郎将，为丞相副（帝国的二把手）。如此看来，曹丕的世子地位似乎稳如泰山了。

同年，西北马超、韩遂终于造反，曹操求计于贾诩。贾诩木木地说了四个字："离之而已。"曹操用离间计，导致西北军内讧，马超大败。

同年，刘备入川。

同年，司马家再添新丁——次子司马昭出生。

建安十七年春，傀儡天子汉献帝命曹操赞拜不名，入朝不趋，剑履上殿，一如汉朝萧何故事。

给司马懿震动最大的是，建安十七年底，曹营首席谋主荀彧，死于随曹操东征孙权的途中。

死因：自杀。

荀彧，字文若，是汝颍世族的代表。他祖父荀淑，是老一辈的名士。荀淑有子八人，号称"八龙"，平均水平比司马氏的"八达"还高。

荀彧少举孝廉，为汉官。他是个很爱干净的人，甚至有洁癖。荀彧好熏香，久而久之身带香气。《襄阳记》载："荀令君至人家，坐处三日香。"

他的洁癖，还体现在政治上。董卓进京，自为相国，赞拜不名，入朝不趋，剑履上殿。荀彧立即弃官如草芥，深藏身与名。

二十九岁，这位干净、低调而身带香气的男子，终于邂逅了命中的主公曹操。从此以后，他消失在曹操的幕府之中，成为曹操背后的一个影子。每当曹操在战场上战无不胜，背后总有一个文弱的身影，在给他运粮、征兵，默默地支持。

曹操为的是开创霸业，荀彧想的是兴复汉室。

同床异梦，殊归同途。

悲剧的种子，也许在两人亲密无间的蜜月期就已深深埋下。

荀彧前后为曹操保举了很多人才，司马懿的入府，正是荀彧的功劳。因此，司马懿对荀彧印象很好，他把荀彧列为自己暗中学习的师长。不过，荀彧不能带兵打仗，是其一个缺憾。司马懿觉得，自己不能像荀彧一样，一辈子站在幕后；有机会定要像祖先一样，立功疆场。

建安十七年（212年），曹操赞拜不名，入朝不趋，剑履上殿。荀彧似乎从主公身上，看到了当年董卓的影子。他忧心忡忡，不知如何是好。

本年的五月，一些大臣在曹操的授意下，劝曹操进位为魏公，加九锡。从表面上看，这不过是一种礼仪待遇，从更深层意义上看，则是王莽以来的一个潜规则：加九锡是篡位的信号。

荀彧坐不住了。

一向低调而谦让的荀彧居然脸红脖子粗地指责劝进的大臣："主

公兴义兵以匡扶朝廷，秉忠贞之诚，守退让之实；君子爱人以德，不应该如此。"

荀彧很清楚，自己实际指责的是谁。

曹操更清楚，荀彧实际指责的是谁。

曹操很生气。两个貌合神离了大半辈子的男人，终于要说再见了。

这年，曹操出兵打孙权，荀彧照旧留守后方。仿佛和以前那般亲密无间。

有点儿不一样的是，曹操突然要求荀彧去前线劳军。荀彧很意外。他心中忐忑不安，却不好多问什么。他似乎有预感，临行前把自己的文书手稿全部焚毁了。他与曹操之间的一切机谋密划、一切因缘际会，都化作袅袅青烟，随风散去。

荀彧刚走到寿春，曹操又来了命令：您不必到前线来了。荀彧感到不知所措。

荀彧死在了寿春，时年五十岁。

怎么死的？说法很多，罗列如下：

《三国志》版本："彧疾留寿春，以忧薨。"忧病而死的。

《魏氏春秋》版本："太祖馈彧食，发之乃空器也，于是饮药而卒。"猜出曹操的哑谜，自杀。

《献帝春秋》版本："彧卒于寿春，寿春亡者告孙权，言太祖使彧杀伏后，彧不从，故自杀。"曹操因为荀彧之前隐瞒汉室中的反曹谋划而忌恨于心，荀彧自杀。

总之，荀彧非正常死亡，而且与曹操有莫大干系。

王佐之才成绝响，人间不见荀留香！

后来，功成名就的司马懿在回忆往事的时候，曾经这样赞叹荀彧："我亲耳所闻、亲眼所见这近百年来的人物，没有及得上荀令君的。"（吾自耳目所从闻见，逮百数十年间，贤才未有及荀令君者。）

那是后来司马懿的感慨，如今司马懿所得到的，是血淋淋的教训。反对曹操篡汉的人，即便劳苦功高如荀彧者，一样难逃死亡的下场。司马懿原先不知道如何在曹操手下自处，总觉得战战兢兢。现在他明白了。

一个领导，总有一些野心。比如曹丕的欲望是当太子，曹操的欲望是篡汉。但表现形式不是。就表现形式而言，曹丕是在曹操面前表现杰出，曹操是跟一干大小军阀斗。如果司马懿能帮助曹丕表现杰出，帮助曹操打倒大小军阀，当然很好，也能得到他们的青睐，但毕竟隔靴搔痒、事倍功半。

所以，不妨直奔目标。

荀彧没有白死，给司马懿留下了血的教训。司马懿决心以河内世族子弟的身份，积极推进曹操的篡汉大业。这个活儿，风险低，回报高，比沙场搏杀、帷幄决计，更能带来丰厚的效益！

建安十八年（213年），荀彧尸骨未寒，曹操晋爵魏公。但出人意料的是，曹操并没有指定继承人是谁，反而饶有兴致地对两个最优秀的儿子曹丕、曹植进行了一系列的考试。

司马懿明白，夺嫡的战斗开始了。

夺嫡，是一门技术活

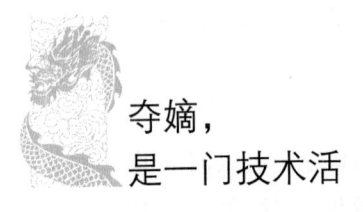

曹操是位很有想法的父亲。

古代对政治遗产继承人有很明确的规矩：立子以长不以贤——立大儿子，不立最优秀的儿子。但是所谓规矩，都是约束凡人的，在曹操这样不按常理出牌的人眼里，就是废纸一张。

曹操想要考验一下曹丕、曹植两个儿子的才能，以确定自己的继承人。这是一件技术活，玩好则罢，玩不好难免自焚。袁绍和刘表都是前车之鉴。

但是曹操和袁绍、刘表不同，袁绍、刘表优柔寡断，不能尽早确立继承人，所以把事情搞得很被动；曹操决定主动挑起两个儿子之间的较量，以观察孰优孰更优。

从之前的情况来看，曹操一直是把曹丕当作唯一的继承人来培养的。致使曹操改变想法的原因有两个：

一是魏公国（诸侯国）的建立（213年）使曹操可以合法地考虑继承人的问题了；

二是——曹植实在太优秀了，太像年轻时的自己了。

曹植，字子建，浊世翩翩佳公子，自屈原、司马相如以降直到李白出世之前中国历史上最负盛名的才子。如果说曹操是三百年一出的君主，曹丕就是五十年一出的皇帝，而曹植则是五百年仅出的大文豪。他在中国历史上的文名，几能掩盖其父的地位。至于与曹丕相比，则完全是皎洁明月与腐草萤火的区别。

但是现在，这位放荡不羁的未来文豪被赶鸭子上架，要与自己的兄长一较高下了。权力欲并不强的曹植有点不情不愿。

曹植自小就显露出了过人的文学天分，十岁能诵诗论辞赋数十万言。有一次，曹操微笑着看小曹植的文章，看着看着面容不禁严肃起来，最后抬起头喝问："这是你找哪个枪手写的？"小曹植双膝跪地，说："我言出为论，下笔成章。不信可当场考校，我怎么会去找枪手呢？"（顾当面试，奈何倩人？）

建安十七年（212年）春，历时三年的面子工程铜雀台终于落成，曹操领着儿子们和一群当时最杰出的文人登台远眺。兴致勃勃的曹操命儿子们各写一篇赋。其余的儿子都清楚，这是在考曹丕和曹植呢，俺们只是配角，于是都埋头做思索状。曹丕还在皱眉头咬笔管搜肠刮肚，曹植已经落笔成章了。曹操取去一看，文采粲然可观。

这件事触动了曹操的心弦。第二年曹操晋爵魏公，太子一位空缺。他开始对两个儿子进行或公开或秘密的考试。

几位受曹操器重的心腹，都在同一时间收到了来自曹丞相的绝密文件（密函），内容是关于两个儿子继承大统的问题。这几位心腹都理解曹操"密函"的良苦用心，同样心照不宣地秘密给出了自己的答案。有一个人是例外——人力资源专家崔琰。

崔琰在大庭广众之下公开答复（露板）曹操："盖闻春秋之义，立子以长，加五官将（曹丕时任五官中郎将）仁孝聪明，宜承正统。琰以死守之。"曹植是崔琰的侄女婿，崔琰却毫不偏袒曹植。

曹操见崔琰居然公开回应自己的密函，咬着牙赞叹崔琰的公正公开（贵其公亮），愤怒的杀机把头皮都憋红了。

崔琰，你的命，到头了。

以崔琰的"露板事件"为导火线,夺嫡战役正式打响。先知先觉的曹丕和不情不愿的曹植两位候选人的身边,迅速聚拢起两个为着不同目的走到一起来的竞选集团。

曹丕集团核心成员是"太子四友"。

一号：陈群

陈群是汝颖世族的代表,成语"难兄难弟"之"难兄"陈纪的儿子（详情请翻阅《汉语成语词典》"难兄难弟"词条）,时任侍中领丞相东西曹掾。他对历代制度了如指掌,人生理想是集历代制度之精华,创设一套行之百代的良法。

二号：司马懿

司马懿就不必多介绍了吧！此时乃丞相主簿。

三号：吴质

吴质当时是朝歌的县长。优点是有文才,精算计,擅长揣测人心；缺点是过于张扬,性格刻薄,名声很臭。

四号：朱铄

此君史无记载,只知道他很瘦,且性急。

曹丕集团的外围成员及拥护人还有荀攸、钟繇、毛玠、崔琰、邢颙,以及曹操晚年的一位宠姬……

总体来讲,曹丕得到了以陈群为首的汝颖世族的拥护。汝颖世族因多是世家大族的缘故,在曹操的帐下基本扮演行政文官和谋士的角色,与军界绝缘,几乎是碰不到兵权的。这一方面反映了汝颖世族人才的特点,另一方面也反映了曹操对于世家大族防范之严。

相比起阵容庞大的曹丕集团来,曹植集团的核心成员却只有两个半人。

曹植集团核心的两个人是丁仪、丁廙兄弟,半个人是杨修。

丁仪的父亲丁冲,是曹操的旧友兼老乡,沛国谯县人。沛国谯县是曹操的老家,以此地带为中心,形成了一个与汝颖世族对立存在的谯沛集团。

谯沛集团的核心成员多为曹操的亲属，或姓夏侯或姓曹；从出身看，他们多是地方上的豪强，与象征着文化和权力的世族难以相比；从在政权中的分工看，他们又多担任军界的要职，成为曹氏政权的柱石。

既然曹操的老乡目前在朝廷任职的大多是武将，那号称"令士"的丁仪和他弟弟丁廙便算是另类了。既是故人的儿子，又是谯沛集团中少有的文化人，曹操出于平衡派系和压制汝颖世族的考虑，很想提拔和重用丁氏兄弟。

曹操初听闻丁仪的名声，就想把女儿嫁给这位故人的公子。

曹丕从斜刺里杀出来阻拦："女孩子找男朋友，当然要找帅哥。丁仪是个独眼龙，怎么能把俺妹妹嫁给他？还是把妹妹嫁给夏侯惇叔叔的儿子吧！"（女人观貌，而正礼目不便，诚恐爱女未必悦也。以为不如与伏波子楙。）

曹操听了这话，就打消了念头，把女儿嫁给了独眼龙夏侯惇的儿子。

后来曹操亲见丁仪，一聊之下，发现此子果然是年轻一辈的人中龙凤，大加赞叹："不要说他是独眼龙，哪怕双目失明我也应该把女儿嫁给他啊！"（即使其两目盲，尚当与女，何况但眇。）

世上没有不透风的墙。丁仪听说是曹丕坏了自己的好事，怒从心头起恶向胆边生：好，这个梁子咱们算结下了！于是拉着弟弟丁廙找到曹植，成立曹植竞选团。

丁仪这时候是主管人事的西曹掾，是曹操面前的大红人。

为什么说杨修是半个人呢？其实杨修与曹丕、曹植兄弟私交都不错，也并不愿意老跟曹植黏在一起。只是他的智商实在太高，曹植时常找他应付父亲出的考题，所以不得已成了曹植集团的半个人。

值得一提的是，司马懿的三弟司马孚这时候也已出仕，也任文学掾，但教育的对象却是曹植。曹植恃才傲物，谦谦君子司马孚看不过去，经常极力劝谏，搞得曹植很不愉快。所以司马孚不能算曹植集团的核心成员。

作战双方介绍完毕，战斗开始。

第一回合：智力抢答。

曹操现场提问，让二子回答。曹丕的回答中规中矩，曹植却每次都应声答出，答题思路清晰，语言表达能力突出，简直可以打满分。曹操觉得纳闷，推查之下，发现是杨修帮助曹植预先做的押题和参考答案，曹植背熟了答案，自然能得高分。曹操很恼火。

战果：曹植作弊，判负。

第二回合：完成出城门的任务。

曹操命曹丕、曹植各出邺城的一个城门，暗中又叮嘱守门官不要让他们出去。曹丕走到城门口，被守门官阻挡，没办法，灰头土脸回来了。曹植遇到守门官阻挡，拔出宝剑一剑刺死，大踏步走出城门。曹操又惊又喜，夸赞曹植：你杀人不眨眼的样子很有为父年轻时候的神韵啊！后来明察暗访，发现又是杨修给曹植出的主意。曹操的怒气值上升。

战果：曹植又作弊，负两局。

第三回合：检举与反检举

杨修挨了两闷棍，异常郁闷：难道曹丕就完全没有靠别人帮忙？于是他派人日夜查探。终于有消息称曹丕每天把集团三号人物吴质藏在装布的大筐里运进府中议事。杨修喜出望外，报告曹操。曹操身边明显有曹丕的眼线，连忙告诉了曹丕，曹丕很害怕，问吴质，吴质说："这事小菜一碟，明天你真的运一车布进府就好了。"曹丕依计而行。果然遇到曹操检查，查出来筐里没有吴质，只有布。杨修鼠辈，竟敢挑拨我们父子？曹操的怒气值爆满。

战果：杨修"诬蔑"竞争对手，负三局。

以上虽然曹植连负三局，但作为裁判的曹操，无非得到两个印象：一，杨修插手我曹操的家事太深了，而且有把我的宝贝儿子曹植带坏之嫌疑；二，曹植华而不实。

所以曹植虽然连负三局，却对夺嫡之争没有决定性的影响。曹操的内心，仍然偏向这个才华横溢、有为父当年之风的儿子。

但是没有机会继续比试，曹操又要披挂上阵，远赴汉中征战了。原因是，织席贩履的大耳贼刘备居然拿下了益州，有了根据地！

司马懿第一次以军事参谋的身份，跟随曹操出征。

有所不为，
而后可以有所为

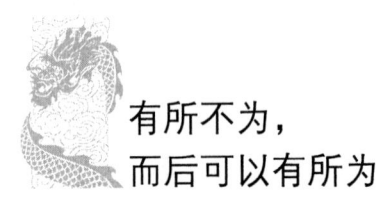

　　曹操军营的第一代谋士，郭嘉死得早，荀彧在三年前自杀了，荀攸去年病死了。老狐狸贾诩下了班就关上大门，跟别人也没有来往，俨然要做朝中的隐士（阖门自守，退无私交）；程昱也交出了兵权，闭关不出（自表归兵，阖门不出）。

　　老谋士都在凋零。

　　曹操决心在晚年培养一批第二代谋士，培养重点对象是刘晔、蒋济和司马懿。这次出征，刘晔和司马懿就在军中。

　　刘晔，字子扬，是汉朝皇室之后，扬州人氏。

　　那时候，对扬州人的印象是"轻侠狡桀"。刘晔一生，四个字占尽。

　　刘晔七岁的时候，其母病终，临死前对刘晔说："你父亲的小老妾不是个好东西；你要是能除掉她，我就瞑目了。"

　　六年后，刘晔十三岁了。十三岁正是不顾后果的年纪，对付一个侍妾足矣。为了让母亲瞑目，刘晔提着一把刀入室把侍妾活活砍死，将其头割下来送到母亲坟前祭奠。

这不是故事的正文，正文在下面。

刘晔二十几岁时，被地方上一个黑社会老大郑宝看中。郑宝要挟刘晔做他的狗头军师。郑宝是庐江郡地界上的一个小军阀，啸聚了一万多人在巢湖，虽然声势浩大一时，但铁定没有前途。刘晔自然不肯投奔一个水寇，便有了除郑宝之心。他设下鸿门宴，找了几名"项庄"，约定在郑宝喝醉以后下手。

黑社会老大郑宝带了几百个保镖赴宴，一切按计划进行。

突然，出现了计划外的情况——郑宝不喝酒，环头四顾，警惕得很。项庄们不知道怎么办，一时傻了眼。

刘晔一不做二不休，自己动手拔出佩刀杀死了郑宝，把脑袋提出来招抚了郑宝的小弟们。郑宝控制的这条街自然就作为刘晔的见面礼归属了另一个大佬刘勋。以鸿门宴杀人不是新招，但在项庄无法代为捉刀的情况下项羽亲自动手，恐怕比较罕见。后来刘勋被孙策打破，北归曹操，刘晔就入了曹操的幕府。

年纪轻轻就把杀人当儿戏的刘晔，其胆略侠风绝非寻常谋士所能望其项背。曹操出征张鲁时，刘晔与司马懿同任主簿，既是同事，又是竞争对手。遇上这样的竞争对手，谁不胆寒？

这次曹操要打的人是张鲁。

张鲁是个军阀，道教祖师爷张道陵的亲孙子，利用宗教形式割据汉中已经近三十年了，统治手法很有一套，毛泽东在20世纪50年代就曾把《张鲁传》印发全党学习，说有原始社会主义的味道。

汉中是由四川盆地兵出中原的北门户，也是中原遏制益州的南大门，战略地位本就十分重要。再加上刘备刚在去年攻占益州，对于曹操而言，攻占汉中势在必行。

汉中四围崇山峻岭，在大平原上厮杀惯了的曹操在这里行军很不习惯。再加上军粮运输又跟不上（谁叫你逼死了荀彧呢），曹操有了退心，下令撤军。司马懿暗笑：曹操的浪漫主义又犯了，总在关键时刻掉链子；不过这次军粮确实已经不足了，而张鲁守军又虎视眈眈于前方，强行攻打难免出问题，退军不失为一个万全之策。

大军正在撤退，此时身在后军督军的刘晔，听到消息快马加鞭来到前营，喘息未定对曹操说了四个字："不如致攻！"（不如尽力进攻。）刘晔分析：

第一，我军粮道不继，返途又漫长，退军的话，一样损失很大；万一张鲁再偷袭其后，像当年张绣那样，那岂不是完蛋了？

曹操开始后悔撤军，刘晔接着分析：

第二，不过好在丞相英明，命令大军假装撤退。现在我军已经开始撤退，敌人必然守备松懈；我们正好利用这个机会突然杀个回马枪！丞相真是好计谋啊！

曹操摸着胡子，内心十分得意，连忙派出将领乘险夜袭，张鲁守军果然懈怠不防，被杀个措手不及一溃千里。曹操顺利拿下汉中。

汉中之战，刘晔这位令人生畏的同事大出风头，在与司马懿的竞争中先拔头筹。司马懿却并不在意。

人的一生会有很多对手，如果对于每一个对手的每一次成功都耿耿于怀，那将是一件非常累的事情。即便是嫉妒，也要有策略；事无巨细地嫉妒，只会导致心脏病。快速应对战争中的突发事件、兵行险着是刘晔的长项，嫉妒是嫉妒不来的。如何扬长避短，才是司马懿应该考虑的问题。

军事不仅仅是战争那么简单，功夫在战外。司马懿的长项在于把握大局，料断大事。

面对刘晔的无限风光，一向沉稳的司马懿也难以按捺内心深处作为一个男人的好胜之心。

司马懿决定进谏。

曹操吃着用张鲁的粮食做成的早饭，得意扬扬，完全没有进一步扩大战果的打算。此时，刘备在益州根基未稳，而孙权又在和刘备闹矛盾，刘备本人率领相当数量的一支军队，正远在荆州与孙权对峙。不趁此时拿下巴蜀，更待何时？连一个业余的三国爱好者读史至此都会大呼可惜，而曹操却在没心没肺地吃早饭，实在不可思议。

司马懿决定进谏。司马懿来曹营七个年头了，没有过于突出的表现，现在他却决定进谏。

进谏并不是一门艺术，伴君才是一门艺术。"进谏"只不过是为了完美地完成伴君这门艺术所选择采用的战术手段之一而已。"不进谏"则是另一个选项。

司马懿这七年，只不过选择了"不进谏"而已。支持这个选项的理由有几个：

一、曹操心机深重，对臣下尤其是文臣，极尽猜忌。

司马懿作为河内名士的代表，又有"狼顾"之类的传说，也在猜忌之列。给这样的主公献策进谏，说不定什么时候就逆了龙鳞，死都不知道怎么死的。

二、司马懿的工作性质很特殊。

司马懿来相府七年，担任的官职长期都是行政官员，而且位置敏感，比如教育曹家下一代的文学掾、担任皇帝顾问的议郎、掌管相府人事工作的东曹属等。无论是对曹操立嗣问题说三道四，还是在皇帝面前搬弄是非，抑或就人事工作大放厥词，后果都不堪设想。一句话，这几个职位都是只需要你做事、不需要你说话的职位。

三、司马懿是相府的新丁。

从新丁到老鸟，需要一个过程。在这个过程中，搞好人际关系、熟悉工作环境、提升业务能力、摸清领导脾气，才是关键的。

然而，现在不同了。

从工作性质来看，司马懿是谋士，谋士的天职是进谏献策；从资历来看，司马懿算是相府的老人了，有一定的话语权；从领导要求来看，曹操这次带司马懿出来就是锻炼新人，你再来个徐庶进曹营——一言不发，就不合时宜了。

想定之后，司马懿出列，沉声道："益州根基未稳，刘备远在荆州，这是避实就虚、出奇制胜的大好机会。我军拿下汉中，益州已然震动；如若趁机进兵，一鼓作气，最易成功。圣人不能违时，也不失时。"

曹操看看司马懿，大笑着说了一句既经典又押韵的话充分显示了他的文学修养和浪漫情怀："人苦无足，既得陇右，复欲得蜀！"说完饶有兴致地看着司马懿。

司马懿没有多余的话，默默退下。听完司马懿的进谏，之前还沉浸在成功的喜悦中的刘晔表情严肃起来。他听出了司马懿此计的厉害之处。刘晔看了一眼这位沉默的同僚：你怎么不再坚持坚持？

司马懿两眼看地，垂手而立。

刘晔心想，你不坚持进谏，可别怪我抢功了，于是急头白脸地补位，继续进谏："咱们打下汉中，蜀人望风破胆，益州传檄可定。以丞相之神明，趁着这机会取蜀易如反掌。如果稍有迟缓，诸葛亮明于治而为相，关羽、张飞勇冠三军而为将，蜀民既定，据险守要，则不可犯。今不取，必为后忧啊。"

曹操眯起眼来，认真打量自己面前的这两位年轻谋士，脑子里各种复杂的变量在翻江倒海：汉中如此险固，蜀道之难更可想见……粮草是个大问题……孙权会不会在东边骚扰……朝中的拥汉反曹势力不在少数，如果我迟迟不归……刘晔是汉朝皇室宗亲，司马懿有狼顾之相，这两个人极力撺掇我取蜀……

脑海里尘埃落定，曹操摆摆手，拒绝听取刘晔的意见。

刘晔心急火燎，给司马懿使眼色，想一起再力谏。司马懿低眉顺目，不动声色。

进谏的目的很多，让主公接纳并非唯一目的。只要能够表明我的姿态，显示我的能力，足矣。如果一味强谏，主公势必心中不喜，是其一；即便主公接纳，万一不如我所料，后果严重，是其二；即便如我所料，亦显示出我的智力水准在主公之上，功高震主，是其三。强谏有三不利，当然不可为。只懂进谏，永远只能是一名卓越谋士；懂得不谏之妙，方能位极人臣而无虞。

刘晔啊，沙场决机，我不如卿；宦海权谋，卿不如我。曹操之忧，不在刘备而在萧墙之内耶！

曹丕很着急。

之前的夺嫡斗争，我曹丕可谓占尽上风。弟弟曹植，不但连负三局，而且甚至无心恋战。如此看来，自己的世子之位可谓稳如泰山。但问题是，自己偏偏有位不按常理出牌的父亲！

曹植的表现那么差，父亲在不久前出征时，居然让曹植留守！更要命的是，曹操对曹植说："我事业刚起步的时候，正是二十三岁；你今年也二十三岁了，要好好加油哦。"（今汝年亦二十三矣，可不勉与。）

换在普通人身上，不过是父亲对儿子的口头勉励而已；可是放在曹操身上就不同了。你的事业是什么事业？王霸之业啊！你要曹植加油是什么意思？这不就差明说他是你的继承人了吗？

曹丕简直想不通，自己这个弟弟究竟哪里如此吸引父亲。无论是朝中的口碑、行政的手段，还是领兵作战的能力，甚至政治野心，我曹丕哪里不胜他一筹？曹丕甚至觉得，如果将来曹植上位，连是否忍心逼汉帝下台都是个疑问。

曹丕有时候心想，是不是弟弟的文才打动了父亲。于是他也附庸风雅，设"五官将文学"一职，把建安七子中的徐干、应玚等一大批文人墨客都聚拢在自己帐下，大搞文学沙龙。

曹丕又汇集了一批名儒，编撰了中国史上第一部百科全书——《皇览》。曹丕生怕自己的才华不被曹操知道，就写了一本自传——《典论》的《自叙》，说自己六岁学射箭，八岁能骑马射移动靶，文能通"五经"、史汉、诸子百家之言，武能以甘蔗击败剑术高手……为了达到传播的目的，曹丕像发传单一样把这本自传到处送人，想必当时朝中人手一份。甚至连大江对岸的孙权和张昭，都莫名其妙地收到了曹丕快递来的这本限量版签名本自传，请他们雅正（以素书所著《典论》及诗赋饷孙权，又以纸写一通与张昭）。

什么手段都使上了，什么手段都用完了。

建安二十一年（216年），曹操晋爵魏王。

太子一位，依旧空缺。

曹丕实在没辙了。他找来自己的智囊团商议。刚刚脱下戎装、从汉中赶回来的司马懿提议：何不请教贾诩？

贾诩，这个连司马懿内心都要暗骂一声老狐狸的人，最近几年每天下班准时回家，关上大门杜绝一切社交活动，为儿女结亲也尽找些地位平常的人，避免结交高门，再加上很少出谋划策，俨然已经成了朝中的隐士，早已淡出了人们的关注范围。

找他？有用吗？

当然有用。贾诩在魏王心目中的地位可不一般。也许贾诩是唯一一个被魏王暗中视作智力足以与自己分庭抗礼的人吧。能智的人，不在魏王眼中；能愚之人，才入魏王法眼。贾诩就是这样一个能智能愚之人。

曹丕登门拜访贾诩，开门见山：请问怎么才能赢？

贾诩是凉州人士，既非曹操初起兵时的嫡系，又非汝颍世族或谯沛集团的成员，所以在朝中格外谨慎，明哲保身。如今曹丕亲自登门，贾诩也有些意外。不过，老主公看来寿数不多了，是时候为子孙经营下一朝的生路了。

贾诩木木地回答："愿将军恢崇德度，躬素士之业，朝夕孜孜，不违子道。如此而已。"说完闭嘴，不再多言。

司马懿听完，心头一惊：贾诩这老狐狸，智谋之术已臻化境！刚才这番话，听上去极其稀松平常，只不过是教曹丕要修德养身、勤勤恳恳、遵守为子之道而已。但事实上，在这夺嫡之争的白热化时节，在奇谋谲诈纵横往复的关节点上，谁能表现出一种诚恳、朴实的清新之风，方是获胜的正道。而作为最终评审的曹操，本人正是用计的老祖宗，一切妙计谲策在他面前都不过是跳梁小丑而已。索性反其道而行之，以德服人，说不定反而能奏奇效。

重剑无锋，大谋似诚，这才是谋士的最高境界啊！

相比起贾诩这番话来，吴质之前为曹丕出的谋略，只不过是小孩子的把戏罢了。只是贾诩这番话听上去过于朴素，甚至近乎套话，不知曹丕能否领会呢？

曹丕完全心领神会，所以他起身告辞了。如果说曹植继承了父亲的绝世文才和浪漫气质，曹丕则继承了父亲的政治权谋和实用主义。

曹丕明白，此行的目的已经达到了。

此行目的有二：一，希望贾诩能支持自己；二，希望贾诩能给一些具体的建议。

就第二点而言，贾诩刚才的这番话已经给了自己明确的建议：修德养性，返璞归真，以诚恳取胜。至于第一点，贾诩能见自己，并且愿意给出回答，这个行为本身就已经表明他愿意支持自己。

三个聪明人，心照不宣。

机会很快就来了。曹操要出征，曹丕和曹植送行。三军将士整装待发，曹植兴致高昂，在大军面前发表即兴演讲，出口成章，赢得一片掌声与喝彩。

这时候，在旁边久久不语、情绪低落的曹丕终于再也"控制"不住自己的感情，在眼眶里打转许久的泪水夺眶而出。

曾经威严而不可一世的父亲，如今已经老了，微微佝偻的躯体、斑白的两鬓和眼角的皱纹，都在提醒着他：这位帝国最有权势的人，也不过是个普通的老人而已。然而征战在即，自己身为儿子却无法替父亲分忧。相会不久，又要远离，临别涕零，但愿这次父亲仍能战无不胜，像往常一样平安归来！

曹丕哭到动情处，拜倒于地。三军踟躅，众人歔欷，孤云为之徘徊，天地为之含悲。曹操望着哭拜马前的儿子，心中也不禁悲不自胜，情动于衷。

看来曹植虽然文采出众，到底不如曹丕诚恳踏实啊。曹操心中的天平终于开始向另一侧倾斜。

哭拜于地的曹丕泪眼蒙眬中偷偷望见父亲的神情，心头暗喜：三弟啊，比文采，也许我逊你一筹；论演技，影帝这个称号我要定了。

太子争夺战终于要接近尾声了。为曹操倾斜的天平最终加上决定性砝码的是两个人：一是贾诩，二是曹植。

风险投资，
巧妙"干预君王家事"

　　曹操终于点名要见贾诩。光线昏暗的堂上，只有他们二人对坐。连侍臣和婢女都退下了。

　　曹操看着贾诩，贾诩呆若木鸡。曹操开口了：你看曹丕和曹植，谁适合当太子？说完，直视贾诩的眼睛。

　　静谧。能听到心跳的静谧。

　　贾诩仿佛神游物外，置若罔闻，继续保持呆若木鸡的造型。

　　曹操有点儿不高兴："跟你说话呢，怎么不回答？"

　　贾诩"啊"的一声，如梦方醒，忙不迭地道歉："不好意思，我刚才在想别的事情，没反应过来。"

　　曹操问："想什么？"

　　贾诩一脸歉意："想袁绍、刘表父子的事情。"（思袁本初、刘景升父子也。）

　　曹操浑身打了个激灵：对啊，早年间的大军阀袁绍和刘表都因为宠爱少子，而导致国破家亡，可谓殷鉴不远。在选接班人的问题上，自己可谓一直有些感情用事，现在该是理性思考的时候了。

曹操陷入了沉思。贾诩欣赏着曹操沉思的表情。看来到底没有辜负曹丕所托。

关键时刻，曹植又犯事了。

在夺嫡期间，与紧锣密鼓积极行动的曹丕不同，曹植反而任性而为、饮酒不节，经常喝到大醉。这天，不知是因为喝醉了还是其他的缘故，曹植纵马驱车出司马门。

自西汉以来，司马门历来就与暗杀、政变、阴谋有不解之缘，地位极其敏感，因此成为王宫中禁卫最为森严的一门，光把守此门的禁军将领就有八人之多。按照汉家制度，除了天子以外，任何人都只能徒步进出司马门，即便太子也不例外。而曹植居然光天化日之下在司马门飙车！

曹操震怒。他立马处死了掌管宫室车马的公车令。对于太子的人选，他的内心终于没有了犹豫。

建安二十二年（217年），曹操册立曹丕为太子。司马懿、司马孚为太子中庶子。太子中庶子，是可以与太子朝夕相处的最重要属官。

在司马老二、老三升官的同时，征吴大军的前线突然传来噩耗：大哥司马朗感染瘟疫，病死军中。司马懿得此消息，如遭雷击。

原来司马朗由丞相主簿升任兖州刺史，常年恶衣蔬食，一心为民。这一年，他随从夏侯惇的军队亲临前线。军中暴发瘟疫，司马朗亲自巡视，问医送药、嘘寒问暖。连日来的操劳，终于使他也病倒了，最终不治身亡。

大哥于自己而言，是兄长，是导师，更是暗中较量的竞争对手。无论人生的哪个阶段，大哥都领先自己一步。如今眼看有机会迎头赶上，却突闻如此噩耗！难道上天注定我司马懿一辈子也无法超越你？

大哥安息，司马家复兴的重担，我将一肩挑过。

死者已矣，生者前行。不管如何，历时多年的太子争夺战终于尘埃落定。

如果分析一下曹丕胜出的原因，传统看法有这样几个：

第一，曹丕智囊团的质量远远胜于曹植。

曹丕的幕僚，司马懿的老奸巨猾大家有目共睹，陈群是汝颍世族的代表人物，吴质智计过人、表现活跃，都是玩政治的老手。相比之下，曹植的帮手丁仪、丁廙人缘极差，做事又过于张扬；杨修始终对曹植若即若离，并不热心。而且这三人都是以文辞见长，至于玩政治，近乎白痴。

第二，朝中曹丕的支持率远远高于曹植。

朝中重臣前后得到曹丕拉拢或为他说话的有荀攸、贾诩、钟繇、毛玠、崔琰、邢颙，等等。至于曹植，则不但不主动拉票，而且还把自己阵营的人推到敌人阵营中去了。邢颙是当时名士，人称"德行堂堂邢子昂"。曹操倾慕其人，任他为曹植的家丞。邢颙对曹植任性而为的作风看不过去，屡屡劝谏，曹植依旧我行我素。总之两人合作很不愉快。以至于在曹操立嗣的问题上，邢颙最后居然力挺曹丕。

另一方面，曹植幕僚的人际关系也极差。作为曹植集团核心成员的丁仪，在朝中属于暴发户式的新贵，不但气焰嚣张，而且得罪了一批老人。如果曹植上位、丁仪得势，朝中局势能否稳定，也是曹操不得不考虑的问题。

第三，曹植本人能力有限。

传统认为，曹植虽然才高八斗，但是实际的政治才干和军事才能实在有限。在夺嫡这样残酷而复杂的宫廷斗争中，表现实在令人大跌眼镜。所以，虽然他在曹操的感情倾向上原本占有绝对优势，但却行为不检、任性而为，输掉了整个的斗争。

如果让这样的人成为魏国未来的主人，如何了得？所以曹丕胜出实在是众望所归。

既然曹丕不但从身份上看是第一继承人，而且从能力上看亦是不二人选，为什么曹操还要大费周折，冒着成为袁绍、刘表第二的风险，在与刘备、孙权争天下的紧要关头，忙里偷闲在两个亲儿子之间挑起一场抢夺太子宝座的争斗呢？

曹操自有他的剧本。

按照曹操的剧本，他以太子的宝座为诱饵，试图达到三个目的：

曹操的第一个目的是考验满朝文武，看看他们究竟站在曹魏一边，还是站在汉室一边。

曹操如今已经把汉室架空了，他手下的文武，有相当一部分都是汉室旧臣。曹操下一步，就是试图使自己的继承人在位极人臣的阶段上更上一层楼。那么，让臣下摆明立场，已经成为当务之急。

但是，曹操不好直接问大家：你们支不支持我儿子篡位呀？因此，曹操以选拔太子为契机，把这个活动搞大，逼重臣们表态。虽然选太子貌似曹操的家事，但是谁对曹操的家事越热心，一定程度上也表明谁对曹操继承人的篡汉大业越支持。

这是高水准的指鹿为马的好把戏。司马懿看出来了。因此他违背了"不干预君王家事"的古训，积极奔走，一方面是为自己进行无本万利的风险投资，一旦将来曹丕掌权自己可以荣华富贵；另一方面则是做给曹操看，表明我司马懿坚决拥护您的子孙继承您的事业。

曹操的第二个目的是借机抬高谯沛集团的地位。

前面提过，谯沛集团是曹操起家的嫡系，是以浓郁的乡党观念、豪强身份和军界权力组合起来的曹魏的重要政治派别。可以说，相比起世家大族的汝颍集团来，谯沛集团才是曹操真正信得过的嫡系。

不过可惜的是，由于阶级身份和文化水准的关系，谯沛集团多为武人，少有能在内朝掌握机要的人物。丁仪兄弟可谓其中的另类。因此，曹操借此机会抬举曹植的地位，也就相应抬举了丁氏兄弟的地位。万一曹植继任，则丁氏兄弟正好借此机会上位，将政权牢牢掌握在谯沛集团手中，从而可以起到打压世家大族的效果。

曹操的第三个目的，才似乎是这场夺嫡的正题：考验曹丕和曹植，究竟谁更适合做太子。

可惜曹操打错了算盘。因为他的这个完美的剧本由于缺少了一个人的配合而显得漏洞百出，甚至埋下了曹魏覆亡的种子。

这个人，就是曹植。

首先我们不妨评估一下历史上真实的曹植的水平。这对我们认识曹植，以及认识这场所谓的"太子之争"会有更大的帮助。

一、军事水平：

曹植对自己的军事水平非常自信。他在若干年后给魏明帝曹叡的一份上疏（《太和二年疏》）中说：我过去跟着武帝（曹操）南征北战，对行军用兵的神妙已窥堂奥；如果陛下能让我统兵作战，即便不能生擒孙权活捉诸葛亮，也当俘虏他们的高级将领，歼灭他们的伪军（虽未能禽权馘亮，庶将虏其雄率，歼其丑类）。

这并非不着边际的吹牛，曹植的军事水平获得过曹操的认可。建安二十四年（219年），关羽水淹七军、威震华夏的危急关头，曹操曾想派曹植统率大军救援前线守将曹仁。

二、政治水平：

同样是魏明帝时期，当时的司马懿已经只手遮天、万人之上了。然而曹植的一封上疏，差点将司马懿这么多年来的苦心经营和偌大家底全盘废掉，可见曹植的政治敏感度和议政能力。这里埋个伏笔，按下不表。

三、学术水平：

当时有位令曹操垂青的名士邯郸淳，"博学而有才章"。他与曹植有过一次会面，曹植与他聊天文（混元造化之端），聊物理（品物区别之意），聊历史（论羲皇以来贤圣名臣烈士优劣之差），聊比较文学和文学史（颂古今文章赋诔），聊政治学和行政管理学（当官政事宜所先后），聊军事（论用武行兵倚伏之势）。一直聊到大家都闭嘴，没人能接得上话为止（坐席默然，无与抗者）。邯郸淳大开眼界，回去之后三月不知肉味，见人就赞曹植是"天人"。

由此可见，曹植乃是一个罕见的文武全才。只不过他的文学才华过于耀眼而掩盖了其他能力而已。

解释只能有一个：曹植不愿意斗。早在战斗开始前，他就认输了。

仔细观察之前的比试可知，面对来自父亲的各种考验和试题，相比起曹丕的积极行动来，曹植都只是被动"应付"而已，几乎不曾有过主动出击。为了不成为父亲剧本中的傀儡演员，曹植甚至在选拔太子的关键时刻故意纵酒狂欢、放浪形骸，犯下许多令人瞠目结舌的低级错误。

曹植应付曹操，杨修应付曹植。

杨修身为曹操的主簿，与曹丕、曹植关系都很不错。杨修曾将一柄名剑赠予曹丕，杨修死后曹丕还睹物思人，可见二人的关系并非如人们所想象的乃你死我活的政敌。而曹植与杨修的交往，主要在于文学交流；曹植也因杨修的机敏而请求他协助自己应付一些来自父王的考验，杨修碍于人情自然不得不尔。但是杨修察觉到太子之争的微妙性，也一度打算脱离"曹植集团"，但是怎奈何曹植几次三番来求教。面对曹植的纯洁和天真，杨修只好一声长叹，金盆洗手之事也不了了之。

因此，真正努力试图利用这个机会有所作为的，是与曹丕结下梁子的丁仪兄弟。丁仪不但积极为曹植出谋划策，还利用职务之便害死了公开支持曹丕的崔琰，可谓机关算尽。可惜的是，与曹操一样，丁仪完全没有料到曹植对于争夺太子之事非但毫无兴趣，甚至还有意避之。丁仪发现这一点时早已经骑虎难下，唯有把自己大好的政治前途白白搭在曹植身上。

权力欲望极强的曹操、曹丕和丁仪，都难以理解世界上有这样一种人，他沉醉于美好的文学世界而不愿自拔；他兴之所至，会主动请缨愿为百夫长、长驱蹈匈奴；他任性起来，会醉卧沙场君莫笑、斗酒十千恣欢谑。他发于南海而飞于北海，非梧桐不止，非练实不食，非醴泉不饮，对曹丕爪下的那只腐鼠根本不屑一顾。

他就是曹植，一个彻底的浪漫主义者，一个与浊世格格不入的性情中人。

前不见屈原，后不见李白；念天地之悠悠，独怆然而涕下。

天才曹植在这个时代是孤独的。

曹丕终于坐上了太子的宝座，他喜不自禁地搂着身边人的脖子说："您知道我有多高兴吗？"被搂的这个人叫辛毗，辛毗觉得曹丕的反应不大对劲，回去讲给女儿听。女儿听完，说："魏国的国祚，大约长不了吧？"

同样察觉到这一点的，可能还有司马懿。何以从曹丕身上看出魏国的国祚短促？如果不处理好眼下的各种危机，恐怕连曹操都要死于非命吧。

因为刘备的兵锋锐进于西，关羽的军势耀武于南，甚至连首都也爆发了一场由医生引发的叛乱。

借力使力，
打人不一定要伸出自己的手

这个医生名叫吉本，是许都的太医令。吉本与忠心汉室的名臣金日磾之后金祎以及司直韦晃、少府耿纪一起，谋划了一个极其大胆的阴谋：劫持汉献帝，暗中联合关羽，推翻曹操。

此时曹操身在邺城，留守许都的是丞相长史王必。王必是曹操起家时的"披荆棘时吏"，办事沉稳可靠。要攻击这样一个人物，只能靠出奇制胜。

建安二十三年（218年）正月，许都笼罩在辞旧迎新的气氛之中。深夜，忙碌了一天的人们都已睡去。吉本等人趁着夜色火烧王必的府第，带领千余人攻击留守的官兵。这次突然袭击把王必打了个晕头转向，肩头还中了一箭。王必没奈何，只好在部下的保护下仓皇逃离许都。

然而叛军的主力只不过是吉本的宗族，实在没有经验。他们在近乎空城的许都四处叫喊着冲杀了整整一个晚上，居然也没有闹出大动静来。清晨，王必联络在许都附近屯田的军队，平息了吉本的叛乱。没几天，王必便伤重而死。

消息报告到邺城，曹操震怒。

曹操已经老了,但是最近却没有一件能让他省心的事情。去年,益州的刘备派张飞、马超等将领进攻汉中,已命曹洪前往协助夏侯渊抵御;荆州关羽的军势日益壮大,声威直达许都,原以为有曹仁坐镇南方,不会有问题。没料到关羽还没动手,自己内部先起了叛乱,而且是在许都、皇城根下!耿纪是自己一手提拔的官员,韦晃也是丞相府的属官、自己的亲信,居然全都叛了!

曹操下令对许都进行了血腥的清洗,因为此次事件而遭灭门之祸的世家贵族不计其数(衣冠盛门坐纪罹祸灭者众矣)。同时,曹操还下令把许都的百官都押解到邺城接受审查。

司马懿看得出来,曹操受到的打击是巨大的。

司马懿今年刚刚荣升为军司马。丞相曹操集军政大权于一身,故有军政两大助手,主政的是长史,就是刚去世的王必,主军的正是担任军司马的司马懿。

自来世家大族在曹操帐下少有军界人物,司马懿的军司马一职虽然并没有独立的兵权,但实在可算是个例外了。这表明曹操对司马懿军事才能的认可和栽培,更表明曹操对司马懿已经放心了。

那就让这种放心来得更猛烈些吧!

司马懿借着这个机会,向曹操提了一个建议,一个会得罪很多世家大族的建议。这个建议就是:加强屯田。

加强屯田,对于曹操而言固然是壮阳,但对世家大族的司马懿来讲,却无异于自宫。

屯田作为曹魏的一项基本国策,在曹操起家阶段就已经开始了,基本内容是动用官方力量借以耕作、蓄粮。这项农业政策对于曹操的成功可谓居功至伟,但也很不受世家大族欢迎。

世家大族需要雇佣一批农民或者说农奴,在他们的私家庄园上耕作。这些收成,是维持一个世家大族运作的经济基础。在乱世,单个的农民成为"散户",一旦遇到天灾人祸就要家破人亡。所以农民们往往选择把田地让与世家大族,然后委身于世家大族的荫庇之下为他们耕作，以求有一口饭吃。

散户减少，大户吃饱。大户们中饱私囊之后，往往隐瞒自己的具体所得和掌握的人口，往上虚报数字，逃税漏税。这样一来，朝廷没有直接控制的人口和土地，就很难有充足的财政收入。这就是朝廷和世家大族的矛盾之一。

你不给我人和粮食是吧？好，没关系，我自己动手丰衣足食！

曹操采取的办法是大兴屯田——以一定的优惠政策，吸引"散户"以及流民到自己所掌握的土地上开荒耕作。曹操并行着民屯和军屯两种形式，"民屯"顾名思义就是让以上所说的"散户"和流民耕作，实质上是与世家大族争夺劳动力和土地，严重伤害了世家大族的既得利益。

司马懿作为河内世家的代表，居然主动倡议加强屯田，毫无疑问是在向曹操表忠心。但是，这一举措会不会遭到世家大族的敌视呢？

答案是：不会。因为司马懿建议的是加强"军屯"。军屯，是以军队且耕且守，以农养战。这些军人本来就是政府直接控制的人口，当然不会损害世家的利益。

表面上看是自宫计，实则一举两得。

曹操采纳了司马懿的建议和他的忠心。但是新的担忧又来了：刘备已经正式大举犯边。

安得猛士兮守四方？年老多病的曹操望了望满朝的文武，没有一个可以彻底放心的吗？征战了一辈子，居然开始厌倦这种杀伐。

但是树欲静而风不止，曹操不得不强打精神，亲自西征。

司马懿啊，你也跟着走吧。

建安二十三年（218年）十月，曹操大军刚刚抵达长安不到一个月，宛城守将侯音叛变归附关羽。

关羽的声势愈加浩大。

曹操对于汉中之战的战意更加沮丧，遥控命令曹仁围攻宛城。

建安二十四年，镇守汉中的大将夏侯渊被斩杀，刘备军大捷。

曹操闻得此讯，更加惆怅。司马懿看得出来，曹操，这位近百年来最伟大的军事家，早已过了其用兵如神的军事生涯的黄金时期，步入了暮年。打仗不光是拼脑子，拼兵力，更是对双方主帅意志力的考验。已经六十五岁的曹操，在对胜利的渴望和战斗的意志方面，已经不可能是小他六岁的刘备的对手了。

果然，曹操三月才姗姗进入汉中，潦草地打了几场仗，到五月就匆匆离开了汉中回到长安。

汉中，对于孤不过是块鸡肋，对于你刘备倒是块肥肉。既然如此，你拿去吧，像个暴发户般如饥似渴地拿去吧。

刘备老实不客气，夺取了汉中，又命令义子刘封和将军孟达把上庸一并拿下。地盘扩张之后，刘备进位为汉中王。

曹操第一次感到无能为力。老了，真的老了。

荆州方面，关羽受了刘备的鼓舞和指令，终于大举北伐，包围曹仁于樊城。曹操派名将于禁统率七军救援曹仁，两军僵持在樊城。

秋天的霖雨，连绵不绝，一任阶前点滴到天明。在这花果飘零的季节，曹操隐约产生了一个怪异的想法：自己熬不过这个冬天了。

不祥的秋雨，果然给曹操带来了不祥的消息。前方战报：秋雨连绵，汉水泛滥，七军皆没；庞德被斩，于禁归降，曹仁告急；梁、郏、陆浑一带的寇贼杀死县令，群起响应关羽！

曹操大吃一惊：万万不曾料到跟随自己多年的名将于禁，居然在这关键时刻变节归降了敌军！而一向不很亲重的庞德，居然能够守节而死！

曹操怀疑起了自己的判断力。他任命曹植为南中郎将，行征虏将军，南下救援曹仁。

司马懿惊出一身冷汗：曹操怎么会重新起用近乎被废的曹植？而且还授予兵权？难道太子的地位又要有反复？

谁也不知道曹操为什么会下这个命令，身在邺城的太子曹丕想必也极度紧张。但是曹植根本无意激化自己与兄长的矛盾。他再一次用酒消弭了干戈，解决了问题：出兵前夕，曹植喝得烂醉如泥。

司马懿和曹丕，都松了一口气。

一醉泯恩仇，杯酒释兵权。

曹操彻底放弃了曹植。他终于做了个清醒的决定：改派徐晃领军救援曹仁。曹操已经没有了当年遥控合肥之战那样的意气风发，他没有任何教令事先给徐晃。他只能指望徐晃有神勇表现，抵挡住关羽的兵锋。除此之外，他已别无所能。

他就像一个平凡的老人那样，只能寄希望于别人。

甚至于，他已经惶恐到想要迁都——许都如今暴露在关羽的攻击范围之内，实在是非常危险。

司马懿轻叹一声：魏王已经糊涂了。如今关羽得势，威震华夏，许都以南群起响应，看似形势对我方极度不利。但是这不利的形势之下，表面声势浩大的关羽背后其实有一个致命的隐患啊！魏王居然看不出来，看来魏王真的老了。

司马懿挺身而出，劝阻曹操：不能迁都。

曹操望着这个阻止自己决议的人：是你啊，赖在床上七年也不肯来见我的司马老二；上一次在汉中，也是你劝我一鼓作气拿下益州。如果你到了我这个年纪，不知道还能不能保持现在的干劲呢？

曹操示意司马懿说下去。

司马懿说："于禁等为水所没，非战攻之失，于国家大计未足有损。"

对啊，我被眼前的假象迷惑了：关羽虽然声势浩大，但不过是"声势"而已，对于我军并没有多少实际的损害；而于禁也不过是被洪水打败，而非败于关羽之手。看来，克服目下的"恐关症"才是振作的第一步啊。

司马懿看曹操有所动容，接着说："刘备、孙权，外亲内疏，关羽得志，权必不愿也。"

嗯，不错。孙权与刘备一向矛盾重重。这几年，都是我曹操的外部打压使得这两只刺猬抱成一团，实际上他俩恐怕早就被对方身上的刺扎得不行了吧。如今刘备西线大捷，关羽中路得势，唯有孙权在东线屡屡受挫，早就憋了一肚子气。而且听说，孙权与关羽之间也有个人恩怨……

谋士蒋济也出列，附议司马懿："可遣人劝孙权蹑关羽之后，许割江南以封孙权，则樊城围自解。"

江南本来就不在我曹操手里，以"许割江南"这样的空头支票，诱使孙权当黄雀消灭关羽，以解樊城之围，同时激化孙刘矛盾，真是一石二鸟的绝妙好计！

曹操振奋而起，吩咐使者前往江东；俄而，又失落地顿坐下来，望着年富力强的司马懿和蒋济：世界是你们的啦。不过，有一些旧的恩怨，还要靠我这个将死之人来个了断。

杨修，你的死期到了！

拿捏分寸，
搅弄风云谋士的生存之道

杨修如果成功了，就是司马懿；司马懿如果失败了，就是杨修。

杨修和司马懿实在有着太多的相似之处。同样是名门世家之后，父亲同样是汉朝高官，同样在曹操手下做到了主簿的位置，同样在太子之争中支持了一位候选人……

但是杨修现在要赶在曹操之前去死，而司马懿则将在曹操死后飞黄腾达。不是命运作弄人，而是性格决定命运。

杨修是弘农杨氏的后裔，弘农杨氏是汉末第一流的大世家。杨修的父亲杨彪是汉朝的司徒、太尉，位极人臣。因为家世的缘故，杨修二十五岁就受到曹操器重，纳入府中。

杨修并非单靠老爹的官二代，他本人才气纵横，办理政事甚是得心应手，成了曹操的重要助手（总知外内，事皆称意）。杨修成为曹操门下的大红人，曹丕、曹植以及朝中百官争相抱着各种目的来巴结交好。杨修是个不懂低调和拒绝的人，就与大家都打成一片。

玩政治，要站对班子。和大家都打成一片，就等于没有站班子。更何况，能和百官打成一片的人，有且只能有一个：曹操。曹操见杨修与文武百官打成一片，又不断教唆曹植在太子之争中作弊，自然动了杀机。

汉末最强权的人物曹操不愿意看到自己百年之后，自己儿子手下出现一个强势而党羽众多的人物。

更何况，杨修的父亲杨彪是亲汉派，杨修本人又是袁术的外甥。袁术是汉末一个大军阀，当年与曹操干了好几仗，最后被曹操逼死了。

这样一个人物的存在，当然是隐患。何况，杨修所支持的曹植，已经失宠。曹操再也没有任何顾忌。他在生命的最后时刻下令：诛杀杨修。

杨修死了。

司马懿仿佛看到了一个失败的自己的下场。他清楚，已经油尽灯枯的曹操正在振作最后的力量处理后事。在这青黄交接的关键时刻，自己不可有丝毫的大意和马虎，必须小心谨慎地送好曹操这最后一程。

这边杨修刚死，后方邺城又起了政变，为首的是西曹掾魏讽。魏讽口才之了得，史书上用了四个字来形容：倾动邺都！这次，魏讽在后方利用他极其了得的口才煽动起一伙人来图谋颠覆曹操的魏国政权。幸好坐镇邺城的太子曹丕处理及时，把魏讽之乱镇压下去。相国钟繇引咎辞职。

魏讽之乱再次给予曹操沉重的打击。政变的参与者有张绣的儿子、王粲的儿子、刘廙的弟弟……他们的父兄都是我军府中的元老啊，他们当然也应该继承我曹家军府的香火，如今这些二十上下的年轻人、邺城军府权贵的子弟们，居然站到我曹操的对立面去了，险些成为我曹家政权的掘墓人！

杀戮吧！以杀戮来震慑这些不知好歹的人，在鲜血上建立新的时代！邺城政变，遭牵连受诛者好几千人。

曹操现在才知道，自己给儿子留下的可能并不是一座固若金汤的江山，而是一个千疮百孔的烂摊子。有那么多的事情，他都已经来不及处理了。不过，曹操已经从曹丕对邺城政变的处理中隐约看到了儿子的沉稳和大器。

如今为父能替你做的，唯有解决关羽这位老对手了。

大约二十年前，彼时正待与袁绍决战的曹操打垮了刘备，生擒了关羽。曹操仰慕关羽的武略和为人，拜之为偏将军，礼遇甚厚。关羽却不忘故主刘备，斩杀河北名将颜良以报效曹操，封金拜书而去。曹操也不勉强，两个风华绝世的男人心有默契地成就了一番千古佳话。

二十年过去，弹指一挥间。这两位当年风华绝世的男人，都已经步入暮年。这两位老人之间的恩怨，没必要留到下一代了，就在今天来个了断吧。

前线的徐晃迟迟没有新的突破，曹操决定亲自提兵南下，与风头正盛的关羽决一死战。

眼看年迈的曹操要发少年狂，司马懿极其担心。如果这位垂暮的老人老马失蹄，在这最后的军事行动中受挫，曹操本就衰弱的身体也势必承受不住这致命的打击；一旦魏王归天，加上前线的军事不利，则后方本就风雨飘摇的局势必将更加混乱。这对即将继承大统的曹丕将会极为不利！

幸好，侍中桓阶站了出来，加以力阻。曹操在生命的最后时刻居然心明眼亮，听从劝阻，兵压前线而按兵不动，以达到威慑敌军而给己方将士壮胆的战略目的。

不必曹操出手，关羽已经自己走到了人生的终点。

关羽水淹七军，一战而擒于禁、庞德这两员《三国志》有传的名将，放眼汉末三国，堪称绝无仅有。同时，关羽将敌前的宣传工作和敌后的策反工作做得有声有色，宛城的叛变、许都的兵变、邺城的政变，以及陆浑一带的民变，都与他有关。

一时之间，关羽威震华夏。

但是关羽一直觉得有点儿怪。许都明明已经风雨飘摇了，曹操却并不迁都。究竟是哪位高人在那边坚定曹操誓不迁都的决心？

关羽百思不得其解，形势开始逆转。

守城专业户曹仁据守的樊城久攻不下，徐晃的救兵又到了，战局变得更加胶着。突然传来消息吕蒙白衣渡江，后方守将糜芳、士仁反水。关羽只得率军撤退，仓促逃窜经过麦城。

从威震华夏到败走麦城，仅仅三个月而已。关羽以超乎常人的骄傲，取得了大于自己能力的成功；也以超乎常人的骄傲，招致了大于自己缺陷的失败。

如此名将，在率领十余骑试图逃返益州的时候，被孙权军擒获，斩首。

身临前线、压兵观战的曹操本就患有严重的头风病，这次出征更是加剧了病情，几乎已经难以下床。他最近总是想起这一年来死去的人。夏侯渊死了，魏讽死了，杨修死了，庞德死了，关羽死了，听说这次孙权方面擒拿关羽的首功吕蒙也死了。

我呢？是不是也快死了？

报！

曹操勉强睁开眼来，见是一名文吏。

荆州的百姓和在汉川屯田的军民太逼近边疆了，是否把他们迁往内地，请魏王定夺！

曹操不耐烦地闭上眼，牙缝里迸出一个字：迁。

魏王，万万不可迁。

曹操无奈地再度微睁双眼，看看这个胆敢与自己唱对台戏的是何许人也。

原来是司马懿啊。曹操突然想到郭嘉，那个年轻的天才谋士。那是一个多么适合托孤的人选啊，既没有可恶的世家背景，又充满天马行空般的智慧。而且，他有那么多可爱的小缺点，生活毫不检点；这样的臣子倒是能让人主放心。不像眼前这位司马懿，完美得令人害怕。

司马懿并不知道曹操意识流般的臆想，他低头望着这位斜倚在病榻上的老人，这个老人曾经代表了这个时代的高度，是自己一度仰望过的天底下最有智谋、最有权势的人。而如今，他是那么的无助，那么的弱小，就这样孤零零地斜倚在病榻上，被自己俯视着。

司马懿的脑海里翻腾万千，而语调一如既往地平稳，剖析一如既往地犀利:"荆楚轻脱,易动难安。关羽新破,刁民正在藏窜观望,留下的全是良民。如今把良民迁走,既伤害良民的感情,又使那些处于观望阶段的刁民不敢回来,会影响地方上元气的培养和生产的恢复。"司马懿讲完,头也不抬,静候曹操的答复。

曹操以残存的一点儿清醒的判断力认可了司马懿的建议,有气无力地说:就按军司马说的办。还有,撤军吧,回洛阳。

曹操刚回洛阳,关羽的头颅也被孙权差人用木匣子装好,快马送到了洛阳。这时已经是建安二十五年(220年)的正月了。

与关羽的头颅一起到来的,还有孙权称臣的文书。文书上表达了孙权希望曹操能百尺竿头更进一步,取汉献帝而代之的良好愿望。

这封文书挠中了曹操的痒处。曹操看完文书,似乎病情轻了很多,精神焕发地让左右的近臣传看文书。他自己哈哈大笑——虽然因为病情严重,笑的声音很微弱了,但还是能让人从视觉上看得出他在大笑。曹操笑着说:"这小子想把我放在炉火上烤啊!"(是儿欲踞吾着炉火上邪。)说完,笑眯眯地观察各位的反应。

司马懿心里清楚,表忠的时候到了,连忙说:"汉运垂终,殿下十分天下有其九。孙权称臣,正是天人之意。您不该再谦让了,不妨直接继承大统。"

曹操不说话,继续眯缝着眼睛看其他的臣僚,仿佛看一群猴子要把戏一般。

桓阶、陈群一干人等纷纷争先恐后地表示大王您应该立马登基当天子,否则不但我们不答应,广大人民群众恐怕也不会答应。

曹操这才像个心满意足的小孩子一样满意地大笑起来:"如果天命真的在我这儿,那我做周文王好了。"西周文王,一生以三分之二的天下服侍纣王,直到他儿子周武王,才真正成为天子。

司马懿暗暗松了口气:看来曹操还没有老糊涂。如果他真在这生命最后的关头,拼死过把皇帝瘾的话,自己可就没有拥立开国皇帝的元勋之功了。

之后不久，曹操死了。

对，汉末最强横的英雄、五千年历史中空前绝后的奸雄曹操，就这样死去了。关于政治和军事方面的大略，一句遗言也没有。死得如此突然，如此猝不及防，如此不负责任。他的死亡正如他的一生，任性而顽皮，叫人琢磨不透。

自汉末以来二十多年，历史一直是以曹操为中心运转的。如今这个中心的突然缺失，留下的权力真空令人窒息。

天塌了！得到曹操死讯的官员们惶惧不安，聚集痛哭。

倒是司马懿，感到一种莫名的兴奋和轻松。直到曹操死去，司马懿才发现曹操生前给他施加了多么巨大而无形的压力。

如今，该我大展拳脚了！

03 或跃在渊：
谋国先谋身，韬光养晦是上策

有权就有责，
莫要插手他人事

如果不能有效评估曹操留下了什么，就不能正确评价曹丕这个人物的历史作用。

曹操起家靠的是汝颍世家和谯沛武人，如今这个格局依旧。南北朝的高欢为了平衡汉人和鲜卑人的矛盾，哄汉人："鲜卑人是你的保镖，帮你打仗，保你安宁，你何必讨厌他们呢？"又哄鲜卑人："汉人是你的奴仆，给你做饭，帮你料理后方，你又何必欺负他们呢？"汝颍世家和谯沛武人之间的矛盾，与之近似。

曹操时期，两个集团分工很明确：汝颍世家管后勤和内政，谯沛武人掌握军权、南征北战。但是曹操对于世家大族，一直采取不明显的打压政策。孔融、荀彧、崔琰和杨修之死，都是例证。军权对于汝颍世家来讲，乃是不可染指的禁脔。既然掌握不了枪杆子，光靠嘴皮子是打不倒曹操的，汝颍世家只好不敢言而敢怒。

荀彧是汝颍世家老一代的领袖，荀彧死后，汝颍世家逐渐团结到新一代领袖——陈群的周围来了。曹丕上位，汝颍世家出力不少。作为支持曹丕获得竞选胜利的集团，汝颍世家当然希望在新政权中有更高的位置。

但是曹丕也并不想疏远谯沛武人。曹丕虽然忌恨与自己争夺太子之位的曹植,甚至恨及其他兄弟,但毕竟与自己血缘关系相对疏远的各位夏侯氏、曹氏的叔伯兄弟,是曹魏政权的有力柱石。夏侯氏、曹氏的新一代中,曹休、曹真和夏侯尚都是与自己从小玩到大的好伙伴。新政权的建立,必须有他们的位置。

两个集团都想在新政权中获得更高的位置,而资源却总是稀缺的,这样问题就棘手了。以前两个集团之所以相安无事,实际上是靠曹操的个人威信和魅力压服下去的。如今在高压撤离的情况下,如何调处好汝颍世家和谯沛武人的关系,这是曹操给曹丕留下的第一个难题。

第二个难题在于内部的分裂隐患。

曹操虽然完成了统一北方的宏业,但实际上有些地方并没有完全收服。第一个是辽东公孙氏,自董卓时代起就割据一方;曹操讨平袁绍残余势力的时候,公孙氏表示了臣服。曹操当时也懒得兴兵彻底搞定这支势力,于是公孙氏作为曹魏内部的一个独立王国,父死子继,存留至今。但毕竟公孙氏僻处辽东,对中原影响不大,只要不出现野心人物,采取羁縻政策足以保证其安稳。

真正的麻烦在于青徐豪霸。青徐豪霸当前的带头大哥是臧霸。

臧霸毫无疑问是汉末的一个狠角色。他十八岁就率众劫囚车、做强盗;后来在徐州军阀陶谦手下,讨伐黄巾军。他把俘虏来的黄巾军收编,和孙观、吴敦、尹礼几个兄弟建立了自己的武装。从陶谦到刘备,从刘备到吕布,从吕布到曹操,徐州几次易主,臧霸的武装却一直安安稳稳地独立存在。曹操讨伐吕布的时候,臧霸还不时给曹操捣乱,搞得曹操很是头疼。曹操扫平吕布,索性把臧霸和他的兄弟们封为青州、徐州的郡国守相,并把青、徐二州托付给臧霸。

由此,青、徐二州便近似曹操政权内部的一个半独立的松散邦联,而这邦联的头头就是臧霸。臧霸独立到什么地步呢?有一次,曹操手下两个将领叛乱,跑到臧霸的地盘上寻求庇护。曹操让刘备做中间人,请臧霸把这两个叛将交出来。臧霸说:"我臧霸之所以能自立一方，就是因为能罩着小弟。请您回去告诉曹公，这两个人我不愿意交出来。"（霸所以能自立者，以不为此也。霸受公生全之恩，不敢违命。然王霸之君可以义告，愿将军为之辞。）

俨然一副黑帮教父的做派。

青、徐二州与孙权毗邻，紧挨前线，一旦生变，后果不堪设想。臧霸这股势力的存在，无疑是颗定时炸弹。

第三个难题，是太子之争的后遗症。

太子之争中，曹丕的弟弟曹彰虽然明确表示不参与竞争，唯愿做一名军人战死沙场，但是这位能够徒手与老虎搏斗的直爽汉子内心是暗暗支持曹植的。作为军人的曹彰，很看不惯曹丕的阴险伎俩。而曹植，虽然当初竞选失败，但谁能保证在曹操去世的关键时刻不起觊觎王位之心呢？毕竟这个位置当初离他是那么近啊。

第四个难题，如何控制朝中的情绪和可能的动乱。

曹操是政权运作的主心骨，他的突然逝世，野心家将为之振奋，软弱者将为之沮丧。曹操死在洛阳，曹丕身在邺城。如何身居邺城而控制好朝中的情绪，制止拥汉派或拥植派以及其他派别的野心家所可能制造的动乱，也是一道棘手的考题。

最后一个难题，也是最麻烦的一个：曹家夺取汉室天下，已经是箭在弦上不得不发。就算我曹丕不愿意夺取汉室天下，那些企图鸡犬升天的大臣们也绝对不会答应。但是究竟采用什么办法，使得政权交接可以付出最低的代价，这也是个麻烦。

五个难题，摆在了曹丕的面前。曹操可以一死了之，曹丕却不得不挖空心思。他虽然雄武不及父亲，心思的细密却有过之。这五个难题将有条不紊地得到解决，而后世却因此对曹丕产生了深深的误会，误以为曹丕仅仅是一个凡庸的守成之君。

历史上真正"安居平五路"的是曹丕，而非演义中装神弄鬼的妖人诸葛亮。

下面，让我们来领教一下曹丕的手段。

曹操死时，曹丕远在邺城，还没有得到父亲的死讯。但帝国的中心洛阳已然乱成了一锅粥。

如今洛阳城中，官职最高的是主簿兼谏议大夫贾逵。贾逵是河东人士，早年间在官渡之战中有杰出表现，被曹操看重，与夏侯尚一起作为第二代军事人才来培养。贾逵与司马懿的亡兄司马朗关系密切。

因此，曹操死后的洛阳城，主持大局的是贾逵，而担任助手的正是司马懿。他们面临的第一个问题是：要不要发丧？

曹操的死亡，过于突然，如果发丧，恐怕要引起天下骚动。内部的不安定因素爆发，外部的孙权、刘备趁势突袭，后果将不堪设想。因此，有人主张秘不发丧。

司马懿清楚，纸包不住火，而接班人曹丕正远在邺城。身处这样的敏感之地，本就容易引来外界不友好的猜测。一旦秘不发丧，则更是自置嫌疑之地。

但是司马懿并没有把这些告诉贾逵。他冷眼看着贾逵的表现，想掂量掂量这位同僚究竟有多少分量。

贾逵果然有两把刷子，立即对外公布曹操的死讯，并着手安排护送曹操的灵柩入邺城。

秘不发丧的坏处是把矛盾隐蔽化，公开死讯的坏处是使矛盾公开化。洛阳城中一支军队得到曹操的死讯后，便擅自撤出洛阳，企图返回故乡。

这支军队是臧霸的人。

臧霸为表忠心，专门派遣了一支军队直接受曹操调遣。这支军队的大本营在青、徐一带，早就思家如渴。如今曹操一死，自然都嚷嚷着分行李散伙，你去你的花果山，我回我的高老庄。

以前的邺城政变和许都叛乱，可从来都没有军方参与；如今，居然连军队都乱了。如果不给这支军队来个下马威，先例一开，其他军队也人心思乱，整个北中国将倒退回军阀割据时代！

因此，许多人都主张派人堵截这支擅离职守的军队，如果有不肯听从者杀无赦！

司马懿心里明白，这是个馊主意。打狗也要看主人。这支军队的主人是臧霸，臧霸是青、徐二州实际上的主人，占据着小半壁江山。一旦出动军队攻击这支乱军，将会引发曹氏政权的内讧。这是取死之道。

但是，倘若听任这支军队擅自离开，后果更糟。

实在是个棘手的难题。贾逵，你打算怎么办？

英雄再次所见略同。

贾逵下令：不可阻止这支军队返乡；同时沿途各州县要保障他们返乡途中的食宿，积极稳妥地协助他们返回故乡。

好老辣的手段！如此一来，这支军队的擅离职守，就变成了朝廷安排的有组织、有纪律的常规军事调动了。消弭大乱于无形，贾逵果然是个人物。司马懿逐渐对贾逵另眼相看。

贾逵找到司马懿，诚恳地说：仲达，你河内司马氏乃儒学传家、深通礼仪，魏王的丧事恐怕还要劳驾你来办理。

司马懿点点头：没有问题。

办这样一个丧礼对于司马懿而言简直是牛刀杀鸡、游刃有余。但司马懿并不因此而有丝毫懈怠。他作为丧礼的总指挥，拿出百分之百的精力与心思，认认真真地把整个丧礼办得井井有条、得体合礼。

司马懿一向如此：别人交给我什么事，我就办什么事，办精，办细，办妥。不要去争与地位不符的权力，有权就有责，责任与能力不符，是政治灾难的源头。

与此同时，邺城也已经得到了曹操的死讯。太子曹丕万万没有料到父王死得这么突然。曹丕一直生活在这位伟大的父亲的阴影之下，如今父亲突然死去，他才发现，之所以觉得自己生活在阴影之下，是因为父亲那并不伟岸的身体一直都在荫庇着自己。如今父亲已逝，不知将有怎样的突来风波，又有怎样未知的恐惧？

曹丕骨子里亦是个纵情之人。昨天，父亲还言笑晏晏；今天，父子便人鬼殊途。尽管曹丕玩腻了权谋变诈，看惯了阴谋诡计，一想到与父亲在一起的历历往事，仍然情不自禁，放声痛哭。

请太子殿下节哀顺变。

咦？这不是仲达的声音吗？你怎么会在这儿？仿佛听到司马懿的声音，曹丕顿时感到心里踏实，抬起泪眼望去。

原来是太子中庶子司马孚，司马懿的三弟。司马孚来曹丕身边已经三年了。

司马孚一如他兄长般老成稳重，所不同的是有一种澄澈清新的气质。司马孚以一种近乎训斥的口吻说："君王晏驾，全天下都在盯着太子殿下；您理当上为宗庙，下为万国，主持大局，怎么能像匹夫一样哭孝？"

司马孚说话还是那么不中听啊！曹丕收敛眼泪，用哭过的更加清澈的眼睛看着司马孚："卿言是也。"

曹丕不哭了，邺城的百官却依然三五成群地扎堆痛哭，不知是表演给曹丕看，还是真伤心。司马孚转向百官，声音提高一个八度，厉声道："今君王去世，天下震动；当务之急是早立嗣君，哭有什么用？"听了司马孚的呵斥，百官肃然。

稳定情绪，这还只是通过了曹操之死的第一个考验。曹操死前，秘密派出快马召一个人来洛阳，而这个人现在已经领着军队来了，也给曹丕和司马懿带来了第二个考验。

来者正是鄢陵侯曹彰。

曹彰是曹丕的二弟，自幼勇猛好兵。他虽然早就宣布退出太子之争，冷眼旁观，但是感情上倾向于曹植。父亲死前，他正坐镇西部重镇长安。接到父亲派来的快马信使，曹彰连忙整束行装，向洛阳赶来。途中，得到洛阳方面的消息，曹操已经归天。曹彰痛哭一场，急忙赶到洛阳。

曹彰先找到弟弟曹植，煽风点火："父王临死前紧急召我回来，估计是想要立你为王。"沉浸于丧父之痛的曹植，对政治早已心灰意冷，继续消极退让："不可。袁氏兄弟就是教训。"

曹植无意王位之争，曹彰却难以咽下这口气。他对曹丕争夺太子

107

之位时的阴险伎俩多有耳闻，所以要替弟弟打抱不平。曹彰头脑发热之下，直接赶到丧事现场，找到主管人贾逵，质问："先王的玉玺在哪里？"

问玉玺，很容易让人误会有异志。只有豪爽的曹彰，敢明目张胆毫不忌讳地问出这么一句自惹嫌疑的话，但贾逵却不得不郑重回答："太子在邺城，国家已经有继承人了。先王的玉玺，恐怕不是您应该过问的。"

贾逵的回答不卑不亢，把曹彰堵得无话可说，只好作罢，转身去父亲的灵柩前致哀。

贾逵见曹彰没有进一步发难，松了口气，司马懿却并不敢放松。他知道，只要魏国一日没有立新王，野心家就一日不会消停。三弟啊，你究竟在干什么，怎么还不劝太子即魏王大位？

邺城，曹丕也正为这事头疼。司马孚劝他立即即位，以防夜长梦多；但是大臣们却说，魏王即位必须等候朝廷的诏命。毕竟从名义上来讲，此时魏国还只不过是汉王朝下的一个诸侯国而已。但是朝廷的诏命迟迟不至，曹丕急得如热锅上的蚂蚁。尚书陈矫站出来，说："魏王的死地，远在洛阳，天下恐慌。在这非常时刻，王太子应该立即即位，不必按常规程序等待朝廷的任命。"司马孚也力催曹丕即位，曹丕这才痛下决断，即位为王。巧得很，曹丕刚即位，来自汉天子的任命状也到了，任命曹丕为大汉帝国新任丞相、魏王国新任国王、冀州新任州牧。曹操的全部政治遗产，就此合法地由曹丕继承。

曹丕即位为魏王，汉帝国也随即改元为"延康"，这是本年中的第二个年号。

长达二十五年的"建安"，这个满载着风流和杀戮、梦想和风骨的时代终于谢幕了。无数曾经鲜活的生命永远地定格在了建安时代，能走出建安时代的人，都是胜利者。

本年度最大的胜利者曹丕刚刚即位，贾逵和司马懿即扶柩入邺城。曹丕与司马懿这对战友分隔一年多，今日终于重逢。这一年，实在发生了太多的事情。分隔之前，两人尚以师友相称，亲密无间；重逢之后，却已经君臣相殊，恍若隔世。

但是曹丕和司马懿彼此心里都清楚，自十二年前那次命定的邂逅以来，他们的命运就已经捆绑在了一起。他俩早已心有灵犀，默契非常，彼此之间再也无须多一句废话。因为，如今司马懿离不了曹丕，曹丕更是比任何时候都需要司马懿。

曹丕上台，有恩报恩，有仇报仇。他把帮过他的贾诩，封为太尉；当年的太子四友，陈群为昌武亭侯、尚书，司马懿为河津亭侯、丞相长史，吴质和朱铄各有封赏。

曹丕接着命令他的兄弟们，各自回各自的封国，并且专门派"监国谒者"予以监视，实际上等于把诸侯们软禁在各自的封地之上。曹彰愤愤不平，他原以为凭自己的本事和功勋，会得到将军的职位，如今居然和其他诸侯一样遣回领地，一气之下不辞而别。

曹丕懒得理会这个头脑简单的弟弟，他更在意的是另一个弟弟——曹植。曹植既已返回封地，曹丕命令监国谒者严密布控、严加看管，严禁曹植擅自踏出封地一步。

解决完曹植，曹丕把阴狠的目光转向丁仪：我父王只杀杨修而不杀你，是碍于你父亲的情面；如今我与你之间，唯有仇恨而已。独眼龙，当年你差点儿把我搞下去，如今我曹丕愿十倍报之！

自从曹植失势那天起，丁仪就已经惶惶不可终日了。曹丕即位为魏王后，有人暗示丁仪自杀。丁仪尽管自知死期不远，但求生的本能仍然令他做出最后的挣扎。他找到与曹丕关系很铁、如今任中领军的夏侯尚，叩头哀求夏侯尚为自己求情。夏侯尚并非铁石心肠，但知道在这件事上并没有办法，也只有望着丁仪那可怜的模样流泪而已。

曹植回封地的消息传来，丁仪知道自己最后的羽翼也失去了。他动过自杀的念头，但几次尝试都放弃了。其实丁仪还不如死了呢。如今他的活着，已然比死更痛苦了。

奉曹丕旨意的使者领着刽子手们来到丁仪府上的时候，吃惊地发现，原本风流倜傥的丁仪已经形销骨立、没有人形了。只有那眼珠间或一轮，还表示他是一个活物。

丁仪快要被自己吓死了。这一天终于到了，丁仪反而松了一口气。

与丁仪一起被杀的，还有他的弟弟丁廙，以及丁氏家族所有的男性成员。

初步解决了曹植，彻底解决了丁仪之后，曹丕正打算缓口气盘算一下改朝换代的步骤问题，"太子四友"之首的陈群却拿着世家大族们开出的条件找上门来了。

这个条件，就是实行"九品官人法"，一项将会深刻影响中国历史五百年的史上最具争议的制度。

九品官人法，
是个好办法

　　九品官人法是如此重要，以至于我们有必要花两节的笔墨来好好讲讲这项制度。可以毫不夸张地说，这项制度的提出，将在未来建立起一种古今中外绝无仅有的社会形态。

　　一项牛制度的诞生，绝非一两个天才人物头脑风暴的结果。

　　曹丕即位为魏王，没有事先向汉朝廷申请；而汉朝廷方面也有一项小小的举措引起了曹丕的重视：结束建安，改元"延康"。

　　改换年号，在古代实在是家常便饭。汉献帝的先祖汉武帝在位期间，一共换了十一个年号；这项世界纪录直到唐朝才被"谁说女子不如男"的武则天打破——武则天换年号跟换衣服似的，二十年换了十八个年号。

　　但是汉朝这次改元，非同凡响。早不改，晚不改，偏偏在曹操死的同一个月改。"建安"这个年号对于曹家来讲具有特别的意义，几乎象征着曹操的发迹史。毫无疑问，从曹丕方面来看，他十分希望"建安"就是汉朝的最后一个年号了。但是汉朝偏偏改元"延康"——延续小康的局面。

气死你不偿命。

这次改元，不啻汉朝廷对魏王国的一个小小的挑衅。这当然不会仅仅是傀儡汉献帝的主意，更有可能是他身边那些汉臣的点子。

汉朝廷虽然已经被压缩、被边缘化了，但是仍然百官俱全。而且，从汉高祖算起，汉王朝是一个具有四百多年历史的王朝，近古以来前所未有。这样一个王朝，无疑还具有大批潜在的支持者。曹操在时，这些支持者只能潜水；曹操一死，有些人就忍不住要冒泡了。

"延康"就是他们冒的第一个泡泡。

曹丕现在想的是如何以最小的代价改朝换代。古来改朝换代无非两种模式：一是武力征讨，二是和平禅让。在父亲曹操已经打下的基础上，武力征讨汉朝显然是吃饱了撑的没事找事，既不现实也没必要。剩下的选择就是和平禅让。但是有一个重要问题：人事。

汉王朝的官员选拔，采取的是察举制：由地方郡一级的行政单位向中央推荐优秀人才。但是这种制度搞到后期，弊病丛生。当时的小朋友唱歌谣挖苦察举制："举秀才，不知书；举孝廉，父别居。"地方上全是靠人情关系，推举出来很多人渣垃圾。这种人渣垃圾，如今大批量充斥在汉朝廷中。而魏王国的人才选拔，是十分严格的；如果搞和平禅让，就不能不吸收相当一部分汉朝旧官。因此，如何甄别并淘汰掉汉朝廷的人渣垃圾、淘出真金，成为第一个大问题。

汉朝旧官，对汉王朝既有名分又有感情，孔融、荀彧之辈就是例子。如果把汉朝忠臣吸纳进新朝，简直相当于招纳了一批内奸。如何甄别并淘汰这批忠臣，这是第二个大问题。

曹丕考虑这两个大问题的时候，陈群也在思考。

陈群是东汉末年的名士后裔。爷爷陈寔是老一代的大名士，名气大到什么地步呢？举一个数据就知道了：他去世时，葬礼来了三万多人，占到当时全国总人口的千分之一左右。他爸爸陈纪也是名士，前面说过，"难兄难弟"中的"难兄"就是这位仁兄。

陈群在这样一个家庭中成长起来，对于汉朝末年的一项风尚应该十分熟悉。这项风尚前面提到过，叫作"品藻"。当时汝南的许劭、许靖兄弟，每月初都举办一个叫作"月旦评"的交友沙龙，点评各色人物。被评价比较高的人物，等于鲤鱼跳龙门，立马身价百倍。所以当年，年轻的曹操就软硬兼施逼许劭给了自己一个"治世之能臣，乱世之奸雄"的评价。

这种风尚在各地都很盛行，甚至某些著名的评价被改编成儿歌让儿童们传唱，比如天下模楷李元礼、不畏强御陈仲举、天下俊秀王叔茂……由人及物，连赞扬马的歌谣都有："人中吕布，马中赤兔。"

这造成了什么恶果呢？由于一经名人点评，立马点铁成金、身价百倍，于是沽名钓誉之徒就干脆安坐在家里等朝廷请他们出来当官。东汉末年的社会舆论格外强悍，一堆沽名钓誉之徒闲着没事成天抨击朝廷。大伙儿一看，这么优秀的人才都在家待业，朝廷也太腐败啦！于是一起骂街。朝廷被骂得受不了，迫于舆论压力顶着口水来请这厮出来做官。

注意，这时候被请的人还不能轻易出来当官。因为当官是一件很掉价的事情，当隐士才是高贵的行当。所以这厮得做足功夫，端架子装腔作势严词拒绝出山。官府一看请不来，那说明的确是重量级的人才了，征召的规格一次比一次高。这厮一看，出价够高了，差不多了，那就出山吧。于是只好"勉为其难"地出山当官。甚至有的还要装腔作势，官府只好拿了担架来他家，强行把他抬上担架送上公车直接去官府上任，那架势那场面跟医院捉精神病人差不多。

汉末就是这样一个精神错乱的时代。官府威信扫地，民间沽名钓誉。

所以曹操出来，一扫颓风。你不出山？整死你！比如当年二请司马懿，你要是肯出山，坐办公室；你要是不肯出山，蹲大牢。要想在我曹操面前摆谱？可以，请用生命做代价。

这样，朝廷的威信就建立起来了，代价是知识分子（在汉末就是世家大族）尊严扫地。

另一方面，曹操用人不拘一格，而且还公开喊出口号：唯才是举！我就喜欢不仁不义、不忠不孝之徒！不管你是和嫂子私通，还是为了官爵连老娘都可以不要，连老婆都可以杀掉，只要你有一技之长，我曹操的幕府就对你开放！

如此一来，曹操府中的奇能异才之士车载斗量，但是一向重视纲常伦教德行的世家大族更觉得自己被污辱了。

陈群一直在思考，如何既不降低朝廷的威信，又能提高世家大族的地位，保障世家大族的利益，从而创建一项杰出的用人制度。

有一天，冥思苦想的陈群突然灵光一闪：如果朝廷就代表世家大族的利益，那岂非就能两全其美？陈群想定之后，花了很大的工夫制定出一套精美的制度，于是找到曹丕。

正在思考如何淘汰汉臣中的垃圾和不合作者，从而建立新朝的曹丕看到陈群的到来，喜出望外：陈群啊，我也等你很久了。

陈群对曹丕说："天朝选用，不尽人才。请设立九品官人法。"曹丕眼睛一亮：好啊！但是请问，什么叫九品官人法？

为了深入细致透彻地讲解九品官人法，我们来举一个某甲为例。

某甲要想当官，首先得找到郡里的中正，让他给自己做一份人才评估鉴定书。"中正"是由郡里的地方官推举的，一般由本地有名望且看人精准之人担任。中正手下，想必还有一个人才评审委员会，他们见了某甲，展开细致的评审工作，比如看面相、调查家庭背景和某甲个人的简历，向街坊了解某甲平时的品行和才能。

然后，评审委员会会出具一份鉴定报告，报告上有以下三项必不可少的内容：

一、家世。你是哪一著姓的子弟，祖上有没有当过大官的？

二、状。即对道德、才能的简要评语。比如曹魏的吉茂的"状"是"德优能少"，西晋的孙楚的"状"是"天材英博，亮拔不群"，等等。

三、品。即鉴定人才所属档次的结论。"品"分为上上、上中、上下、中上、中中、中下、下上、下中、下下，共九品。其实这种分法，早在东汉班固写的《汉书》里就有了，《汉书》中的《古今人表》把天地开辟以来近乎所有的历史人物都分成九品，可谓大手笔。

假如某甲得了个"上下品"，即三品，是不是就可以去做三品官了呢？不是。

的确，在曹魏时期创设了一项流传后世，一直到清朝灭亡才废除的制度：官品九品制。也就是把官员分为九品，比如三公一品官、大将军二品官、九卿三品官……我们今天所熟悉的词语"七品县令""九品芝麻官"就是打这儿来的。

但是某甲所得的这个中正评定的"三品"，并非"官品"而是"乡品"，也就是官方认可的人才评价而已。要把评价转换为实际的官品，还必须经过正常的入仕途径。

所以，某甲就可以回家待着了，等待官府根据各地人才评审委员会评定的人才等级来量才录用。

当然，不会上来就给你个三品官当。根据日本学者的研究，起家官品与你所获得的"乡品"之间，一般差三到四品。也就是说，某甲作为三品的人才，可以获得六品或七品的官职；通过自己在官场上的奋斗，再慢慢爬到三品官的位置。

这就叫九品官人法。九品官人法牛在哪里呢？

首先，把东汉以来一直为民间所掌握的社会舆论评价人物的风尚通过制度的形式收归国有，从而大大提升了朝廷的威信。这样一来，朝廷也就没有义务迫于舆论压力低三下四地去求某位大贤人出仕了。相反，你想当官吗？那就主动去求郡里的中正官吧。

其次，入仕的途径一定程度上可以被世家大族所垄断。评定乡品的重要依据是家世和德行，这两项指标都对世家大族有利；而郡中正一般出自世家大族，自然也会偏向世家大族的利益。

第三，九品官人法初起时还有一项重要功能，即评价所有在朝官员的品级。这项功能主要是针对汉朝旧官的。这样一来，就相当于把汉朝的官员们通通用筛子细细筛一遍，取其精华去其糟粕，择优进入即将成立的新王朝。

应该说，九品官人法是作为魏国初建时的一项权宜之计提出的，后来由于科学可行而予以保留。

时隔多年之后，司马懿在这个制度上加了一个"零件"，而正是这个"零件"，几乎彻底地改变了九品官人法的性质。

这个"零件"就是州大中正。

九品官人法初起时只有郡中正而没有州中正。州、郡虽然同为地方行政单位，但性质大大不同：郡更多具有地方自治团体的色彩，而州则是中央的派出机关。因此，司马懿设立州大中正以后，整个制度的枢纽就从地方转而掌握在了中央的手里。

中央也有世家大族，中央的世家大族与地方不同。魏晋时期，势力只能达到郡一级的世家大族，叫作"豪右"；而势力能渗透到中央的，则可以称之为"士族"，或者"门阀"。

士族门阀渐渐掌握了人事选拔和任免的权力，则皇帝无为于上，豪右愤懑于下，至于平民百姓，则压根没有他们什么事儿。这样一个以士族门阀为核心的社会，将渐渐浮出水面。这样一种社会形态，引起了史学界的极大关注，无数史学家以无数精力和天才般的构想试图来解释这个独特的社会形态，至今方兴未艾。

当然，这些都是后话，也是始作俑者司马懿所始料未及的。毕竟一项制度的演变浸润，是一个长时段的过程；而长时段的过程，往往比任何突发事件更能潜移默化社会的运势。

曹操留下的五个难题，曹丕已经解决了两个半。有了九品官人法的支撑，汝颍世家前途有了保障，也就成为曹丕称帝的潜在支持者了；但谯沛武人却还眼巴巴地盯着曹丕。而在曹操去世时擅离职守差点闹出大乱子的那支青州兵的幕后老大臧霸，显然是称帝的最大不安定因素。

收拾臧霸和安抚谯沛武人，两件事情风马牛不相及。但是收拾残局渐入佳境的曹丕，偏偏要毕其功于一役。

让事实去证明你是对的

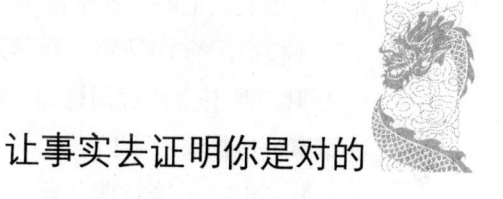

延康元年（220年）似乎特别漫长。

上一年中，曹、孙、刘三家在襄樊斗法，孙权成为年度最大赢家。孙权夺取荆州之后，非常兴奋，更进一步打击刘备在荆州的残余势力。曹丕看着孙权的军队在自己的眼皮底下来来回回地穿梭，十分担心南部的防吴重镇襄阳和樊城。

去年，襄阳和樊城惨遭关羽水淹兵攻，早就残破不堪。如今孤零零地悬在孙权军的进攻范围之内，显得非常突兀。朝中官员建议干脆放弃襄阳、樊城，退守宛城，以收缩防线、减轻防守的负担。

新任丞相长史司马懿不同意。他对襄樊一带的地理形势和战局再清楚不过，去年正是司马懿阻止曹操内徙荆北百姓，如果此时废弃襄樊，则等于前功尽弃。

司马懿劝谏："孙权刚刚打败关羽、得罪了刘备，正要向我们示好，断然不敢侵略襄、樊。襄阳是水陆之冲、御敌要害，不可轻弃。"

曹丕并没有听进去司马懿这番话。满朝的军事要员、打仗专家都建议我放弃襄樊，你仲达虽然智谋过人，却也不过是行政文员而已。玩政治他们不行，玩军事你不行。打仗的事情，还是交给专家决断吧。

于是曹丕听了打仗专家们的话，命令襄、樊守将曹仁把襄、樊二城付之一炬，烧掉了事。

司马懿依然不坚持己见。

如果领导不采纳你的建议，下策是用言辞证明领导是错误的，上策是让事实去证明领导是错误的。司马懿采用的是上策。

孙权很配合司马懿，兵马过界时果然只打刘备的军队，对曹丕秋毫无犯。曹丕这才对司马懿刮目相看：原来你不仅是政治长才，而且在军事上也颇有一手！

上一年，无论对曹、孙、刘哪家来讲，都是名将死亡年：刘备折损了头号名将关羽，如断一臂；孙权的第三代军事统帅吕蒙病死，一同过世的还有军界的重要人物孙皎、蒋钦；至于曹家，夏侯渊、庞德战死，于禁被俘。如此一来，培养新一代的军事统帅成为当务之急。

在这名将凋零的时节，司马懿的军事才干有如青翠的春色，映入了曹丕的眼帘。

但曹丕当前要办的事情有三件：第一，提拔曹真、曹休、夏侯尚三位年轻的俊才担任军界要职，完成曹魏军界换血，安抚谯沛武人；第二，解决臧霸这股半独立势力；第三，为改朝换代寻找契机。

曹丕想到了父亲加官晋爵的常用套路：先出去打一仗，得胜归来以后加官晋爵奖赏自己。曹丕如今已经是大汉丞相、魏王、冀州牧，如果能打一仗，得胜归来就可以名正言顺地再上一层楼：称帝。

所以，南征无疑是改朝换代的最佳契机。

延康元年六月，曹丕在邺城东郊举行大规模的阅兵式和长达二十天的军事演习，尔后挥军南下，征讨孙权。

有一位不识时务的度支中郎将霍性劝谏曹丕。他诚恳地提出：曹操刚死，你还在守孝期，不应该发起这样大规模的军事行动。曹丕一怒之下，把这个捣乱鬼砍了。

踏着霍性的尸体，六军南征。

这是一次只许成功不许失败的征伐。这次行动要做给朝廷看，让他们知道我曹丕并不满足于一人之下；这次行动要做给谯沛武人看，让他们知道只要跟着我曹丕混，荣华富贵唾手可得；这次行动要做给臧霸势力看，让他们知道我曹家的军事实力并不会因为父王的去世而有丝毫损失，你们最好乖乖待着不要轻举妄动；这次行动更要做给天下人看，让他们知道我曹丕完全有能力走出父亲的阴影，成为你们新的主人！

这次征伐有多重目的，唯一一个不太重要的目的，反而是征伐的对象——孙权。

老奸巨猾的孙权对此心知肚明。但是他并不想就此示弱。

孙权刚刚吃下荆州，完成了父兄两代人以来的梦想，野心膨胀得很。再加上长江天险，打水战是我江东孙家的家传绝学、拿手好戏。你爸尚且从我手里讨不到半点儿便宜，你更是嫩着呢。

来吧，曹丕，我愿与你会猎于长江之上！

仗真的打起来，孙权才发现形势对己方不利。以前荆州在刘备手里，孙权的对曹防点只要重点把守巢湖一带就可以了，所以曹操"四越巢湖不成"；如今蛇吞大象一下子把荆州吃下，还来不及消化，整个长江中下游几乎都成了需要防守的战线。曹休等少壮派军官分兵三路来攻，孙权左支右绌，招架不住了。

孙权终于吃到了没有盟友的苦头，然而刘备如今是敌非友，正红着眼打算给关羽报仇呢，说不准什么时候突然沿江而下捅自己一刀。

能屈能伸，大丈夫也。孙权派出使者向曹丕称臣求和，使者带来的是一封书信、一份贡品单和两个俘虏。

书信中，孙权以一向谦卑而略显滑头的外交措辞表达了求和称臣的诚意。贡品单很丰厚：优质大号的珍珠一百筐、黄金接近一吨、驯养的大象公母各一头、会说话的鹦鹉一批，以及其他珍玩上千个品种，放得大船里都装不下。

两个俘虏是当年关羽水淹七军时活捉的曹魏方面的要员，后来孙权打败关羽，两个俘虏就转手到了江东，如今孙权再把他们送回来，已经是转到第三手了。

孙权很清楚：你曹丕并不是想灭我江东，只不过想赢得一场军事胜利而已；那我就让你赢得体体面面、风风光光。如果你还坚持要打，那我孙权的江东水师可不是吃素的，愿意奉陪到底。

曹丕接到礼品单，很高兴。此行的目的可谓全部达成：既向天下炫耀了武力，也探了青、徐二州的虚实震慑了臧霸，又让曹休这样的年轻将领获得了露脸的机会，可谓一举多得。更想不到的是，孙权还这么客气，给我送来这么多好玩的。

笑纳，收兵！

回去的途中，意外收获源源不断。一些原本还在观望中的半独立势力，如今彻底投向了曹丕的怀抱。第一个是西部的氐王杨仆，带领本氏族从刘备的地盘上脱离出来，归附曹丕；第二个是刘备的重要将领孟达。

孟达，字子度，原来是益州军阀刘璋的部下，后来投在刘备麾下，负责与刘备的养子刘封一起镇守上庸。

这次关羽败亡，孟达按兵不救，又与刘封闹了矛盾，自感在刘备手下前途黯淡，便始终在观望究竟投奔孙权还是曹丕。如今曹丕南征成功，孟达不再犹豫，带领部曲四千余家投奔曹丕。

这对曹丕来讲，简直是天上掉馅饼的好事。

孟达容貌出众，才气过人，他的魅力深深吸引和打动了曹丕。曹丕心情大好，给孟达封了一大串如散骑常侍、建武将军、平阳亭侯之类的头衔，还把上庸、新城、房陵三郡并为一郡，任命孟达为太守。

曹丕的算盘打得很好：孟达这样的敌军高级将领前来投诚，必须厚加赏赐，以给天下人作个榜样，吸引其他人来投我曹丕；而且，三郡如今还在刘备手中，我开个空头支票让孟达自己去取，如果取不到则收他到中央做官以免地方生乱，如果取到则扩大了我的疆土。

但是有人不这么看。此人正是刘晔，曹魏第二代谋士的佼佼者。

刘晔现在担任行军长史兼领军，急待在新君面前有所表现。

刘晔跳将出来泼曹丕的冷水："孟达虽然有那么一点儿才能，但不过是为势所迫、为利所驱，才来投降咱们，根本不可能感恩怀义。新城郡位于孙、刘之间，一旦生变，将是国之大患啊！"

曹丕正沉浸在对孟达的欣赏之中，根本听不进刘晔的劝说。刘晔被拒绝，很懊恼，左右一看，看到丞相长史司马懿，就撺掇司马懿进谏。司马懿也觉得孟达此人很有问题，便站班出列："大王，孟达此人，言行狡诈，不可授以边疆之任。"（言行倾巧，不可任。）

曹丕不耐烦地挥挥手。不是我不听你们的，而是当前不得不如此。如果不重用孟达，如何能使海内归心？

曹丕派徐晃、夏侯尚协助孟达进攻上庸刘封，孟达意气扬扬，领命而去。临别，曹丕拉着孟达的手，拍着孟达的背：好好干啊，我等你。

司马懿不再劝谏。他目送孟达离去。历史将证明司马懿是对的。

八月，大军回师的路上经过曹操的老家谯县。曹丕心情欢悦至极，下令在谯县大摆筵席，设歌伎乐舞，酒水免费不限量供应，请三军将士和家乡父老敞开了喝。大家一边看戏听音乐，一边开怀痛饮，尽欢而散。

吃完宴席，曹丕带着醉意在故宅门口立碑纪念。嗯，叫谁写碑文好呢？当今天底下谁的文笔最好？

当然是我弟弟曹子建！

曹丕把形同囚犯的曹植叫出来：来，给哥写个碑文。好好写，写好了有赏！

曹植诚惶诚恐，挥笔写下歌功颂德的碑文。曹丕又令篆书举世无双的钟繇写碑额，八分书天下第一的梁鹄抄写碑文。这块碑被称之为"三绝碑"。喝高了的曹丕听到这个名字很不高兴：只有天下最有权势的人才能调动这三个人制造一块碑啊，这块碑应该叫"四绝碑"才对！

司马懿在一边看着得意的曹丕，心里却十分冷静：殿下您现在还不是天下最有权势的人，因为还差一个步骤——禅让。

王佐之才与暴发户的区别

曹丕从小就听过禅让的故事：上古时候的大圣贤尧、舜、禹因为有着美好的品德和不朽的功绩，受到天下人的爱戴，通过禅让来得到帝位。后来禅让的事情倒也不是没有，只不过受禅让者没有高尚的德行，所以下场都很悲惨。

最典型的是两汉之交的王莽，受汉帝的禅让，结果天下反叛，身死国灭，为天下笑。

曹丕自忖德行不足以侔五帝，因此对禅让还有点儿惴惴不安：这事能成吗？

曹丕心里没底，是因为没人捧场；一旦有人捧场，捧着捧着就晕了。首先跳出来捧场的是左中郎将李伏。

李伏原是张鲁的部下，刚刚归顺曹家不久，正急着要进行政治投机。他一瞧，文武百官都很扭捏，没人出来劝进，那我上吧！于是敢为天下先地跳将出来，引用神秘预测学著作《玉版》的预言，劝曹丕称帝。

曹丕一看，李伏？你分量太轻啦。于是断然拒绝："我德行浅薄，何能当此？惭愧惭愧！不过你这份上书很有意思，可以公布出来让大家讨论讨论。"（以示外。薄德之人，何能致此，未敢当也。）

李伏的上书一公开，大家就心领神会了：好你个李伏，居然抢在我们之前劝进！得，我们也不能落后。于是侍中刘廙、辛毗、刘晔，尚书令桓阶，尚书陈矫、陈群，给事黄门侍郎王毖、董遇等人联名上书，先发表了看完李伏上书的读后感，接着追溯了汉末以来天下大乱的历史，证明汉朝已经失德，最后恳请曹丕登基称帝。

曹丕再次断然拒绝："壮的小牛像老虎，恶草的幼苗似庄稼，有些事似是而非，今天的情况就是如此。"表示我曹丕虽然貌似上天指定的下任皇帝，但究竟是不是呢？潜台词是：你们有没有过硬一点儿的证据来证明我是真命天子呀？你们要给力一点呀！他下令把自己这番话公布出去，再让百官研究讨论。（宣告官寮，咸使闻知。）

给力的人来了。太史丞许芝对历代以来所见的关于曹丕今年要当皇帝的预言作了一个学术史的回顾，引用了《易传》《春秋汉含孳》《春秋玉版谶》《春秋佐助期》《孝经中黄谶》《易运期谶》《春秋大传》《京房易传》等众多典籍以及故白马令李云上书等官方旧档案，综合运用了比较学、训诂学、文字学、谶纬学、预测学以及猜谜语的研究方法，向曹丕证明：你就是真命天子！

许芝说完，扬扬得意于自己的渊博学识。曹丕也听得心潮澎湃，但面子工程还得做足，于是再次拒绝了。"上天不会降祥瑞给无德之人，而我正是天底下最缺德、最卑贱的人（吾德至薄也，人至鄙也）。你这样的话，只能听得我心发颤来手发抖（心栗手悼）。我写过一首诗：丧乱悠悠过纪，白骨纵横万里，哀哀下民靡恃，吾将佐时整理，复子明辟致仕。这表达的是我的真心实意，我将誓守诺言。把这首诗抄给大家学习吧，让大家明白我的心意。"

辛毗、刘晔、桓阶、陈矫、陈群这些人一看急了：差不多就行了，您这是要干吗呀？真不想当皇帝呀？于是联名二次上书，曹丕依然拒绝了。

司马懿也坐不住了。

司马懿原本并不想上书。他已经为曹丕当选太子立下了汗马功劳，没有必要再通过这些手段来和李伏、许芝之流邀名争宠。但是他也受不了曹丕一而再再而三的推辞。知道的说您这是在演戏，不知道的万一以为您是真的在谦让，弄假成真了怎么办？不行，得上书。

司马懿联合了郑浑、羊祕、鲍勋、武周几个侍御史，一起上书。话还是那些歌功颂德的话，了无新意。

曹丕再度拒绝了。

仲达啊，难道连你也不明白我的心意吗？禅让这出大戏，演到现在为止，还缺少一位主角呀！

司马懿明白了。他把目光瞄向洛阳的深宫。的确，如果缺了这位主角，禅让就只是曹丕和百官们一厢情愿的独角戏罢了。

深深的皇宫中，那位主角，终于有所表示了。

刘协，大汉帝国现任皇帝，今年四十岁。

刘协坐在皇帝的位置上穿着龙袍跑龙套已长达三十年，送走了董卓，送走了王允、吕布，送走了李傕、郭汜，送走了杨奉、董承，送走了曹操。

眼看你们起高楼，眼看你们宴宾客，眼看你们楼塌了。

刘协也曾作过挣扎。他前令董承奉衣带诏讨贼，后令伏完密谋诛杀曹操。可惜两位岳丈皆成事不足败事有余，家破人亡。

刘协宠爱的董贵人，怀着身孕，被绞杀了；刘协的太太伏皇后，藏在墙壁的隔层之中，被揪着头发拽出下狱，死因至今不明；刘协的两个儿子，都被灌饱了毒酒，死状惨不忍睹。

皇帝做到这个份上，求为普通农夫以享天伦之乐而不可得，简直是人间惨剧！

刘协早就不想干了。曹丕君臣在外面搞那套喧喧嚷嚷的禅让把戏，他并不是不知道。他只是冷眼旁观，看你们这些跳梁小丑在没有朕的参与下要演出什么样的丑剧！

曹丕派去暗示刘协的使者早就来了好几拨了。刘协感到一点点儿快意：至少在这出戏中，朕是必不可少的主角！

看够了人间冷暖，习惯了世态炎凉，刘协这才派出使者，向曹丕下达正式禅让的册命书。

曹丕惊喜地接到汉天子的诏书，严词拒绝，誓死不肯接受。他表示：如果汉朝廷要强迫我做皇帝，我就跳东海自杀！（义有蹈东海而逝，不奉汉朝之诏也。）

刘协听到回信，恨不得现在就下诏让曹丕跳海自杀。但他现在没有生杀予夺的权力，只有继续禅让的义务。

刘协下第二道禅让诏书，请曹丕顺应天命民心。

桓阶、刘廙等部下实在坐不住了，气势汹汹地上书死谏，纷纷谴责曹丕的谦让是只顾自己的道德，不顾百姓的死活。

曹丕的回应是："急什么？我想辞让三次，得不到批准再说。"（冀三让而不见听，何汲汲于斯乎？）

刘协无奈，下了第三道禅让诏书，相国华歆、太尉贾诩、御史大夫王朗联合九卿等四十六人上书劝进。曹丕三让皇位。

"三让"已经结束，公卿百官们劝进的热情更加高涨，群情汹涌一致要求曹丕即位称帝，不可再推辞。刘协也不失时机地下达了第四道禅让诏书。

曹丕很无奈，说："我原本是想终身吃粗粮过苦日子，可是你们一定要说'天命不可拒，民望不可违'，我能有什么办法呢？下不为例吧。"曹丕下达最高指示：挑个好日子吧。

桓阶连忙说："巧了！经过太史令精确的天体物理学的计算，明天就是好日子！"

曹丕这次终于不再长篇废话惺惺作态，回复了一个字："可。"

公元220年十月二十九日（公历12月11日），曹丕终于接受汉帝的禅让，即位称帝。国号魏，改元黄初（本年的第三个年号），废丞相而虚设三公，权力归于尚书台。

举办完隆重的禅让典礼，满头大汗的曹丕松了松衣领，对身边的人说了这么一句很有"古史辨派"味道的话:"舜、禹之事,吾知之矣。"

原来这就是禅让,原来我就是舜、禹。

事实证明,司马懿的苦心经营,没有白费。曹丕称帝的最大受益者不是希望通过劝进来乱拍马屁的李伏、许芝之流,而是当年的太子党。

司马懿被任命为尚书,不久再任命为督军兼御史中丞。御史中丞的职责是监察百官,曹丕刚刚即位,生怕有变,因此派司马懿担任这样的心腹重任,充分显示了司马懿在新朝的地位和皇帝的信任。督军亦是监察官员,只不过是军职。这是曹丕认可了司马懿的军事才干后的一种表示。司马懿的爵位,也由亭侯而上升为乡侯。

转过年来,曹丕又升司马懿为侍中、尚书右仆射。此时"三公"都已经只是尊荣的闲职,国家真正的权力在尚书台。尚书台自东汉以来就是帝国军政事务的核心处理机构,有"天下枢要,皆在尚书"的说法。尚书台的首脑是"尚书令",副职长官为"尚书仆射"。

曹丕把尚书令给了太子四友之首的陈群,尚书仆射给了司马懿。司马懿十余年的隐忍蛰伏,今天终于修成正果,实现了仕途上的三级跳。

其余两名成员,吴质为北中郎将、督幽并诸军事,朱铄为中领军。

陡然升到高位,有些人就开始得意忘形、作威作福。比如吴质。

某日,曹丕宴请各位重臣。席间,看到肥胖的曹真和瘦削的朱铄,吴质刻薄的幽默感就上来了,把说相声的叫来,让说一段"论肥瘦"的相声(质召优使说肥瘦)。

曹真这人开不得玩笑:我堂堂皇室宗亲,让你吴质肆意取笑?朝吴质怒吼:"吴质,你想激我跟你动刀吗?"

吴质轻蔑地扫了一眼曹真,按剑道:"曹真,你不过是砧板上的一块肥肉而已(汝非屠几上肉),我吴质吞你不用摇喉,嚼你不用动牙,你还敢仗恃身份骄横跋扈?"

朱铄也忍不住了,起身说:"陛下可不是叫我们来供你取乐的。"

吴质顾叱朱铄:"朱铄!你胆敢擅自离座!"

朱铄恼怒之极,又不敢发作,便拔剑砍地。这场宴席不欢而散。

司马懿冷眼旁观,知道吴质这人也就到这个位置打住了,不可能再有大出息。

有些人,身份卑微的时候能够谦虚谨慎,一旦到了高位,原形毕露,得志便猖狂。不过,这样的人物尽可以好好利用。因为他们的眼界实在狭隘,他们已经过了人生上升的黄金期,他们的眼里没有理想与追求,只剩虚荣和利益。所以司马懿暗地里与吴质加紧联系,互通有无,把吴质培植成为自己的人。

司马懿不是吴质这样的人物。司马懿清楚,如今只是事业刚刚起步的阶段,尤须戒骄戒躁、稳扎稳打。尚书仆射的位置,只是起点,远非终点。

这就是真正的王佐之才与暴发户之间的区别。

心胸决定视野。司马懿似云中之鹤,他视野之广阔绝对不是吴质这只井底之蛙所能望见的。

随着司马懿的事业起步,历史也终于在这一年正式进入了三国时代。

为人臣之道，韬光养晦是上策

三国，是中国历史上一个特殊的阶段。前此不曾有过三国，后来更不曾有过三国。

三国并非简单的三个政权之谓。中国历史上同时并存三个政权的时代并不罕见，譬如秦灭六国之四国后，中国版图上有秦、燕、齐三国；南北朝时期，中国版图上有北周、北齐、陈三国；北宋时期，西夏、辽、宋的并立也为时不短……因此，三个政权并立并不就是"三国"。

那么，三国究竟是个什么玩意儿？

三国，指涉的是三种政权组织模式，以及附着其上的文化、经济模式。

先看孙吴。孙家立足江东，江东本土素有土生土长的若干大家族，其中尤其以张、朱、陆、顾四大家族为其魁首。其他如全氏、吴氏、虞氏、贺氏等，也都具有相当的实力。

这些家族实力强大到什么地步呢？家里依附人口成千上万。这些依附人口，从事生产的农奴为"僮仆"，从事军事作战的私兵为"部曲"。每家每户都占据了大片的田地庄园，家里关上大门就是一个小型市场——史书上称之为"闭门为市"。

所以，这些家族不仅垄断了东吴的经济资源，而且还占据了军事资源——几乎每个大家族都有着相当数量的私兵。拥有经济、军事两大资源的大家族，就有实力向上层叫板，要求拥有相应的政治地位。

而孙家只不过是个寒门素族。当年孙坚试图向吴氏小姐（也就是后来的"吴国太"）求婚时，吴家就因为孙坚门第太低而予以拒绝。

所以，说到底，孙家只不过是因其武力被江东各大家族看中，而选为他们的代理人而已。在这样的情况下，东吴其实是个"宗族联盟政权"，一切以江东各大家族利益为上。在这个前提下，就不难理解东吴历来的国策：保持江东割据地位，不积极进取，只消极防御。

蜀汉的情况明显不同。蜀汉内部分为三拨势力，一拨是刘备入川带进去的老人，代表人物是诸葛亮、关羽、张飞、赵云等，他们占据着蜀汉政权的核心地位；一拨是刘焉、刘璋时代的益州新贵，他们大多也不是益州本土人士，在蜀汉的地位也举足轻重，代表人物有法正、李严等；第三拨是益州的土著。益州土著豪强不如江东大家族那样有实力，早在刘焉、刘璋时代就遭到了打击，刘备时期对他们仍以打压为主。

蜀汉以汉朝的正统继承人自诩，汉贼不两立、王业不偏安，因此势要收复中原、光复汉室。在这样的国策之下，蜀汉就不得不实行高度的集权专制，把政治、军事权力收归中央，甚至地方矿产也全由中央垄断，厉行"名法之治"，打击异己分子。

唯有如此，才能做到全国上下同心同德，社会高度同质化，从而在最大程度上集中有限的国力，一次又一次地出祁山，一次又一次地伐中原，给国力雄厚的魏国造成巨大的威胁。

相比起吴、蜀来，曹魏的情况要复杂得多。曹魏内部，既有蜀汉的因素——掌握军事、政治权力的寒族谯沛集团，又有东吴的成分——垄断了社会资源和舆论导向的世族汝颍集团，因此统治者就不得不在这二者之间寻找一个保持平衡的黄金分割点。

曹操时代，行政风格近似蜀汉，厉行名法之治，打击世家大族。

但是到了曹丕时代，深深认识到了皇权与世家合则两利、离则两伤，不得不向世家大族示好，九品官人法就是最典型最重要的制度体现。

从这时候开始，曹魏政权逐渐由高度集权的蜀汉型，过渡向宗族联盟的孙吴型，曹操时期的对外扩张战略，逐渐演变成维稳保守战略。但是曹魏本身的特性和复杂的国情，又决定了其不可能是二者的简单相加，而必将走出第三条道路来。

所以，谁再说中国古代只有一种政体，就是君主集权专制政体，那只能说明他的无知和武断。仅仅三国时期，就向我们呈现了三种政治统治的模式。

这才叫"三国"。

由于曹魏国力之强大、疆域之辽阔、人口之众多、文化之昌明，曹魏所走出的这第三条道路，很大程度上将会是未来整个中国要走的道路。摸着石头过河，可不慎哉！

但是改变这种三国鼎立局面的机会也并不是没有。眼下，就有一个重大的契机。

在最近两年里持续吃闷亏的刘备，赔了兄弟又折兵的刘备，再也坐不住了。刘备不是光会哭的孬种，历史已经证明，任何人得罪了刘备都难以有好下场。

之前的寂静，是因为即将发作。而沉寂两年的刘备一旦发作，任何人都不能无视他。因为今天的刘备，已经是坐拥天府之国，麾下雄兵数十万，有天才"卧龙"诸葛亮辅佐，拥有三国最豪华武将集团的一代雄主。

曹魏黄初二年（221年），刘备在成都即位称帝，国号为"汉"，改元章武。随后，提重兵出三峡，要吞灭东吴，为爱将关羽报仇！

一场牵动三国的重大战役，一触即发。

黄初二年四月初六，汉中王刘备得到错误情报，误以为刘协已经遇害，于是在成都即位称帝，发表祭文，昭告天下。

祭文的主要内容有两项，一是痛骂曹操、曹丕父子，二是声明汉王朝并没有就此退出历史舞台，因为还有我大汉皇室的后裔刘备在。

不过说实话，刘备这次称帝并不痛快，因为称帝的形势很不好。

刘备今年六十一岁。与他拼了半辈子的曹操，去年死了。三十多岁的孙权和曹丕在他看来，都不过是晚辈而已。作为刘备半辈子的老对手，曹操的死令刘备感到一种寂寞。

而作为刘备半辈子的好兄弟、好助手，关羽的死令刘备心底的仇恨之火熊熊燃烧。

此仇不报非君子。

赵云等一些重臣劝谏刘备，要认清对手，不要兴师讨伐孙权破坏联盟，刘备断然拒绝。

你们根本不是关羽的兄弟，当然不懂得这种断臂之痛！

聪明的诸葛亮乖乖噤声了，他知道在这样的情况下刘备只听得进去一个人的话，这个人就是与关羽一样拥有老资格的张飞。

可惜，一代名将张飞没有机会再纵横沙场了。他在出兵前夕被两个部下暗杀，其首级被作为见面礼献给了孙权。

对于张飞之死，刘备没有痛哭愤怒，只是苍凉地感叹了一声"噫，飞死矣"。然而诸葛亮明白，没有人再能劝阻刘备。事到如今，诸葛亮也只能把事情朝好的方面想。他清楚，对于偷袭荆州的事件，无论如何都必须给孙权一定的教训。通过这种教训，既保持国威，又能取得与孙权议和、重新缔结联盟的谈判筹码。

这想必也应该是主公所想吧？

的确如此。自古以来的战争，大体都是为了实现一定的政治或经济目的，很少有直接以推翻敌方政权、倾覆人国为目标的。刘备东征，绝没有想过、也不可能一举消灭孙权。他所想的，应该就是为关羽报仇、夺回失去的土地，最好还能扩大战果，在下一次冲突中占据有利地位。

刘备积极地筹备战争。而曹丕，却为了一桩家务事大为头痛。

曹丕的后宫，有一位知名度非常高的女性甄氏，民间称之为甄洛、甄宓或者甄姬。

自古燕赵多美女，甄姬就是出自燕赵故地的美女。她自小见识高妙，喜读诗书，她的一位哥哥调侃她要当"女博士"（当作女博士邪）。

这里所说的女博士可不是第三种性别，而是才貌俱佳的新女性。当时河北地界最强大的霸主袁绍听闻甄姬的美名，把她纳为儿媳妇，给次子袁熙做太太。

建安九年（204年）八月，曹操打破邺城，曹丕抢先进去收拾战果。曹丕来到袁家的府第，看到一位年长的贵妇人坐在地上战战兢兢，一位少女趴在贵妇的腿上瑟瑟发抖。贵妇人是袁绍的太太刘氏。

曹丕和蔼地说：不要害怕，我们曹家军一向关照女性俘虏。接着看看那位少女，又说：抬起头来，让我瞧瞧！

少女正是甄姬，她缓缓抬起头来。

梨花带露，国色乍现。

曹丕一时看呆了。少女见这位陌生男子盯着自己，惶恐地避开他的目光。最是那一低头的温柔，像一朵水莲花，不胜凉风的娇羞。

曹丕今日方信，原来人体内真的有个器官叫作"心弦"，否则，是什么东西在胸中颤动不已呢？

刘氏在旁边看到曹丕的目光，明白自己可以活下去了。

曹操听说了曹丕得到甄姬的事，笑骂道："我打袁绍，就是为了这小子！"（今年破贼，正为奴。）随后，就为儿子明媒正娶，把甄姬纳入曹丕的后宫。

基于美貌产生的爱情故事，往往随着时间流逝而转成悲剧。时间无情地销蚀着甄姬的容貌，而曹丕的花心也逐渐绽放。李贵人、阴贵人以及刘协的两个女儿，一个接一个被纳入后宫，曹丕应接不暇。甄姬受到了冷落。

此去经年，应是良辰美景虚设。便纵有万种风情，更与何人说？

真正给予甄姬致命打击的，是郭女王。

郭女王是曹丕的贵嫔，智计过人。她父亲从小就惊叹：我这个女儿是女中之王！所以给她起了个霸气的字，叫"女王"。郭女王虽然也容貌姣好，但相比老一代的美女甄姬，她的资本是年轻。郭女王吃着青春饭，把甄姬排除在曹丕宠幸的范围之外。

甄姬受了冷落，难免有所怨言。郭女王把甄姬的怨言，添油加醋地汇报给曹丕，曹丕大怒。盛怒之下，曹丕居然命令甄姬自杀！

甄姬死了。据说郭女王怕甄姬托梦喊冤，就在她的口中塞满糠秕；又嫉妒她的容貌，就把她的头发散开，遮盖住脸。

南有二乔，北有甄姬。一代美女，下场如斯！

后人不甘于甄姬失败的婚姻，而编造出曹植与甄姬的叔嫂恋。这个令人不胜欷歔的美丽故事最早见于李善为《昭明文选》所做的注里面。

故事的具体情节虽然荒诞不经，但恐怕并非纯属捕风捉影，正史的字里行间似乎也暗示着这段千年前的孽缘曾经发生过。

就在甄姬死的这年，负责监视曹植的使者上书说曹植突然举动失常，每日酗酒悖慢，劫胁使者。曹丕贬了曹植的爵位。

就在甄姬死的次年，曹植写作《感鄄赋》。鄄指鄄城，是曹植当时的封地。但是汉魏之时，鄄、甄音同形近而相通，因此《感鄄赋》就是《感甄赋》。曹植所感之"甄"，恐怕确有所指。

后来，魏国的皇帝认为《感甄赋》名字不雅，改名《洛神赋》，更有此地无银三百两的嫌疑。因洛神又名宓妃，所以甄姬才有了甄宓、甄洛之类的名字。

有人说甄姬大曹植近十岁，以此作为二人不可能有恋情的证据。这只能说是太不解风情了。

曹植与甄姬究竟有没有恋情，虚无缥缈。信有信无，随君所好。美人易老，文章千古。我们谨节摘《洛神赋》的佳句，来领略千余年前甄姬的绝世风华：

翩若惊鸿，婉若游龙。

髣髴兮若轻云之蔽月，飘飖兮若流风之回雪。

　　秾纤得衷，修短合度。肩若削成，腰如约素。延颈秀项，皓质呈露，芳泽无加，铅华弗御。云髻峨峨，修眉联娟，丹唇外朗，皓齿内鲜。明眸善睐，靥辅承权，瑰姿艳逸，仪静体闲。柔情绰态，媚于语言。

　　凌波微步，罗袜生尘。动无常则，若危若安。进止难期，若往若还。转眄流精，光润玉颜。含辞未吐，气若幽兰。

　　这一年，郭女王害死了甄姬。这一年，郭女王是胜利者。但是，智计过人的郭女王并不知道，她已经被一个沉默寡言的十六岁少年盯上了。这个少年，将让她不得好死。

　　这个少年叫曹叡，是甄姬唯一的儿子。

　　臧霸今年五十多岁了，他对人生已经没有太多奢望，只想安安稳稳地保住现在的地位和利益，安享晚年。

　　人到五十岁的时候，都难免会有类似的想法。司马懿可算是个例外。

　　臧霸年少时也算一个风云人物：劫过囚车，当过土匪，打过黄巾，战过曹操。如今臧霸名义上是曹魏的镇东将军，实际上则掌控着曹魏的东部疆域，独霸一方。

　　这样的局面维持了很多年，曹家与臧霸一直相安无事。现在，臧霸深深感受到了来自曹丕的猜忌与威胁。

　　首先是宗亲曹休的官职变迁。曹休在曹丕称帝这一年，官职由中领军转领军将军，再迁镇南将军，再迁征东将军领扬州刺史，最后都督青、徐二州。

　　都督青、徐二州，即表示曹休对于青、徐二州有了最高的军事领导权。也就是说，曹休一年之内官职连跳四级，已经成为臧霸的顶头上司了。

　　臧霸感受到来自曹丕的压力后，急于表忠，便对顶头上司曹休慨然表示:"如果给我臧霸步骑万人,我必能为国家抵御孙权,横行江表!"

臧霸的话传递到曹丕的耳朵里,曹丕听到的不是忠心,而是野心:你臧霸都已经是五十多岁的老头子了,还雄心不减当年,口气这么大?

曹丕最近闲着无聊,唯恐天下不乱。他心想,刘备这个窝囊废会不会出兵攻打孙权呢?想来想去想不明白,就主持群臣讨论。群臣讨论的结果是不会打。大家说:"蜀是小国家,名将只有一个关羽。关羽挂掉了,蜀国又担忧又害怕,哪还敢再打?"

当然会打!

大家一看,是一贯的反对派刘晔。刘晔说:"蜀国虽然弱小,但是刘备想打肿脸充胖子,以显示国力强大,所以会打,这是其一;刘备和关羽,名虽君臣,恩犹父子,关羽死,刘备一定会报仇,这是其二。"

按照以往的预测准确率来讲,按说大家应该认为刘晔是个神人而相信他的预测了,也许是出于嫉妒吧,这次大家照例不信。

事实的发展,再次给了不信刘晔的人一记响亮的耳光。

刘晔,就是这么神!

曹魏黄初二年、蜀汉章武元年(221年)秋七月,天地肃杀的时节,刘备率领大军出三峡,征讨孙权。

魏国君臣紧张地关注着战事,犹豫着自己应该有什么动作。

孙权派使者来了。使者照例带来一封孙权的措辞极其谦卑的信,重申支持一个魏国的立场,表示愿意臣服。使者还带回来一个超重量级的人物:于禁,当年被关羽水淹七军以后投降的于禁。

于禁是曹操时代的"五子良将"之一,一代名将。于禁用兵,沉毅威重,以军纪严明、所战必克著称,在曹操帐下专门负责镇压叛军,有如一柄好用的快刀。

如今,快刀于禁已经钝了。他与关羽作战,天时不利而败,一时贪生而降。于禁在东吴饱受侮辱,有时候常常想,当初被关羽捉住时还不如死了算了。于禁被俘虏，仅仅一年多，当年的一头青丝，如今须发皓白，形容憔悴。只有心灵已经死去的人，才会这副模样；于禁的心，早就死了。

现在踏上魏国的故土，看到熟悉的故人，于禁的心忽然又渐渐热络起来了。也许新帝即位，会给我这个未亡人以戴罪立功的机会，到时候，我将重返沙场，挽回一个军人的尊严和荣誉！

于禁抱着这样的幻想见到了曹丕，拜倒在地，频频叩头，痛哭流涕。这位年过半百、饱经战阵的老将，居然在曹丕面前哭得像个受尽了委屈的孩子一样。周围的人都为之动容。

曹丕和颜悦色地扶起于禁：老将军，辛苦了吧？老将军受委屈啦。来，给老将军看座！

于禁看着和蔼的曹丕，心想一定要肝脑涂地，以报答新帝之恩。

曹丕笑眯眯地对于禁说：老将军，国家是不会忘记你们老一辈的功勋战绩的！最近国家发生了很多事情，老将军也要先好好休整一下，保重身体啊！将来国家有事，还要倚重您这样的老将军呢！对了，朕的父王去世时没有见到老将军，一直引为憾事啊。要不，您现在去高陵扫墓，看望一下他老人家？

于禁欣然领命，赶往邺城高陵。主公啊，你生了一个好儿子！我于禁就算豁出这把老骨头，也要保卫曹家的江山！

于禁走后，曹丕赶紧找来心腹：去，找几个画匠，星夜赶往高陵，赶在于禁到达之前在陵屋的墙壁上画满画！

请问画什么画？

曹丕拈须微笑：就画关羽水淹七军、庞德视死如归、于禁贪生怕死屈膝投降的故事。画得生动一点儿。

是。

几天后传来消息，老将于禁在邺城恼羞成怒、气满胸膛，发病而死。

千年之后，司马光读史至此尚且忍不住说：曹丕对于于禁，废之可也，杀之可也，画陵屋而辱之，没有个君王的样子。

与司马光同姓的司马懿，也就这一事件再次深深领教了曹丕的刻薄。为子之臣，不亦难乎？看来以后要继续戒骄戒躁，韬光养晦。

就在曹丕玩死于禁的时候，神算子刘晔忍不住了。堂堂一国天子，居然挖空心思算计自己的臣子，而对如今风云突变的天下大势熟视无睹！

刘晔再次找到曹丕，献上了三国时期最高明、最狠毒的一条计策！

谋国先谋身，别让自己边缘化

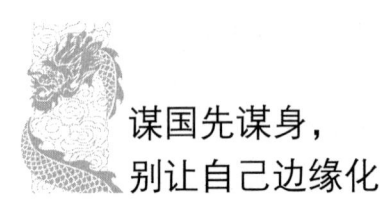

刘晔这个人的确很神。

一方面，他在曹营众谋士之中算无遗策，是第二代谋士中的佼佼者；另一方面，他却始终不得重用。从曹操到曹丕再到将来的曹叡，没有一个皇帝真正地信任他，他也不相信任何一个皇帝。

刘晔自以为是汉室皇族的远亲，难以得到曹家的信任。但实际上，在司马懿看来，刘晔真正的问题在于只懂谋国，不懂谋身。

谋国谋军，是为大谋；大谋的能力，标志着一个谋士的水准。而如果只能大谋、不能小谋，那你充其量也只能是一个谋士而已。譬如老一代谋士中的程昱，心知自己不擅长谋身，索性早早退休以避祸，还属于结局好的。如杨修之辈，下场可谓凄惨。

刘晔的问题就在这里。刘晔自恃料事如神，对于人情关系、政治投机，全不在意，以为单凭能力足以令君王青睐，令同僚侧目。

的确，你料事如神大家都看在眼里。可是你越是料事如神，不就越显出我们愚呆蠢笨？全世界就你一个聪明人，我们都是大傻瓜？我们偏偏不听你的！

所以，刘晔一次次料事如神，大家也一次次照例不听他的。

相反，司马懿在谋的境界上，比刘晔高出不止一等。司马懿不如刘晔对于军国大事如此敏锐而洞察，所以献策并不多。但是司马懿不多的几次献策，却都能被君主采纳，发挥出最大功效，使大家对他印象良好。因为司马懿清楚，献策的目的不能太大公无私；献策并不是为了让采纳者成功，而是为了让自己成功。

更重要的是，司马懿懂得谋身。一百次成功的献策，只能说明你业务素质良好，可以按照常规途径加官晋爵；而一次成功的政治押宝，就能说明你是自己人，可以按照非常规途径实现仕途三级跳外加撑竿跳。

另外，刘晔是曹魏政权中少有的扬州人，又不懂得拉帮结派，所以自始至终都只能是一个人在战斗。而司马懿作为河内世族，积极与汝颖世家和并州人士联系，在朝中培植起自己的势力。到了曹叡时代，刘晔仍然是孤身一人，而司马懿已经是实力最强的政治派别的掌门人。

所以，从曹丕称帝的黄初元年，直到曹丕驾崩的黄初七年，司马懿没有任何一次史有明文的精彩献策，但到曹丕驾崩时，托孤的重臣只会是司马懿，不会是屡屡献策而屡屡不被采纳的刘晔。

刘晔早就被边缘化了。把他边缘化的，与其说是别人，不如说是他自己。

在刘备大举攻吴、孙权献书称臣的大好形势下，刘晔再次站出来泼大家的冷水，彰显他的聪明智慧，反衬曹丕和其他谋士的白痴愚蠢。

不过，刘晔的此次献策，实在堪称三国史上最经典、最具杀伤力的策略。曹丕如果采纳，那他将提前六十年实现中国的统一。我们来仔细赏析一下刘晔的精彩献策。

刘晔说："孙权无故求降，必有内急。他之前杀关羽、取荆州，把事儿做得太绝了。孙权怕刘备震怒，举国来攻；又担心我们趁火打劫,所以索性向我们称臣,以免两面受敌之苦。"

刘晔一番话,把孙权的动机挖掘得入木三分,如果孙权在现场听到刘晔的分析,一定心惊肉跳。但是现在的听众是曹丕和众魏臣,他们听得昏昏欲睡。

刘晔继续分析:"如今天下三分,魏国最强。吴、蜀只有互相帮助,才能免于灭亡。而他们居然还有闲情逸致互相掐架,这是老天要亡他们了。我们应该趁此机会直接渡江攻打吴国的心脏地区。蜀军打他们的外延地带,我们攻他们的心脏地区,要不了几天,吴国一定完蛋。"

如果刚才的分析还只是让孙权心惊肉跳,那这段话足以使他紫髯倒立、碧眼流血。江东三代苦心经营的偌大基业,有可能被刘晔轻飘飘的几句话吹得灰飞烟灭了。那蜀国呢?且听刘晔的继续分析:"即便把吴国的一半割给蜀国,蜀国也独木难支,迟早灭亡,何况蜀国只得到吴国鸟不拉屎的外延地带,而我们得到的是富庶繁荣的心脏地区。"

听到这个分析,估计连愤怒中的刘备都可以清醒了。但是曹丕依旧执着:"人家都称臣了,我还打他,多不厚道。我想先接受吴国的臣服,然后偷偷地袭击蜀国的后方,你看怎么样?"

你的计策无非是鹬蚌相争、渔翁得利嘛,我曹魏作为渔翁,先取鹬还是先取蚌,无损于你这个计策的精髓吧?聪明如曹丕,也只能看出刘晔此策的第一层精妙之处,而难以得其精妙之髓。

刘晔斩钉截铁予以了否定:不对。

曹丕被噎到了,气鼓鼓地问:你倒是说说,哪里不对?

刘晔说:"从地缘政治的角度看,蜀远吴近,伐蜀不如伐吴;从军事心理学的角度看,刘备处于盛怒状态,一旦看到我们帮他灭吴,肯定更加来劲,我们的计策就可以得逞了;而孙权处于清醒状态,一旦看到我们帮他灭蜀,考虑到东吴的长远利益,一定会停止内讧,与刘备联合,一心对外,那此计就难以成功了!"

司马懿听到此处,喟然长叹:绝妙好计!

一曲肝肠断,天涯何处觅知音?

反正知音不是曹丕,曹丕不仅受了孙权的降,而且还封孙权为吴王。

刘晔再次苦苦谏诤，曹丕索性把耳朵闭起来：不听不听我不听。

机会转瞬即逝，能不能抓住，只在一念之间。战事很快分出了胜负。刘备自赤壁之后战无不胜，是因为有关、张、马、黄、赵在前冲锋陷阵，有庞统、法正为他运筹帷幄、决胜千里，有诸葛亮在后方提供后勤服务。而今，五虎名将死了一大半，凤雏落马，法正归天，刘备辛辛苦苦几十年，一夜回到赤壁前，除了军队，一无所有。年迈的刘备被初出茅庐的陆逊火烧连营，仓皇逃回白帝城。

刘备把白帝改名永安，永远安定的意思。在马上飘零了一辈子的刘备，终于再也不想打仗了。

司马懿望着南方，似乎隐隐看到冲天的火焰。

看来，一个时代真的已经落幕了。

孙权的臣服，有一件事情一直令曹丕不大痛快：孙权尽管口头谦卑，进贡的礼品也舍得下血本，但在派太子入魏国为人质的问题上，始终拒绝。曹丕封孙权为吴王，又想封孙权的儿子孙登为万户侯，请孙权送孙登前来受封，孙权拒绝了。孙、刘之间的战役结束，曹丕旧事重提，孙权再次拒绝。

高人与一般人的差别在于，高人可以预见事态的发展，而一般人要等到事件发生的时候才能明白。

拒绝高人刘晔建议的曹丕，直到此时才终于明白：孙权不是真心臣服！

曹丕决定亡羊补牢——出兵南征。他找来神算子刘晔商量：之前你不是让朕南征孙权吗？朕这就南征去。曹丕心想刘晔一定举双手支持这次军事行动。

刘晔的心思，曹丕你别猜。刘晔举双手外加双脚反对南征孙权。

刘晔对于曹丕之前不采纳他的惊世妙计耿耿于怀、快快不乐，没好气地说："孙权新得志，上下齐心，阻带江湖，不可仓卒制服。"

曹丕的逆反心理又上来了，照例把刘晔的话当耳旁风：你说不能打,朕偏偏要打!

司马懿看着郁闷的刘晔,心里一乐:刘晔啊,这次你就算错了。陛下何尝是要灭吴?他打着别的算盘呢。

曹丕大起三路军渡江攻吴:

西路军远临江汉,最高统帅曹真,部下有夏侯尚、张郃、徐晃,战略目的是包围南郡,隔断吴、蜀之间可能出现的新联盟,并威胁吴国新都武昌;

中路军兵出濡须,最高统帅是曹魏百战名将曹仁,而濡须是魏、吴的老战场了;

东路军兵出洞口,最高统帅曹休,部下是张辽、臧霸。

在这次战役中,曹休担任征东大将军,并且"假黄钺"。

曹魏统兵将领,威权高低可以分为四等:最低一等,假节,战时可杀犯军令的普通人,臧霸在曹操时代即被授予"假节"的威权,而成为一名"节将";次高一等,持节,平时可杀无官位的普通人,战时可杀两千石以下官员;再高一等,使持节,平时也可杀两千石以下官员;最高一等——

假黄钺!

假黄钺是代表天子出征。具体有什么威权呢?《古今注》中有云"赐黄钺则斩持节将"。换句话说,曹休拥有在战时斩杀臧霸的权力。

很多平时需要通过烦琐的司法程序和政治运作才能处理的问题,战时可以通过简单的手段直接解决。曹丕企图通过这次战役,一举解决盘踞青、徐二州的臧霸势力。

这才是曹丕的真实意图。

臧霸不是傻瓜。他在江湖上成名的时候,曹丕还在娘胎里呢。臧霸决定重振当年之勇,以战场上的杰出表现来博取曹丕的信任。年过半百的臧霸率领本部轻舟五百、敢死队一万人,拿出不要命的精神疯狂拼杀。前来迎战的吴兵吓了一跳:怎么碰上这么个打仗不要命的主儿?丢盔弃甲,大败亏输。

臧霸首战获胜,立马请命乘胜追击,强行渡江作战。曹休把臧霸的请命上呈给曹丕。曹丕淡淡地回复：不必了，撤军吧。

臧霸松了口气。拼了这把老骨头，终于解除了曹丕的疑忌。

之后，曹丕亲自东巡，臧霸前往朝见，曹丕没收了臧霸的兵权，把他请到洛阳，高官厚禄。横行一世的臧霸，晚年只能在洛阳城备位充数而已。不过，他也起码可以得保天年，死后哀荣无限。

这算最好的结局了。

曹丕杯酒释兵权，青、徐二州的潜在割据势力被消除，曹操时代的历史遗留问题终于得到解决，北中国实现了统一。当然，东北的公孙家族仍然盘踞一方，不过暂时对大局无碍，曹丕把一顶车骑将军的帽子给了公孙氏如今的掌门人公孙恭，算是安抚。

除了消灭臧霸势力外，此次南征还实现了一个目的。我们来看看作战前后一些主要将领官职的变化：

曹真，原任镇西将军，南征时官拜上军大将军、都督中外诸军事，假节钺，战后再升为中军大将军；

曹休，原任中领军、镇南将军，南征时官拜征东将军、假黄钺，督二十余军；

夏侯尚，原任中领军、征南将军，南征时升任征南大将军，战后假节。

与曹丕从小玩大的这批曹氏宗亲个个位居显要，曹丕不动声色地实现了军界大换血，曹魏第二代军事统帅成功上位。

还是那句话，许多平时难以办到的事，战时都可以轻松实现。

因为，战时的集权程度是最高的。

司马懿深明个中三昧，所以他试图往军界迈步。但是这一步始终迈得很暧昧：好不容易在曹操时代做到军司马，曹丕一即位又做回丞相长史的文职去了；好不容易在曹丕称帝后做到督军，转眼局势稳定又做回尚书右仆射的文职去了。

军权，就是曹魏政权最后的禁脔了，严禁外人染指。看来，曹氏、夏侯氏这样的谯沛集团、宗亲重臣领有军权的铁律，还是难以打破啊！

　　山重水复疑无路，柳暗花明又一村。

　　黄初六年（225年），曹丕突然拜四十七岁的司马懿为抚军大将军，假节，领兵五千。

　　尽管只是领导区区五千名士兵的兵权，但司马懿荣膺高级军职，简直如鱼得水。

　　从这五千名士兵起步，年近半百的司马懿终于开始了他人生的黄金时代！

当好贤内助，让司马懿都为你折腰

司马懿之所以得掌军权，是因为夏侯尚死了。

夏侯尚是曹丕的布衣之交，从小玩大的好朋友。所以曹丕即位之后，立马把夏侯尚提拔到征南大将军的位置上，屯驻宛城，负责长江中游的防务。夏侯尚年纪轻轻，便成为曹魏第二代军事统帅中一颗冉冉升起的将星。

然而这颗将星在四十左右正当年富力强的年纪突然陨落了。

事情的缘由是这样的：夏侯尚有个爱妾，十分讨人喜欢，大有凌驾正室之趋势。而正室，是宗室之女。可能这位公主有天找曹丕发牢骚，曹丕愤怒之下，居然下令把夏侯尚的爱妾绞死了！

夏侯尚也是个多情种子，为此痛哭流涕，乃至精神恍惚，不能理事。夏侯尚常常想起和爱妾一起的那些甜蜜日子和美好笑容，常常独自一人去爱妾的坟头看青草。

没多久，夏侯尚已经形销骨立，卧床不起了。曹丕恩准夏侯尚回洛阳，派名医紧急救治。

名医只能治身，不能治心。对于夏侯尚的病，名医也无能为力。

曹丕亲自前往慰问这位儿时的好友，握着夏侯尚的手痛哭不已。夏侯尚没有一丝表情。

夏侯尚就此死去。生不能为比翼鸟，死后愿做连理枝。夏侯尚在另一个世界终于能与他真正爱的人长相厮守了。

夏侯尚的突然离世，军界立马出现一个巨大的权力真空。曹丕环顾宗室子弟，没有一人的威望和能力足以填补此空缺。曹丕不得已，只好把候选人的范围扩大到自己的心腹。

表现出杰出军事才能的司马懿，入了曹丕的法眼。

曹丕升任司马懿为抚军大将军、假节，领兵五千，加给事中、录尚书事，留守许昌，镇抚百姓并负责军资补给、督后台文书。

幸福来得太快，就像龙卷风。一连串的重量级官衔突然砸到司马懿头上，司马懿有点儿不适应。等司马懿稳过心神，他决定推辞掉这些官职。

日中则昃，月满则亏。司马懿深知官场亦是如此。《周易》六十四卦，唯有一个卦，六爻皆吉——谦卦。司马懿走到今天，正是靠了"谦"之道。司马懿当即向曹丕表示：臣不敢接受这些官职。

曹丕语重心长地对司马懿说："朕日理万机，夜以继日，实在忙得连喘口气的工夫都没有。让你担任这些官职，并不是赐予你的荣耀，而是要你替朕分忧。"

这不是对你的政治考验，你也不要假惺惺推脱了，叫你干你就干吧。

话说到这个份上，司马懿才安心受命，从此更加兢兢业业。

人不是铁打的，一天工作二十五个小时谁也吃不消。一下子增加了这么多工作量，司马懿尽管身体不错，可还是累病了。

许久没出场的太太张春华来探病了。张春华上次出场，才十三岁，正当豆蔻年华，惹人喜爱；如今已是四十的半老徐娘，人老色衰，不再得司马懿的欢心。司马懿所宠爱的，是年轻的爱妾柏夫人。张春华由此不但被夫君疏远，而且关系并不融洽，夫妻之间似乎已经没有感情可言。

但是张春华还是出于妻子的关心,来看望司马懿。

司马懿又躺在病榻上。张春华记起二十多年前的那天,司马懿也是这样躺在病榻上。只不过,当年年轻的司马懿是装病,如今年过半百的司马懿是忧劳成疾。

张春华一阵心酸,感慨岁月不饶人。

司马懿见张春华来,心里很不痛快。平时跟我冷战,这时候才知道来看我?我还以为我就算死了你也不会来了!司马懿病中心情不好,刻薄的话语脱口而出:"可恶的老东西,何必劳驾你来看我?"(老物可憎,何烦出也。)

张春华的一片好心被当作驴肝肺,又气又怒,摔门而出。

张春华十三岁就敢杀人,绝非寻常女子,哪里受得了这等欺负?回来越想越气,遂决定:绝食自杀。

司马懿得到家人的通报,并不理睬。面目可憎的老东西,你饿死算了!

转过天来,家人又慌里慌张来通报:夫人仍然绝食!

司马懿眼皮都没抬。

家人接着说:两位少爷也加入绝食行动了!

司马懿一跃而起:什么?

司马师和司马昭都是张春华为司马懿添的香火,如今已经十几岁了,被司马懿当掌上明珠一般。

司马懿那个心疼呀,赶紧跑到两位少爷房里:我的小心肝呀,你们怎么不吃饭?

司马师和司马昭齐声回答:娘不吃,我们也不吃。

司马懿没有办法,只好拉下老脸,来找张春华。

啊,春华,仲达向你道歉。来到你门前,请你睁开眼,看我多可怜。今天的你我怎样重复昨天的故事,我这张旧船票还能否登上你的破船?

司马懿在门口低声下气,软磨硬泡,苦苦哀求。好半晌,张春华

147

才打开门来：我饿了。

张春华在史书上一共出现过两次，却都是如此彪悍的形象。她也是唯一能令司马懿折腰的奇女子，令人不得不深表佩服。

但是，探究一下司马懿夫妇的内心：他们之间真的已经没有感情了吗？我想不是的。通过当年的杀人事件和后来的杰出表现，张春华真正扮演了司马家贤内助的角色，赢得了司马懿最充分的信任。他们的关系，已经远远超越一般男女的情欲与夫妻的恩爱，而上升到一种亲密伙伴的关系。

因此，即便不得宠幸，张春华在司马家的地位，绝非仅靠姿色得宠的柏夫人之流所能撼动。

风波好不容易平息，司马懿向老婆求饶的轶事传得沸沸扬扬，大伙儿都说司马懿怕老婆。司马懿一张老脸依旧一脸平静，镇定地对外辟谣："老东西有什么好怕的？我是担心饿坏了我的两个宝贝儿子！"（老物不足惜，虑困我好儿耳。）

四十八岁的司马懿病终于好了，而四十岁的曹丕却走到了他人生的终点。

曹丕称帝的第六个年头，再次南征孙权。他顺利地解决了曹操留下的五个难题，却唯独被长江彼岸的孙权在外交上玩得团团转，实在心有不甘，因此屡屡南征，屡屡无功而返。

这是他即位以来第四次南征，也是他人生的最后一次南征。

曹丕照例留司马懿以抚军大将军的身份镇守许昌。即位以来，司马懿一直从事后勤工作，任劳任怨。曹丕也有点过意不去，特意对司马懿说："朕最担心的就是后方，所以把后方委托给卿。曹参虽然有战功，但毕竟比不上负责后勤的萧何。使朕没有后顾之忧，不正是爱卿的伟功吗？"

司马懿呵呵一笑：您这就见外了，咱俩谁跟谁呀，还用说这些？我办事，你放心，你就放心去吧！

曹丕放了心，升任当年的太子党一号人物陈群为镇军大将军，带在身边，亲自南征。曹丕的每次南征，都搞得像炫耀武力的阅兵式。这次又把十几万军队沿江一字排开，那场面那家伙，那是相当壮观。锣鼓喧天，鞭炮齐鸣，红旗招展，人山人海。

可惜，河里结冰了，船下不了水。冰还结得不严实，人马不能通行。

对面东吴的士兵严阵以待：哥们，你吓唬谁呢？这是要打仗的架势吗？

曹丕望着茫茫大江，感慨道："嗟乎！这是老天强行分隔南北啊！"无计可施，只好返回。

大江对于曹魏是不可逾越的天堑，对于能舟善水的东吴人来说可就如履平地了。东吴大将孙韶看着曹丕离去的背影就来气：你把我这儿当什么地方了？想来就来，想走就走？他派部将高寿，带领五百名敢死队员，偷偷渡江抄近路拦截曹丕，杀他威风。

高寿领命渡江，带五百儿郎一路趁夜急行军，望见曹丕的仪仗队，发动突然袭击。曹丕大吃一惊，连忙逃跑。高寿也就是吓他一吓，并不打算打硬仗，就捡了曹丕丢下的羽盖、副车这些仪仗用品凯旋。

曹丕这一惊吃得不小，精神一直有点儿恍惚。屋漏偏逢连夜雨。路上，几千只战船又开进了死胡同，搁浅在浅水湾里行走不了，曹丕简直都打算把船通通烧了算了。谋士蒋济说：我有办法。曹丕就把战船留给蒋济，自己先恍恍惚惚往司马懿镇守的许昌而来。

蒋济在后方，把船聚拢在一起，然后挖出几条通往淮水的通道，并在另一端筑起土坝，将湖水拦截住。等湖水蓄积得差不多了，蒋济下令突然毁坏土坝，湖水汹涌而至，把船沿着挖好的水道冲进了淮水。蒋济统领这支船队踏上了归程。

曹丕来到许昌，正要进门，许昌的城门突然崩塌。曹丕又受了惊吓，加上戎马劳顿，生起病来，就临时决定不进许昌，给司马懿留了道口谕："朕在东边，你就管西边；朕在西边，你就管东边。"意思是我不进许昌，直接回洛阳了。东边的事务，就托付给你了。

曹丕来到洛阳，这时候已经是黄初七年（226年）的正月。

之后的几个月，曹丕的病时好时坏，挨到五月份，病情已经很糟糕了。曹丕立了与甄姬所生的儿子曹叡为太子。曹丕有九个儿子，已经死了四个，剩下的都体弱多病，看上去也活不长久。只有曹叡，身体健康。尽管曹丕因为他母亲的缘故并不想立曹叡为太子，但也没有其他的人选。曹叡当太子，没有太大的悬念。

曹丕知道自己的病情已回天无力，紧急召回中军大将军曹真、镇军大将军陈群、抚军大将军司马懿，在洛阳城崇华殿的南堂交代后事。

曹丕抬起一个手指指了指曹真、陈群和司马懿，虚弱地对曹叡说："有说这三位坏话的，万万不可听。"曹叡点点头。

曹丕还想对三人交代点什么，却想不到说什么好。我曹丕在位期间，历代有可能的亡国因素，都已经被我扼杀在摇篮之中了。

汉有七国之乱，我曹丕严格监视诸侯王，防兄弟如防贼，虽然留下了刻薄的骂名，但总算消除了隐患；

秦有宦官当权，汉有常侍乱政，我曹丕一上台就下令严格限定了宦官所能达到的最高官职，对其严加防范，此亦不足为患；

后汉外戚跋扈，我曹丕早在四年前就下令妇人不得干政，外戚不得辅政，违者天下共诛之，看来外戚也不能成为祸患了。

想来想去，曹丕简直觉得大魏王朝固若金汤，不可能再有什么亡国因素了。于是曹丕只好交代了一些诸如要忠心辅政、早日殄灭吴蜀之类的套话。

曹丕回顾自己四十年的一生，几乎一半是在宫廷的钩心斗角中度过的。为了博得父亲的喜爱，自己牺牲了多少率真和天性，苦苦伪装，学习了那么多技艺，仅仅是为了炫耀给别人看而已。

在任七年，只不过解决了父亲遗留下来的五个难题，真正的建树，乏善可陈。将来的史官，不知道要怎样在史书中评价我呢。明主？庸主？昏君？

唉，都到这临死的关头了，我怎么还在关心别人的评价呢？我这辈子，能不能纯粹地为自己做一件事？

曹植啊，有时候我真羡慕你。你可以那么率性地醉酒，率性地写诗，率性地痛哭，率性地大笑。而我……

我当了皇帝以后，一首诗都写不出来了呀！

向风长叹息，断绝我衷肠！

黄初七年（226年）五月，魏文帝曹丕在洛阳驾崩，终年四十岁。二十出头的曹叡，即位为帝。司马懿以排名最末的托孤大臣身份，辅佐新帝。

历史照旧发展，太阳照常升起。而司马懿的人生却即将掀开新的篇章。

04 龙战于野（上）：真正的权威，有且只能有一个

驭下之道，在于高瞻远瞩

司马懿渐渐感到，曹叡这个小皇帝不是简单的角色。

曹丕临终前，给曹叡安排了曹真、陈群和司马懿三位辅政大臣，曹叡上台以后，并没有把腹心大任都交托给这三位长辈。

从礼节上讲，曹叡对他们毕恭毕敬；从权力上看，他们原来干啥，现在还干啥。

这位二十出头的年轻皇帝，一上台就已经把中枢大权牢牢把握在自己手里了。更让人捉摸不透的是，曹叡至今都没有朝廷重臣与曹叡有过深入接触。

曹叡在东宫时，不像他爹曹丕那样交游广泛，而是深居简出。再加上他本来就口吃，而且沉默寡言，跟外人更是少有来往。即位之后，司马懿受封舞阳侯，爵位高隆，但职权不变。自从托孤之后，他也很少见到曹叡。

群臣议论纷纷，不知道这位新君是个怎样的人物。司马懿却不禁暗暗赞叹：君主与臣下保持适当的距离，正能保证其威严和神秘性。看来这小皇帝年纪轻轻，却深得驭下之道啊！

曹家有王初长成，养在深宫人未识。

突然有一天，刘晔一大早被召进宫去，直到傍晚时分才出来。门口早就聚满了不明真相的围观群众，大家纷纷询问："怎么样？咱们陛下是个什么样的人物？"

刘晔很久没有得到这样的重视了，环顾四周，清了清嗓子，说："可以比作秦始皇、汉武帝一类的人物，才能略有不及罢了。"（秦始皇、汉孝武之俦，才具微不及耳。）

刘晔看人，确实精准。曹叡可以说是史上最被低估的皇帝之一，也是一个谜一样的人物。

曹叡的身世首先成谜。根据《三国志》的记载，他终年三十六岁，死于公元239年；逆推出生时间，当在公元204年，历史上的建安九年。建安九年八月，曹操攻克邺城，曹丕乘乱纳甄姬。即便曹叡生于年底，那也是曹丕得到甄姬之后四个月的事情。根据医学常识来推断，甄姬在见到曹丕之前，已经怀了六个月的身孕。

甄姬是袁熙的妻子，袁绍的儿媳妇。如此推来，那么曹叡就是袁绍的孙子，而非曹操的孙子！

但是，以曹操之精明，曹丕之刻薄，如此大事岂会不知？裴松之为《三国志》作注，根据《文帝纪》和《明帝纪》对曹叡受封武德侯年份的矛盾记载，推出曹叡应当是生于公元206年，终年三十四岁。

虽然小道消息更抓人眼球，但是历史就是历史，不容肆意八卦。

曹叡是曹操的第一个孙子，自然格外受祖父疼爱。曹丕后来的几个儿子都早夭，曹操更加把曹叡当成心头肉，对他说："你是我曹家的第三代传人啊！"从此，时常把曹叡带在身边，放在谋士堆里，让他观摩学习权谋的运用和军事知识。

可以说，曹叡也是曹丕当选太子的一个重要筹码。但是曹丕却一度不想立曹叡为太子。

其原因便在于曹叡的生母——甄姬。

甄姬死前，把曹叡托付给曹丕的另一个妾李夫人；然而曹丕却令没有子嗣的郭女王抚养曹叡。

仇人相见，分外眼红。

曹叡虽然不知母亲被赐死的详细内幕，但也隐隐知道此事与这位养母郭女王脱不了干系。但是他克制了最初的仇恨与愤怒之后，做出了一个决定：要以一百分的孝顺，博得郭女王的欢心。

曹叡现在还不是太子，不是太子就当不了皇帝，当不了皇帝就不可能有机会为母报仇，因为仇人是当今天子最宠爱的女人。

君子报仇，十年不晚。

从此，曹叡每天早晚向郭女王请安，分外孝顺；而郭女王因为没有儿子，也想在晚年找个靠山，居然就把曹叡当自己的亲生儿子般对待。

母慈子孝，其乐融融。曹丕看在眼里，也很欣慰。但他绝想不到，这天伦之乐背后洋溢的，居然是一个少年的隐忍与杀机。

有一天，曹丕带着曹叡骑马打猎。突然，一只母鹿领着小鹿掠出，曹丕眼疾手快，箭似流星正中母鹿。曹丕兴奋地大喊：快！快射小鹿！

曹叡却黯然神伤，丢掉了弓箭。

曹丕眼睁睁看着小鹿逃走，气急败坏地责问曹叡：为什么不射？

曹叡默默地说："陛下已杀其母，臣不忍复杀其子。"说完，潸然泪下。鹿犹如此，人何以堪？

曹丕闻得此语，如遭电击，弓箭脱手落地。一种对于甄姬的内疚之情油然而生，转化为对曹叡的深深愧疚。

终于，曹叡毫无悬念地被立为太子。

这些故事，司马懿也有耳闻。他听到刘晔的评价，更是心惊胆战。秦始皇、汉武帝是什么样的人物？年少即位，摆脱太后的干政，清洗朝中的权臣，政自己出，雄横无匹。

贵为太后的郭女王恐怕不会有好日子过了。在这个年轻人面前，自己恐怕也要更加勤恳才行。内政难以掌大权，不妨设法利用如今的军职，在军界有所突破。毕竟，君王的鞭策再长，总不可能在军事上也亲力亲为吧？

事实证明，司马懿想错了。秦皇、汉武何许人也？吞六国、驱匈奴，哪件不是赫赫战功？

曹叡这个刚登基三个月的小秦始皇，宝座还没坐热，就体现出了他卓越的军事才华。

曹丕五月离世，孙权八月就带领大军围困江夏。

古人云："兵不伐丧。"孙权的字典里没有这个概念，孙权只知道什么叫两面三刀、趁火打劫、落井下石。

江东的长项在于水战，这次孙权居然敢弃舟上岸围困江夏，气焰不可谓不嚣张。江夏守将文聘的告急文书飞到曹叡的案头，满朝文武群情激奋，纷纷请战救援江夏。

司马懿抬眼看这位年轻君主的反应。

曹叡稳坐不动，听大臣们喧嚷。

等大家情绪平复了，曹叡说了三个字：不出兵。

文武皆惊。江夏乃是南防重镇，一旦丢失，非同小可。

于是又是一片哗然。

曹叡坐在上面，冕旒挡着面孔，看不清是什么神情。司马懿猜想，曹叡一定在欣赏群臣的表演。

争吵完了，曹叡才开始解释。他说话有些口吃，但是在司马懿听来，这种口吃却加强了他不容置疑的语气："东吴素习水战，却敢弃舟上岸，是趁我不备。如今已经和文聘相持不下，那'攻其不备'的战略意图就已经失败了。再加上他是攻，我是守，守城比进攻容易得多，孙权打不了多久的。"

司马懿在心里暗喝一声彩。不愧是从小在曹操的军帐中成长起来的，见识如此高明。

曹叡看看满朝鸦雀无声，接着说："况且，朕之前已经料到孙权可能要趁机来攻，早已派了治书侍御史荀禹前往边境劳军。荀禹虽是文臣，但也颇有武略，应该不会辜负朕的期望。"

果然，荀禹得知孙权围困江夏，发动周边县里的兵勇千人，登山举火以为疑军。孙权久攻不下，又以为援军已到，仓皇撤退。

孙权一计不成，又生一计，派诸葛瑾、张霸入寇襄阳。曹叡果断命令司马懿还击。

这是司马懿军事生涯的处女战，只能成功，不能失败。司马懿领兵到襄阳，观察发现：诸葛瑾虽有盛名于吴，但是用兵迂缓，没有奇策。司马懿立即发动强攻，诸葛瑾败走，张霸被斩杀。

司马懿小试牛刀，打了个漂亮仗。

当年年底，曹叡给诸位元勋升官晋爵：曹休为大司马，曹真为大将军，陈群为司空，司马懿为骠骑大将军。同时，让司马懿都督荆、豫二州军事，屯驻在曹魏南方战区的大本营宛城。这等于让司马懿完全接替了夏侯尚的职权。

骠骑大将军位仅在大司马、大将军之下，司马懿已经成为军界第三号人物。处女战显然已奏奇效。

万象更新，升官发财，皆大欢喜。唯独有个人不高兴。

新城太守孟达。

孟达自七年前投奔曹魏以来，就被授予新城太守的位置，坐镇曹魏西南边陲，自成一方势力。当年，他深得曹丕器重，又与夏侯尚交好，可谓官场得意。如今，曹丕驾崩，夏侯尚病死，孟达逐渐感到自己在曹魏很孤独。

几年前，上庸地界的地头蛇申仪，也归降曹魏，受封为魏兴太守，就安插在孟达左近。孟达与申仪关系一向不佳，申仪常常上书说孟达坏话。朝廷虽然没有什么动向，但是孟达感受得到来自朝廷的不信任。

孟达想回家了。

就在这时候，孟达收到了来自蜀汉方面的书信，寄信人是李严和诸葛亮，蜀汉的两大军政巨头。

之前，蜀汉丞相诸葛亮一直在忙着平定南中。自从关羽失荆州以来，蜀汉一直在走下坡路，内部危机重重。通过诸葛亮超人的才能和同僚下属们同心同德，终于把各种难关一一攻克。蜀汉勉强立国不倒。

南蛮叛乱时，诸葛亮亲自五月渡泸，深入不毛，攻城攻心，收服蛮王孟获，得到"南中永不复反"的承诺后，撤兵回来。

回师途中，遇到从曹魏方面投降过来的李鸿。诸葛亮和李鸿闲聊，聊到孟达的近况，李鸿说："孟达刚投降魏国的时候，有人谣传丞相您要杀孟达全家，幸亏先主没听取。孟达当时就驳斥谣言，'诸葛亮不会做出这样的事情。'"诸葛亮听了，对在座的费诗说："回成都以后，我得给孟达写封信。"（还都当有书与子度相闻。）

费诗一听，难道丞相还幻想着招降孟达？当即劝谏："孟达这小子，既背叛刘璋，又背叛先主，这种反复无常的小人，给他写什么信！"（反复之人，何足与书邪？）

诸葛亮默然不答。

诸葛丞相心思深沉缜密，岂是你区区费诗所能猜透的？诸葛亮在想李严。

蜀汉内部，既有刘备从外面带来的集团，也有刘焉、刘璋时代留下的班子。前者主要是荆州集团，后者主要是东州集团。刘备死前，考虑到派系平衡，以荆州集团的诸葛亮、东州集团的李严，为两大托孤重臣。

自从刘备死后，诸葛亮军政大权在握，东州集团一落千丈。李严感受到了这种境况，他希望能加强本集团的实力。这对诸葛亮来讲，可不是个好消息。

诸葛亮倒并非为了打压政敌，他只是觉得，蜀汉是小国，国内必须同心同德，才能高效率地凝聚起力量来威慑魏国。如果内部再分派系玩内耗，必将亡国。

在这样敏感的时刻，久已淡出蜀汉人视野的孟达，重新出现。孟达原是刘璋旧部，属于东州集团的人物，与李严私交甚密。如果孟达回归，带回来的还会有上庸、新城、房陵三郡和三郡的军队，东州集团实力无疑将大大增加。而喜欢玩内斗的李严，必将更加不受约束。

如此一来，怎能完成北伐大计，如何能够消灭曹贼？

　　但是，从另一方面来讲，孟达归心似箭，对蜀汉是件好事，自己没有理由加以阻止。李严最近也在询问关于劝诱孟达回归之事，看来劝降孟达已是箭在弦上、不得不发。

　　如何是好？

　　谁说诸葛亮一生唯谨慎，不肯弄险？丞相的险招玩得出神入化、炉火纯青，高明到不着痕迹。

　　诸葛亮思量已定，决心向曹魏借刀。

先斩后奏，
置之死地而后快

　　李严在蜀汉政权的地位日渐尴尬。
　　白帝托孤之时，明明是两位托孤重臣，如今无论军事、政治还是外交大权，都在诸葛亮手中。自己所负责的，不过是后勤打杂而已。
　　人人都说诸葛丞相公平，我看是排斥异己、任人唯亲！
　　李严想到了孟达。当初在刘璋部下，两人就私交很好；后来刘备时期，孟达出降曹魏，其实也是被荆州集团排挤出走的。李严留下来，忍辱负重，终于取得了今天的地位。
　　然而，今天这样的地位，看来也要朝不保夕了。李严开始思念孟达。如果孟达能够回归蜀汉，两人联手，足以制衡诸葛亮而不至于让他荆州集团一党独大、为所欲为！
　　李严抱着试试看的心态，向诸葛亮提议劝诱孟达回归。李严心知诸葛亮肯定要极力反对，然而此事从表面来看对我蜀汉有百利而无一害，你要是反对，正好把你的私心彰显于天下！
　　没想到诸葛亮一口应承：好啊！
　　诸葛亮还说：李将军，你与孟达关系甚好，此事由你出面，再合适不过。

李严心中暗喜，得到诸葛亮的首肯，立即给孟达写了封信："我和孔明一起，受到先主托付的重任，忧深责重，思得良伴。"信中隐晦地表达了自己在朝中受到排挤的尴尬现状，希望孟达回来助拳。

孟达收到李严的来信，心中无限感慨，燃烧起了回蜀汉与李严并肩作战的勃勃雄心。不久，又收到了诸葛亮的来信："往年南征，岁末乃还，刚好与李鸿会于汉阳，才得到你的消息，不胜感慨。呜呼孟子，当年实在是刘封侵犯您在先，破坏了先主的待士之义。我追思你我平生之好，依依东望，所以送来这封信。"诸葛亮的信，一如既往的丁宁周至，思念之情洋溢于字里行间。

孟达心想：看来蜀汉是欢迎我回去的。

孟达派人回信，给诸葛亮送去一块玉玦，表明自己归意已"决"。

诸葛亮收到来信和玉玦，点点头，找来心腹郭模：你去诈降曹魏，助孟达一臂之力。

郭模领命要走。诸葛亮像想起了什么似的，又叫住郭模：对了，你此去要经过魏兴郡。魏兴太守申仪，也是从蜀汉这边降过去的，孟达回归之事不可以瞒着他。你顺便把这事跟他说说，希望他也能一起回归。

遵命。

诸葛亮送走郭模，这才松了口气，开始回顾自己的整个计划有没有什么漏洞。盘算一遍之后，发现只有一个问题：上庸、新城、房陵三郡地势险要，易守难攻。一旦孟达反叛，万一魏国派来征讨的将领是个庸才，只怕仓促之间也难以打败孟达。

曹魏会派出怎样的演员，来配合我这个完美的剧本呢？

郭模诈降曹魏，经过魏兴。魏兴太守申仪，是三郡的地头蛇，在本地很有宗族势力。他原本还有个哥哥申耽，被调到京城当官，其实近乎软禁。申仪明白，在三郡的地界上，我是土霸王；离开了三郡，我就什么都不是。所以他死死盘踞于此。

申仪和孟达关系很差。他屡次上书朝廷，说孟达有反意。奈何没有确凿的证据，朝廷并不理会。怎样才能抓到孟达造反的把柄呢？申仪苦苦思索。

踏破铁鞋无觅处，得来全不费工夫。蜀汉方面有个郭模过来投降曹魏，路过魏兴。郭模对申仪说：您知道孟达要回蜀汉的事吧？

申仪眼睛一亮：不知道哇。

嗨，这您都不知道？孟达和诸葛亮书信来往那叫一个频繁，孟达还给诸葛亮送了块玉玦。玉玦是什么意思您知道不？玦！我意已决！

申仪眯起了眼睛。

送走郭模，申仪回头就给屯驻宛城、管辖本片区的司马懿上书，把郭模的话原原本本说了一遍。

司马懿得到申仪的密报，兴奋异常：孟达呀孟达，七年前我除不了你，今日终于可以除你而后快了！

司马懿生怕孟达得知郭模泄露此事而提前造反，赶紧先给孟达写一封信以稳住他，派加急快马送去新城；另一方面筹备军马寻找战机；同时派要员把此事上报朝廷。

孟达接到郭模，才知道郭模已经把造反的事泄露给了申仪，大吃一惊，便考虑要不要把反叛的日期提前。正在犹豫，忽然接到司马懿的来信："孟将军过去弃暗投明，国家对您十分器重，把西南防事委托给您，信赖之心日月可鉴。蜀人对您切齿痛恨，诸葛亮屡屡想讨伐您，只愁没有机会。我听说郭模讲您要反叛，这可不是一件小事，诸葛亮怎么可能当作儿戏，轻易泄露？显然是敌人用的离间计，朝廷是不会中计的，请不要担心。"

孟达读完信，心里一块石头终于落地了。然而又对司马懿信中那句话耿耿于怀：对啊，我要反叛这样的大事，诸葛亮怎么会这样轻易地透露给申仪呢？孟达百思不得其解。

不过即便司马懿真的要来讨伐我，我也不怕。一来，宛城离洛阳八百里，离我这儿一千二百里。司马懿先派人去洛阳请示天子，再率兵来攻打我，一来一去得一个多月，那时候我早就城防坚固、援兵到来了；更何况，我三郡地势险要，万夫莫开，司马懿肯定不敢亲自来。如果司马懿不来，其他人来我都不怕。

孟达计较已定，便按部就班开始筹备造反事宜。

诸葛亮、司马懿、孟达，三方势力都已经准备就绪。好戏开场。

孟达完全想错了，司马懿根本不打算得到朝廷的许可再出兵，他要来个先斩后奏。

司马懿的参谋们建议，孟达还没有造反的迹象，不如先观望观望再行讨伐。司马懿对这一意见嗤之以鼻："孟达没有信义，蜀汉也并不十分相信他真的要叛魏；趁蜀汉不信任孟达之际，赶紧解决问题，才是要紧的。"

司马懿亲率大军，倍道兼行，一路急行军一千二百里，八天之后已经在上庸城下安营扎寨。

孟达望着城下一夜之间突然出现的黑压压的军队，感受到了刻骨铭心的恐惧。我孟达也算身经百战，却还从来没有遇到过如此行军神速的对手。来者必是司马仲达无疑！

孟达虽然心慌，但仍凭恃着上庸的险固而打算负隅顽抗。上庸城三面环水，城下修筑了一道木栅防御工事，要想攻破可谓千难万难。更何况，我孟达在此三郡七年之中，早已经和吴、蜀二国都建立了密切的联系，二国绝不会坐视我灭亡，援兵不日就将到达。

到时候，看是我孟达死，还是你司马懿亡！

可怜的孟达根本想不到，吴、蜀的军队已经来不了了。司马懿刚抵达城下，就分兵在安桥、木阑塞两处驻防。司马懿又让申仪带领本部兵马前往木阑塞，布置防蜀的第二道防线。

断绝孟达的一切后路，司马懿要来个瓮中捉鳖。

吴国还真发兵来救援孟达了。不过吴兵本就是来凑热闹的，发扬孙权一贯的趁火打劫风格。这群兵油子一到安桥，发现魏军早已严阵以待，自然没有战意。有油揩就揩一把，没有的话也犯不着为你孟达打硬仗。吴兵驻扎在安桥附近打酱油。

蜀军则压根不想救孟达。没错，诸葛亮把孟达给卖了。诸葛亮本就鄙视孟达的为人，欲除之而后快；更何况，他也不想让孟达回归蜀汉壮大李严的势力，更不想让这颗定时炸弹长期存在于蜀、魏交界处。

所以，诸葛亮要借司马懿的刀，除掉孟达。诸葛亮当然也象征性地派出援军，抵达木阑塞，一看魏军在此布防严密，也就持观望态度了。

也就是说，孟达只能独自面对司马懿这个可怕的对手。

孟达以前单听人说，司马懿的政治手腕很高明；如今才知道，司马懿的军事能力何止是高明，简直是可怕。

在常人看来难以突破的上庸城，难不倒司马懿，他就在孟达的眼皮底下先渡过绕城的河水，再突破围城的木栅，轻而易举地直抵城下，有条不紊地开始攻城。没有什么奇谋秘计，每一个动作都像军事教科书般标准，但已经足以让久经战阵的孟达不知所措。

司马懿把大军分作八支分队，从八个不同的角度对上庸城展开鬼神般猛烈的攻势。

孟达终于感受到上庸城阵阵轻微而沉闷的撼动了。

孟达突然感觉到恐惧。这个一生反叛三次，被世人唾骂为反复小人的男人，终于感到害怕了。孟达一直以为自己早就豁出了生死，在害怕的这一刻他才知道，他有强烈的求生欲。

如果这是一场噩梦的话，就让它早早地醒来吧！

让噩梦醒来的人出现了，他们是孟达的外甥邓贤和部将李辅。他们并不是处于绝境之中的孟达的救世主，但他们也许是饱受兵火之苦的三郡百姓的救世主。

司马懿不知用了什么手段，劝诱邓贤、李辅做内应。在攻城战进行到第十六天的时候，邓贤和李辅打开城门，迎进魏军。

孟达是怎么死的，没人知道。总之当战事结束的时候，他的头颅已经摆在司马懿的帅案之上了。

被孟达自诩为"金城千里"，离开司马懿驻地一千二百里之遥的上庸城，连行军到攻破，只花了二十四天而已。

司马懿把孟达的首级送往洛阳，曹叡下令将之焚烧于首都洛阳市中心的十字路口。群臣鼓舞,以为司马懿建立了一桩不世奇功。

只有司马懿自己清楚,事情到这里还没有完。

三郡的问题,不在于孟达一个人,而在于这里已经形成了一派势力。如果不剿灭这股势力,即便杀死了孟达,也会有新的野心家崛起,此地仍将不得安宁。当年孟达降魏,带了四千家部曲过来,都屯驻在上庸。经过七年的休养生息,户口数又有增加。司马懿下令彻查,清点出孟达的势力在此地居然多达七千多家!

司马懿奏请朝廷,将这七千多家全部强迁至东北的幽州,获得许可。孟达的势力清洗干净,司马懿回到驻地宛城。

申仪长舒了一口气。孟达已死,司马懿也没有拿我申仪开刀。三郡又是我的天下啦!正当申仪扬扬自得之际,司马懿派人来传话了:申太守,本帅取得如此胜利,各地郡守都给本帅送来贺礼,怎么单单你不亲自来送礼呢?

申仪没有办法,备了一份厚礼前往宛城。司马懿一见申仪,突然翻脸,喝令左右把他拿下,细数他的一切罪过,将这第二个"孟达"押往洛阳。

兵不血刃,又除掉了一个地头蛇。

尽管这一仗打得非常漂亮,司马懿却始终没有成功的快感。他隐隐觉得,自己不过是在这整个过程中充当了别人的一枚棋子而已。孟达尽管是个名人,但却根本不是自己的对手。能激发起我司马懿战意的等量级对手,放眼天下也许只有本次孟达事件的总导演、安居成都的诸葛丞相吧?

司马懿并不知道,诸葛亮此时并不在成都。几天之后,司马懿才知道诸葛亮的行踪。

而当他知道诸葛亮行踪的时候,整个天下都已震动!

拖不起输不起，只能险中求胜

诸葛亮早在司马懿擒斩孟达的上一年，就已经悄悄带了大军北驻汉中，打算对魏国有所行动。

曹魏太和二年、蜀汉建兴六年（228年）的春天，诸葛亮做好了一切准备，决定出兵。

出兵之前，蜀汉高级将领就战略战术问题与诸葛亮展开一场争论。在看这个争论前，我们先了解一些地理知识。

蜀汉由汉中发兵攻打曹魏，可以进攻的对象有两个：一是西边的陇右，二是东边的关中。出兵的路线比较多，至少有四条路：最西边有祁山，可以攻打陇右；略东是散关一线，出散关面对的是魏国的陈仓；再往东有褒斜道，当年曹操取汉中走的就是这条路，褒斜道的出口坐落着一座郿城，是当年董卓修建的，魏国将其修筑成军事据点，屯驻了军队；褒斜道往东，有子午谷，子午谷的出口就是关中第一重镇长安。从西往东，距长安越来越近。

诸葛亮试图取道最西边的祁山一线，先取陇右为基地，稳扎稳打，蚕食魏国西陲疆土。

但有人却对此不以为然。

持不同意见的是蜀汉丞相司马、凉州刺史魏延。

魏延是刘备时期留存下来的为数不多的将星之一，早在刘备时代就受重任坐镇汉中，对这一带的地理可谓十分熟悉。魏延经过长期实地考察和军事研究得出结论：直接取道子午谷，全取关中。

诸葛亮尽管胸中已经有了全盘的北伐计划，但仍示意魏延说下去。诸葛亮谨慎周全，希望听听魏延这样经验丰富的将领的意见，来对照出自己思考的盲点。

魏延首先鄙视了当今镇守关中的统帅夏侯楙："根据可靠消息显示，夏侯楙年纪轻轻，一介纨绔子弟，凭借着夏侯惇儿子的身份，又是曹操的女婿，才得到了这样的官职，实际上既怯懦，又愚蠢。"（《三国志·魏延传》注引《魏略》）言下之意是，不抓住这样出奇制胜的好时机，不但对不住皇上的信任，甚至都对不起夏侯楙的无能啊！

诸葛亮没说话。他心知夏侯楙无能，因此才选择这个时机发动北伐。但是夏侯楙即便无能，他部下也有郭淮这样的良将，仅此一点不足以成为发动奇袭的理由。

魏延见诸葛亮在沉吟，继续说："请给我精兵五千，携带粮食的后勤兵五千，从褒中出发，沿着秦岭往东进入子午谷，再向北，十日之内可以到长安。夏侯楙见我神兵天降，一定吓得弃城逃跑，城中只剩一些文官，很好对付。我趁此机会锁定潼关，禁绝关中与东方的联系。至于粮食问题，我打破周边郡县，可以就食于敌。丞相您率领大军从褒斜道来，二十多天就可以会师。这样，咸阳以西一举可定，整个关中就是我们的囊中之物了！"

诸葛亮不言语。打仗有风险，出兵须谨慎。诸葛亮并不是没有想到这条路，他只是觉得如此做风险太大了。

首先，子午谷这条路并非什么密道，而是当时尽人皆知的一条通往关中的要道。尽管地势险绝，使用不多，但魏军万一在此设下守军，魏延军必将全军覆没。

其次，即便此路没有守军，但行路实在过于凶险，蜀汉虽以山地兵著称，行走这样一条年久失修的道路，难免出现计划外的非战斗减员。

第三，即便安然兵出子午谷，抵达关中，经过如此高强度急行军的军队哪里还有什么战斗力？失去战斗力的军队进攻重镇长安，即便夏侯楙是个废物，胜算又能有几成？

第四，魏延出子午谷，粮食只能一次带足，不可能靠后方补给。如果粮食带多了，影响行军速度，奇袭效果难以达到；如果带少了，对士气和战斗力影响巨大。到关中再就地取粮食，就要攻打周边郡县，一旦攻打不下，长安的守军再予出击，两面夹攻，仍然是个死。

诸葛亮细细推敲，步步算定，决心不冒此风险，于是笑对魏延说："将军胆气可嘉，不过此计过于危悬，不如兵出平坦大道，先取陇右，是为十全必克而无虞。"

魏延献计不成，怅恨不已。

千古而下，多少读书人读史至此，都为之扼腕怅恨，觉得诸葛亮过于谨慎而失此良机。

的确，蜀汉作为小国，不能与曹魏这样的大国拼综合国力，只能指望出奇制胜。从这个角度来看，诸葛亮的所谓"十全必克"其实是"十全必败"。个别战场上的小收获，不足以弥补整个战略失误。

然而从另一个角度来看，蜀汉作为小国，赔不起。曹魏死个万把人，一点儿元气都伤不到。根据蜀汉灭亡之时的统计，蜀汉士兵不过十万左右，再除去分布各地的守军，更是捉襟见肘。魏延开口就要一万精兵，不是小数目。对于魏延而言，不过是军事冒险，即便失败，马革裹尸、报国而已。但是作为蜀汉最高军政长官的诸葛亮，就不得不盘算一旦失败所可能对蜀汉造成的打击了。蜀汉经过关羽、刘备的两次大败，已经再也输不起了。

那么，诸葛亮不用子午谷奇谋，究竟是对是错？

答案是：没有答案。

历史上多少谜案，正因为没有答案，才更增添其魅力。子午谷奇谋也终将继续激发无数三国迷的推演、模拟、考证乃至口水战，而成为永恒的话题。

拖不起，又输不起，这就是蜀汉的两难境地。处于这两难境地之中的诸葛丞相，却试图以他的天才，明知不可为而为之。

诸葛亮再次反复推敲了自己的计划，觉得没有大问题，便下了以下几道命令：

派细作和前线军民放出风去，说我诸葛亮要亲率大军兵出褒斜道，直取郿城。

蜀汉硕果仅存的名将赵云与颇有军事长才的邓芝带领一支军队，配合之前的放风，大模大样兵出褒斜道，进入箕谷，然后屯驻不动，吸引敌军主力部队。

先锋马谡，带领军队在前绕过祁山，直接攻取街亭，在街亭建立基地，等候大军到来。

其余众将，与我诸葛亮一起，带领大军围困祁山，尔后进与马谡会合！

三路蜀汉军队，如鬼魅般分头出动，而对手曹魏却还完全蒙在鼓里。诸葛亮感到一丝紧张，心中默默祈祷：天佑大汉。

事实证明，这的确是诸葛亮最可能成功的一次机会。

站在曹魏西陲放眼南望，可以看到横亘的秦岭。这绵延险要的山脉，既堵住了曹魏吞蜀的野心，也禁绝了蜀汉北上的欲望。

至少魏国人都是这么一厢情愿地认为的。自从关羽、刘备相继死去之后，蜀汉再也没有实力主动向魏国挑衅。上次两国开战，还是七八年前关羽北伐的时候吧？所谓"汉贼不两立"，所谓"收复中原"，不过是蜀汉的精神自慰罢了。

魏蜀交界，这里的山脉静悄悄。

曹叡却提高了警觉。他的案头，已经接到一份密报，说诸葛亮将亲率大军兵出褒斜道，直取郿城。群臣不信蜀汉敢横挑强邻，曹叡却宁可信其有。

当前关中军区的总司令夏侯楙，曹叡对他再清楚不过。这个姑父完全是仗着家世以及与先帝曹丕的交情，才得以升任现在的军职，实际上除了搜刮民财以外一无所长。

曹叡早就对这个姑父头痛不已了：父亲啊父亲，你怎么会让这样的人占据如此重要的位置？但是碍于亲情和维护父皇的权威，曹叡不好轻易撤换夏侯楙。如今看来，这倒是个机会：不管诸葛亮出不出兵，都可以借此机会把夏侯楙换掉。曹叡决定调动曹真的军队，前往郿城加强守备。

曹真带兵到了郿城，派出探子侦查。探子果然回报：在箕谷发现敌军，数量不明。曹真心中暗笑：诸葛亮啊诸葛亮，你保密工作未免也做得差了点儿。于是下令：全军候命，等待敌军出谷，迎头痛击！

然而敌军没有出谷的迹象。曹真很纳闷。突然得到消息：诸葛亮亲率大军围困祁山！蜀汉一支分队进抵街亭！

坏消息接二连三到来：

报！天水反叛，归降蜀汉！

报！南安郡已经落入蜀汉手中！

再报！安定郡军民造反，城头树起蜀汉的旗帜！

曹真到这时才明白，诸葛亮用的是声东击西之计。然而他不敢轻离郿城。万一箕谷里的这支敌军也是一支主力呢？更何况，皇上交给我的任务可是驻守郿城。不能救援祁山，不算过失；要是郿城失守，才是重大过错！

曹真铁了心驻守郿城，他把应对祁山、街亭两路蜀军的希望寄托于曹叡身上。

曹叡果然迅速对这次突发事件做出了反应。面对满朝的恐慌，他在朝会中发表重要讲话："诸葛亮本应该仗着蜀汉地势险要而防守，那咱们拿他没办法；如今胆敢主动前来，正犯了兵法'致人而不致于人'的大忌。何况他贪图已得的三郡，知进而不知退。这正是打败他的最佳时机。"

稳定了人心，曹叡亲点老将张郃，给他五万骑兵、步兵，授权他监督原驻关中的各路军队，前往对付诸葛亮。

张郃出发之后，曹叡离开洛阳，亲临长安，坐镇于此稳定军心。

张郃早在袁绍处就已经是一代名将，投效到曹营后更深得曹操器重，南征北战立功无数，可谓百战名将。但是张郃从来没有带过这么多的军队。曹魏一向只以宗室为统帅，至于异姓将领如张辽、徐晃之辈，即便功劳再高，能力再强，也不过一个偏将而已，不能为统领大军的方面大员。

曹叡如今点张郃为帅，授予如此高规格的兵权，可谓破例。张郃光荣之余顿感时间紧、任务重、压力大，马不停蹄赶往前线。

张郃来到前线观察形势。他像个老练的猎手，迅速发现了街亭的这支先头部队正是蜀军的七寸所在。

街亭河谷开阔，南北山势险要，按理是个进可攻、退可守的好地方，难怪诸葛亮派遣先头部队占据此地。然而眼前这位先头部队的统领不知是何许人也，居然放弃街亭的大好地势，把军队屯驻在附近的南山之上。

张郃下令：围困南山，断绝一切南山的水道，渴死他们！

南山上这支军队的主将，正是马谡。马谡是刘备时期名臣马良的幼弟，足智多谋，能言善辩。当年诸葛亮南征，马谡提出"攻心为上"的战略，与诸葛亮不谋而合，由此深得器重。诸葛亮把马谡常年带在身边作为参军，十分重视他的意见，同时也有意把马谡作为接班人培养。

这次首出祁山，诸葛亮放着老将魏延、吴懿等人不用，拔擢马谡为先锋，也有让马谡锻炼实战能力的良苦用心。诸葛亮安排了老成持重的王平担任马谡副手，以防万一。

马谡首次独立带兵，未免有点激动。他知道先帝刘备当年曾经评价自己"言过其实，不可大用"。他不知道先帝凭什么做出这样的评价，他决心以自己的行动来证明给所有人看，我马谡是个可大用之才！

马谡观察了街亭的地形，觉得此地地势开阔，难以进行有效防守。反观周边的南山，如果屯驻其上，则进可将街亭纳入防御范围，退可保大军无虞。

于是马谡下令，全军驻守南山！

在王平眼里，马谡是个秀才。王平虽然斗大的字识不了一箩筐（其所识不过十字），但是凭自己的军事经验本能地觉得，秀才马谡的这个命令有问题。王平劝谏马谡不可上山，马谡把大老粗王平的话当耳旁风。

南山上的军队忽然发现，自己已经被包围了。更可怕的事情还在后头：水道断绝。蜀军每日顶盔冠甲从事高体力作业，却没有水喝，立马军心大乱。马谡尝试着派兵丁下山，却被乱箭射回。

蜀军陷入了绝望的境地。已经有人陆陆续续开始向魏军投降，以求一口水喝。

张郃看蜀军军心溃散，战斗力大减，便下令养精蓄锐已久的魏军发动总攻。

马谡无数次从书上看到"秋风扫落叶""兵败如山倒"这样的词语，但他今天在名将张郃的亲自示范下，通过现场观摩才真正明白了这两个词语究竟是什么意思。马谡的处子秀，就这样以完败告终。他心知诸葛亮军法严明，不要说政治前途，即便自己性命也难保。绝望的马谡企图出逃，被军队执法官员捉回。

也不是所有部队都在溃散。王平率领的那支分队，有条不紊地撤退，仿佛大败压根不曾发生一般。张郃向来秉承"穷寇莫追"的原则，也对王平心存忌惮，便不予追击，王平安全撤离。

曹真见前线大捷，也就不再蜗居郿城，下令全军出击在箕谷装腔作势的赵云军队。赵云寡不敌众，决定撤退。他烧毁栈道，亲自断后，不许士兵扔下半点儿军粮辎重，所以这支分队也没有什么损失。

曹真赶跑了赵云，回师顺利收复三郡。诸葛亮见大势已去，长叹一声，下令挟持了一千多家曹魏居民，返回蜀汉。曹真见诸葛亮退去，便也班师回朝。班师之前，他预测诸葛亮下一次出兵会攻打陈仓。曹真没有在陈仓留多少军队，他只是留了一员将领。曹真相信，这员将领在守城方面等于千军万马。

这员将领叫郝昭。

回去之后，诸葛亮追究起责任来，挥泪斩杀马谡及另两个马谡的部将，自贬三级，赵云也受到一定的降级处分。唯独此战表现抢眼的大老粗王平，被大加封赏。

诸葛亮蛰伏隐忍，生聚教训，冷静地寻觅再次出击的时机。

西线战事打得如此缤纷璀璨，令中线最高军事统帅司马懿技痒不已，但他忍耐住了；而东线最高军事统帅曹休却忍耐不住立功心切，主动出击东吴，但此时，离他的死期只剩下不到四个月了。

下不犯上，疏不间亲

到今天为止，司马懿还没有与蜀汉交过手。相比起陌生的山地作战来，他对对吴作战更有心得。

曹叡询问过司马懿：吴、蜀两国，先灭哪一个比较好？

司马懿的回答是：吴国有比较明显的漏洞，应该灭吴。

曹叡眼睛一亮：哦？自从赤壁之战以来，曹魏就没有在对吴作战中占到过便宜。曹丕四次南征，都是临江叹息，无功而返。司马懿却说吴国有明显的漏洞，曹叡来了兴趣：说下去。

司马懿说："吴国觉得我朝不习水战，所以敢在长江中游的东关、夏口一带随便布置一些散兵。自古以来，擒贼擒王、攻敌攻心。东关、夏口，就是吴国的心喉。如果我朝以陆军虚张声势攻打皖城，把孙权主力吸引过去，然后以水军直扑夏口，乘虚而入，神兵从天而坠，破之必矣！"

曹叡心中暗叫一声好！

司马懿这个战略，大有创新。以往魏、吴交战，主战场无一例外在长江下游；如今司马懿把进攻矛头指向中游的夏口，出其不意可收奇效，这是第一个创新。

以往魏国打吴国，都是十万大军熙熙攘攘前往攻打，吴国可以好整以暇、以逸待劳，所以往往相持不下，仗还没打便战意全无；如今司马懿建议以"声东击西"的策略，佯装攻皖城而实际取夏口，这是第二个创新。

以往魏国进攻的主力兵种是陆军，如今司马懿建议以水军作为作战主力，在前两个创新的前提下，足以消弭魏国水军的劣势而起到意想不到的效果，这是第三个创新。

曹叡肯定了司马懿的想法，令他回宛城驻守，加强水军的操练，瞅准时机可以将此新战略付诸实践。

将领可以专心致志执着于一个问题，君主却必须每天面对各方面的情况。

司马懿走后，曹叡收到了东线最高军事统帅曹休的密报。曹休在来信上说，东吴的鄱阳太守周鲂有心投诚我大魏。曹休建议，利用此次机会策应周鲂来投，再见机行事扩大战果，获取对吴作战的胜利。曹休在信的末尾再三强调，这是千载难逢的好机会，万望陛下批准。

曹叡心动了。

司马懿的新战略固然不错，但只不过是纸上谈兵；如此大好的机会摆在眼前，怎能轻易放过？曹叡令群臣商议。

蒋济率先提出反对意见。蒋济说："曹休深入敌方，与孙权的精兵对峙，且容易遭到截断，我看不到有什么利处可言。"

曹叡思考了一下，否定了蒋济的意见。截断后的问题，可以通过军事部署来解决。曹叡受司马懿之前"声东击西"战略的启发，心想：我何尝不可以来个"声西击东"？不不，应该再复杂一点，是"声西、中，而击东"。

曹叡下令：

建威将军贾逵、督前将军领豫州刺史满宠、东莞太守胡质等人，率豫州兵团，由中路攻打东关；

骠骑大将军司马懿，率荆州兵团，由西路攻打江陵；

大司马、扬州牧曹休，率扬州兵团，由东路直扑皖城，策应周鲂投诚，见机行事扩大战果。

曹休异常兴奋。

曹休从小就深受器重，被曹操赞誉说："此吾家千里驹也！"曹操晚年，将曹休当作帅才来刻意培养。曹休十多岁的时候曾因为丧父而携带老母在吴地生活过很长一段时间，对东吴情况很熟悉。所以，曹丕即位后一直让他从事扬州一带的防务，主持对吴作战。曹休在东线最高军事统帅的位置上，一直表现稳健，打过一些小胜仗。

曹丕驾崩、新帝即位以来，西线的曹真收复三郡有功，中线的司马懿擒杀孟达更是表现抢眼，曹休也禁不住急欲立功了。但是江东水师确实不是浪得虚名，曹休实在没有把握在他们的手上讨到便宜。

就在这毫无头绪之际，对岸来了一封书信。书信的落款是周鲂，东吴的鄱阳太守。周鲂表示，在东吴受够了孙权的打压，感到没有政治前途，愿意弃暗投明。

曹休立功心切之际，判断力锐减，但还是对此信将信将疑。他一方面回信探问，另一方面派出密探前往鄱阳打听消息。

两人的书信往来，从五月份进行到七月份，周鲂前前后后来了七封信。最后几封，周鲂说最近吴国的众将都分散在各地，此地防御空虚，正是发动进攻的大好机会。

密探也回来报告，说近几个月来孙权时时派遣使者到鄱阳去为难周鲂，以至于周鲂都亲自在城门口割发谢罪。身体发肤，受之父母。周鲂堂堂一方太守，竟至于断发取信于孙权，可见他在东吴的处境确实不大如意。

曹休打定主意，便给中央上书请战，得到了曹叡的首肯。曹叡还派了司马懿和贾逵两路大军为他的辅助。这等于是倾整个曹魏之力助曹休成此不世之功了。

天时地利人和俱全，此功不建，我曹休枉生人世！

司马懿很不高兴。

他给曹叡献上对吴作战的新战略后，回宛城秣马厉兵，积极备战。同时派出细作，打探东吴方面的动向。他打算在自己任上，取得对吴作战的重大突破。

然而，曹休来抢功了。曹休不但抢功，而且还打破了原先拟定的新战略，仍然要从旧战场入手。皇上不但对曹休予以支持，还命令司马懿从西路进攻东吴，以配合曹休。

司马懿对此很不痛快。

但是司马懿不能说什么。曹休乃是皇室宗亲，又是当今曹魏大司马，军界的天字第一号人物。疏不间亲，下不犯上，这乃是同朝为官的铁律。司马懿决定无条件执行上级指示。

曹休要是成功了，我也趁机分一杯羹；曹休要是失败了，在我仕进道路上的一道障碍也算去除了。

但是司马懿又隐隐觉得，此次周鲂投降事件没有这么简单，东吴方面不可能对此一无知晓。无论如何，还是保住实力为是。司马懿下令荆州兵团缓慢而谨慎地行进。与讨伐孟达时八日行军一千二百里的神速一对比，就知道司马懿在消极怠工了。

司马懿猜对了，周鲂还真没这么简单。

前几个月，东吴鄱阳太守周鲂接到孙权的指示，让他找几个本地有名的土豪宗帅，去诈降曹休，以引蛇出洞，然后把曹休军的有生力量一网打尽。

周鲂回复孙权：土豪宗帅靠不住，如此重大而艰巨的任务，还是交给在下吧。

孙权同意了。

然后两人就心有默契地演起"苦肉计"：孙权不时派使者来反复刁难周鲂，周鲂被逼无奈，只好断发自辱以谢罪。人人都觉得，周鲂在江东简直受尽凌辱，而且没有出路。

放长线，钓大鱼。曹魏军界最大的鱼曹休果然上钩了。

孙权赶紧把驻守荆州的陆逊、驻守彭城的朱桓、驻守九江的全琮，以及他们统领的军队通过水路、陆路秘密调动回来。孙权本人也赶到皖城，亲自坐镇指挥。

东吴名将云集，只等捕捉大鱼。

孙权又派士兵从西路的安陆出击，以分散曹魏的注意力，起到声东击西的效果。没想到这一招弄巧成拙，曹魏的高人把孙权的用意看穿了。

高人正是蒋济。

蒋济得到前线这一军事消息，赶紧禀报曹叡："吴军在西路展示兵力，显然是西路已经空虚了，所以故意迷惑我们；那西路的兵力上哪去了呢？肯定是调往东路了。请赶紧调集各路军队救援曹休！"

曹叡被点醒了，赶紧下令：司马懿停止推进，原地驻扎；贾逵立马率领军队，火速救援曹休。

司马懿乐得看曹休的好戏，立刻原地驻扎。贾逵在进军的时候，已经得到前方探子带回的消息：中路吴军并没有派重兵把守。贾逵心知不妙，曹休危矣！正在此时，得到天子急诏：速速前往与曹休会合！贾逵当机立断，水陆兼程，向东赶去。

只有曹休一个人蒙在鼓里。他正喜滋滋地行进着，然而前方遇到的不是周鲂的降军，而是东吴继周瑜、鲁肃、吕蒙之后的第四代天才军事统帅兼第一名将——陆逊。

曹休这时候才知道上当了，但他观察了一下，陆逊的军队并不多。曹休仗着自己兵精粮足、人多势众，咬咬牙：打！

曹休没有蛮干，他在这样不利的境地下还能安排下两路伏兵，然后主力队伍且战且退，回到驻地石亭。

陆逊更不是等闲之辈。他的左右两路还有朱桓和全琮，各率三万人马合拢过来，轻易把曹休布置的小小伏兵打掉，然后挺进石亭。陆逊料定此战必胜，派出一支分队由侧面转到曹休的后方，切断魏军退路。当时已然是深夜了。

魏、吴双方头号军事统帅狭路相逢，石亭注定要成为曹休的伤心地。

败局的开始，产生于一个魏军士兵歇斯底里的尖叫。

在军营这种人多拥挤、空间狭小、精神压力大到令人窒息的地方，士兵们的心理状态是很差的。无论是打胜仗的高度兴奋、打败仗的无比沮丧，还是临战的紧张和恐惧，都会将士兵们的精神逼向崩溃的边缘。而黑夜，则足以使这种崩溃的情绪再度强化。

这样的时刻，一个士兵的崩溃，一声歇斯底里的尖叫，便足以使这种恐惧、狂乱的气氛迅速蔓延，人们开始处于一种非理性状况下，一种力图摆脱军纪束缚的疯狂渴望彻底发泄出来。逃跑、破坏、互相杀戮和狂吼乱叫，充斥了整个军营。

这种屡屡见于史书的现象叫"夜惊"。这天晚上，曹休的石亭大营就发生了夜惊。

十万大军顿时丧失战斗力。陆逊、朱桓、全琮捡了个现成便宜，全面掩杀。曹休抛弃所有的战略物资一路撤退，只求活命。

但是对于曹休来讲，活命也已经是奢望了，因为退路已经被陆逊事先切断。曹休仰天长叹：天亡我也！

奇怪的是，切断后路的吴军突然开始撤离，一条宽敞大道仿佛上帝的恩赐般从天而降，呈现在曹休面前。曹休心智已经混乱，心想难不成又是陆逊的计谋？

原来是贾逵赶来了。贾逵从东关一路赶来，路上捉到几个吴兵俘虏，一打听才知道曹休已经战败，吴军在后方埋伏军队切断了曹休的后路。部将们建议：我军兵少，不如就地等待援军，再前往救援曹休大人。贾逵说：吴军不知道会有我们这支军队，所以切断后路的分队人数不会太多。我们出其不意，可以救出曹休。于是紧急行军赶到此地，多设旌旗鼓号，吴兵果然被吓跑了。

曹休狼狈逃回魏国。此战东吴大获全胜，消灭魏军一万多人，俘获军粮辎重无数。顺带提一句，在本次战役中立下奇功的周鲂，有个好儿子，就是经典儿童故事"周处除三害"中的男一号周处。

曹休被孙权和陆逊玩得团团转，平白遭受如此大的损失，羞愧难当，上书谢罪。曹叡因为曹休是宗室的缘故，没有追究。

曹叡宽恕了曹休，曹休却无法宽恕自己。他越想越气，背上发疽。背疽的发作，多由于腑脏气血不调、火毒内攻，满背疮头，溃烂成片，脓腐渐出。此病是因为七情内伤。

曹休就这样把自己给气死了，在历史的舞台上黯然退场。

曹休气死的一个直接后果，是司马懿终于有机会和梦寐以求的对手诸葛亮在沙场上一决雌雄！

从容进退，善败者不亡

曹休死了，大司马的位置空了出来。按照魏国的惯例，顶替此位置的毫无疑问是现任大将军曹真。而接曹真班的，当然也只能是骠骑将军司马懿。

曹休之死，使得军事人才本就寥落的曹魏更加捉襟见肘。曹叡在曹休死后不到一个月，居然下令公卿近臣各推举良将一名。然而良将并不是学校培养出来的，而是在沙场上通过实战搏杀炼出来的。

当今曹魏够格称得上良将的，只有曹真、司马懿、张郃区区数人而已。无论孙权还是诸葛亮犯边，都只能靠他们左扑右挡。

蜀汉建兴六年（228年）年底，诸葛亮得知曹魏为了应对石亭之战，几乎将所有主力都调往东方，西方空虚，于是再次提重兵出散关。

横亘在诸葛亮大军面前的，是一座小而坚固的城池：陈仓。

诸葛亮微微一笑。在他本次北伐的精心策划中，陈仓关只需要在强大军事力量的压迫下，派人劝降即可。如果劝降不成，则攻取之。这只是一个小问题，计划的重头戏是后面的部分。

诸葛亮早就调查过了，陈仓的守将叫郝昭，是太原人。郝昭部下只有一千多个士兵，而且陈仓守战的器具很少。

这种小城池，在诸葛亮往年的用兵生涯中，一般都是望风而降的；如今郝昭居然没有主动投降，已经有些出乎诸葛亮的意料了。不过没关系，按计划一步一步来。

第一步，诸葛亮叫来靳祥。靳祥是郝昭的老乡，早年间与郝昭私交甚好。诸葛亮这次出征带上靳祥，就是想利用他劝降郝昭。

靳祥单人匹马出发前往陈仓城。他在诸葛亮面前把牛皮吹得震天响，说什么"我和郝昭是过命的交情，劝降就是一句话的事情"；然而只有他自己心里最明白，郝昭这小子从小就是个牛脾气，认准了的死理十头牛也拽不回。

靳祥心里有点儿打鼓。他来到陈仓城下，叫门。早就有小兵报告郝昭了。

郝昭今年三十八岁，从军快二十年了。长期在河西负责防务，最擅长守城战。今年年初，曹真把自己留在陈仓，并叮嘱要防备诸葛亮的突然袭击。郝昭兴奋异常。他早就听说诸葛亮是一代军事奇才，有心挫一挫诸葛亮的威名。

高手过招，想必分外有趣。

但是郝昭万万没有想到，诸葛亮年初撤兵，年底就卷土重来了。果然是一代军事奇才，能在短短半年之内就从军事失利中缓过劲儿来！郝昭越来越兴奋，他下令部下加紧修缮防御工事，制造防御器械，随时准备应对突来的袭击。

更让郝昭摸不到头脑的是，兵丁来报，诸葛亮派了一个人到城下来叫门。

打仗又不是请客吃饭，怎么这样雅致，这样从容不迫？

郝昭登城看看来者是谁。

靳祥。

郝昭顿时明白诸葛亮的用意了。但他明知故问：你来有何事？

靳祥见郝昭肯搭理自己，觉得成功了一半，便用太原话激动地

183

喊：我是来帮你的！诸葛丞相十万大军兵临城下，郝兄，识时务者为俊杰，赶紧弃暗投明吧，金银珠宝大大的有！

郝昭一看左右的兵丁，眼神都变了。郝昭心知稳住军心为上，立马朝城下喊话："魏国的法律，你是熟悉的；我的为人，你是清楚的；我郝昭受国家重恩，死而后已。你不必废话，叫诸葛亮来攻城就是！"说完话下城，任靳祥喊破嗓子也不搭理。

靳祥灰溜溜回来，把郝昭的话一五一十告诉了诸葛亮。

诸葛亮大感意外：哦？看来这郝昭倒是条汉子。不过，这也许是他故意摆出高姿态，想保住面子？又或者他不清楚我军的实力所以才敢如此嚣张？

诸葛亮思索已毕，对靳祥说：麻烦你再走一趟，就说你们陈仓根本不是我们的对手，请不要白白送死。对了，你喊大声一点儿，务必让守城的士兵都听到。

靳祥领命而去。诸葛亮对靳祥此去并不抱希望，不过是让他去打打心理战而已。诸葛亮赶紧整点军械，下令三军准备出战。

靳祥又到城下，把诸葛亮交代的话喊了一遍。郝昭急了，赶紧拉弓搭箭瞄准靳祥，大声喊道："我郝昭认识你，这弓箭可不认识你！"靳祥落荒而逃。

靳祥回来见到诸葛亮，正要哭诉，诸葛亮不耐烦地摆摆手，示意你可以退下了。

郝昭啊，你还真是吃了豹子胆，敢以区区陈仓城阻拦我诸葛亮的大军！螳臂挡车、蚍蜉撼树，是之谓也。

诸葛亮下令全军攻城。

诸葛亮带领的蜀兵，在当时绝对是拥有全球最高科技装备的军队。所以此次陈仓攻防战，也有幸成了一场三国高精尖作战武器大会展。

诸葛亮首先推出的是云梯和冲车。

云梯，是传说中的发明家鲁班发明创造的，经过了诸葛亮的改良。这种云梯，下部是一辆车子，车身前有防盾，车下有轮子，可以行驶。车身上有一副折叠的木梯，利用绞索和杠杆，可以打开梯子，长度可增加一倍。梯子尽头有铁制搭钩，勾搭在城墙上则敌军难以推卸。后面的士兵只要擎着盾牌防止敌人弓箭射击，就可以缘着梯子爬行，攀登上敌军的城墙。

蜀汉的特种兵早就经过了反复训练，爬起云梯来就跟现代的消防队员一样如履平地。

冲车，是一种巨型装甲攻城塔战车。这种战车，分上下两层或更多层。下层站着大力士，往前推车，车周身安装有车轮。上层站立着攻城士兵，使用撞木撞城。车的外表用沾湿的牛皮包裹，使敌军无法扔火把烧伤车内士兵。

诸葛亮下令：云梯和冲车一齐上阵，上登城楼、下撞城门！

在蜀军士兵看来，用这样的高科技武器攻打小小的陈仓城，简直有点儿高射炮打蚊子——小题大做了。但是诸葛亮正决定通过这样夸张的打法打出蜀军的威风，打垮魏军的信心，使其他城池可以不战而降。同时，他还想顺便试验一下这些武器有没有什么缺陷，以便改良。当然，他还有一个隐藏的目的：好好教训一下郝昭这个无名小卒，叫他领教我诸葛亮的手段！

诸葛亮唯独没有想到，自己会在这场攻防战中失败。

云梯和冲车的使用，的确够拉风。

最起码，这种巨型攻城武器的使用可以对守军的心理产生有效震慑。而且迄今为止，对于如何防御"云梯"这种攻城武器，仍然无解。

那是因为没有遇到郝昭。

郝昭果断地祭出了一项前所未有的武器——火箭。所谓火箭，是用油浸渍过的麻布等易燃物，绑缚在箭上，点燃后迅速射出。根据史书的记载，这是中国历史上也是人类历史上首次使用"火箭"。

一支支火箭犹如飞蝗一般迅速射出，为数不少牢牢钉在云梯的木梯上面。正在急速攀缘的蜀军士兵见势不妙，但已经晚了。火箭上的星星之火迅速蔓延到整个云梯，云梯迅速变成了悬在空中的一条条火龙，发出低沉的怒吼。

攀缘在云梯上的蜀军，烧死者无数。

观战的诸葛亮心头一沉。再看冲车的战况时，他才发现，守城士兵拿出一个个巨大的磨盘，用麻绳穿在磨眼里，往下抛掷，狠狠砸在冲车之上。砸完一下，再拉回去，重新砸。几轮狂轰滥炸之后，冲车基本毁折无用了。

诸葛亮咬牙切齿，同时派出三支分队：

第一组，用袋子装满泥土，填入护城河，将之完全填平为止；

第二组，挖地道，通往城内以发动偷袭，里应外合以消灭敌军；

第三组，使用井阑直接攻击城内，在杀伤敌军有生力量的同时掩护第一、第二组作业，分散敌军防守精力！

三组领命而去，诸葛亮眉头紧锁：小小陈仓就逼我使出全部手段，倘若曹魏所有城池都如此难缠，还谈什么收复中原？

第三组开始推出"井阑"。井阑，相传是战国墨子的发明，乃是一种移动箭塔。井阑全部由原木组装而成，高数十米，底部安装有轮子可以缓慢推行；顶部有塔楼，士兵站在上面居高临下，可以直接越过城墙向城里射箭。这种攻城武器本就已经足够骇人，更叫人心胆俱裂之处在于，塔楼上的士兵使用的是诸葛亮改良后的独门秘器——十发连弩！

连弩是上古即有的武器。弩与弓不同，弓需要使用者有很强的臂力，瞄准的时间也极其有限；而弩则下部安装有扳机，将弩箭上弦之后可以随时瞄准目标，轻轻一扣扳机，就可以射出弩箭。

前代最强的连弩，是三连发的，可以同时射出三支箭。而经过诸葛亮改良后的连弩是十连发的，可以同时射出十支箭！另外，寻常的弩箭都是木制的，杀伤力有限；而诸葛亮改良的连弩，弩箭都是铁制的，可谓无坚不摧。（以铁为矢，矢长八寸，一弩十矢俱发。）

诸葛弩配上井阑，可谓冷兵器时代的机关枪，当之无愧的第一大杀器！

蜀军攀登上井阑，开始向城内射击。守城的士兵果然被杀伤无数，剩下的迅速撤离城头。第一组蜀军趁机将已经准备好的成千上万的土袋扔进护城河，眨眼之间护城河就已天堑变通途。

后备蜀军一拥而上，将陈仓密密匝匝围困了三层。第二组蜀军开始挖掘地道，试图通进城里。

通天掘地立体式进攻，誓要拿下陈仓城！

然而井阑上的蜀军渐渐停止了射击，开始向城里张望。诸葛亮觉得奇怪，正待发问，射击队的头目爬下井阑，禀报：丞相，敌军在城中筑有一座内城，城墙厚实。现在敌军已经全部撤进内城，连弩不能奏效，请丞相定夺！

诸葛亮一惊。立体式进攻，碰上了纵深式防御，大杀器连弩只好哑火了。没有办法，看来只能把希望寄托在地道兵身上了，先攻破第一重外城再说。

然而地道仍然在挖掘，不知道已经挖掘到哪个位置了。诸葛亮估算时间，按理早就应该挖到城内了，怎么迟迟没有动静？

大家在外面死等。连弩停止了射击，陈仓的守军也都踪影全无，整个现场像定格了的无声电影一般，满目疮痍，然而又充满杀机。

诸葛亮暗叫声：不妙！他心知地道兵已经有去无回了。

的确，地道兵早已在城内全军覆没。郝昭事先已经在城内横着挖了一圈又宽又深的壕沟，蜀汉的地道兵挖地道挖着挖着突然之间捅开一层薄土：咦？怎么已经见到天日了？

还没等他们适应耀眼的阳光，等候在壕沟旁边的魏军早就用挠钩把他们一个一个搭上来，一刀一个剁掉了。

前方的诸葛亮和郝昭土掩火攻不亦乐乎，坐镇后方的曹真已经得到消息了。他赶紧派将军费曜、王双带领重兵前来增援，同时又担心这些人不是诸葛亮的对手，便星夜派人前往洛阳求援。

求援信到了洛阳，曹叡高度重视，马上派加急驿马召回对蜀作战很有经验的名将张郃。曹叡钦点三万精兵，并派出自己的禁卫军充当张郃的警卫队。曹叡摆酒席给张郃饯行，席间不无担心地问张郃："该不会将军你到的时候，陈仓已经失守了吧？"

张郃掐指一算，诸葛亮攻陈仓到现在已经十多天了，于是笑着说:"诸葛亮深入无粮。臣赶到的时候,估计诸葛亮已经退了。"

张郃嘴上很硬,心里却不免打鼓,不等酒席用完,便日夜兼程、急如星火往陈仓赶去。

到今天为止,围攻陈仓已经二十多天了。诸葛亮前几天还心急如焚,如今已死了心。蜀军还在象征性地攻打陈仓,但诸葛亮心里明白,此城已经拿不下来。即便能拿下来,意义也已经不大了。一来,我十万大军顿挫于此孤城之下,士气损折严重;二来,粮草已经吃完了。

诸葛亮得到前方探马急报,曹真方面派了援军前来。诸葛亮一声长叹:没料到我诸葛亮居然败给了郝昭这个来历不明的家伙,此次北伐又成泡影了!

郝昭已经二十多天没怎么合眼了。从最初迎战诸葛亮的激动兴奋,到后来战争白热化阶段的麻木,如今只剩下吊着神经的身心俱疲。蜀军攻城的方法,可谓层出不穷,而郝昭早已经捉襟见肘了。如果我郝昭也像你诸葛亮一样坐拥十万大军,器材兵械取之不尽,那胜负之数或未易量!

可惜我只有一千子弟兵,这近一个月来还死伤大半。可惜我防守之具早已经用完,不但连城中百姓家里的农用工具都征用一空,而且连城中坟墓里的棺材都挖掘出来当木材使用了!(数发冢,取其木以为攻战具。)

望着身边满面血污、满眼血丝而兀自战斗不已的士兵和乡亲们,郝昭忽然发现了战争的残酷与可怕。

我再也不想打仗了。

忽然有一天,没日没夜的进攻停止了。郝昭窝在内城中,仍然保持高度警惕,不敢探出头去看。他不知道足智多谋的诸葛亮又在要什么诡计。然而,忽然有人叫门。

出去查看的士兵回来惊喜地叫着:郝将军,自己人!

郝昭不信。他现在就像一只受伤的狐狸,不再相信任何人。他小心翼翼爬出内城,亲自趴在城墙残坏的箭垛间隙里往下看,他看到了熟悉的军装和面孔,是费曜的援军到了!

几十天来高度紧张的神经一下子松弛下来，郝昭浑身虚脱、精力耗尽，一阵天旋地转晕了过去。

费曜来救援陈仓城的时候，另一员魏将王双却本着宜将剩勇追穷寇的精神向着退却的蜀军追杀来，他想杀诸葛亮一个措手不及，以在军事史上扬名立万。

历史上太多了这样不知深浅的人物，这样的人物给诸葛亮当炮灰都不够格。

兵法有云："善败者不亡。"毫无疑问，诸葛亮就是一位善败者。

无论在前线作战怎样受挫，诸葛亮的军队从来不会一溃千里，而是有秩序撤退。同时代的一个人评价诸葛亮的军队"止如山，进退如风"。事实上，无论面对魏国的名将张郃、曹真、郭淮、郝昭还是司马懿，诸葛亮都可以从容进退，如入无人之境。

王双赶上诸葛亮的时候，诸葛亮早就已经前军变后军，摆好了进攻的阵形。蜀军围攻陈仓二十天不下，早就憋了一肚子闷火，都把王双看成发泄的对象，只等诸葛丞相一声令下。

诸葛亮虽然脸上沉稳依旧，但肚子里也是无名火起，立马下令进攻，大破追击的魏军，斩杀王双。

蜀军解决了王双，继续从容撤退，安全返回汉中，寻觅下一次出击的机会。

陈仓城，张郃的援军就像港片里的警察一样，赶到现场的时候一切问题都已经解决了。张郃验证了自己的判断。

防守陈仓城的最大功臣、三国第一守城专家郝昭，却一病不起。在这次攻防战中，他已经精疲力竭、心力耗尽。尽管来自皇上的各种封赏接二连三到来，郝昭却已经无缘享受。他在临死前交代儿子："我做将领十几年，今天才知道将领当不得。如今我离开祖坟很远，那随便安葬在哪里都无所谓了。东南西北都可以，你随便找个地方把我埋了吧。"

说完，年仅三十八岁的郝昭如一个迟暮老人般油尽灯枯，离开人世。愿他来生与军事无缘，生在不用打仗的太平盛世。

郝昭可以不再打仗了，诸葛亮却还必须为兴复汉室而汲汲奋斗。开了年的春天，蜀将陈式出现在曹魏西陲。他带领军队攻击武都、阴平二郡。

陈式的举动，引起了雍州刺史郭淮的关注。

区区陈式，无名小卒，也敢犯我边境？郭淮感到不可理喻，赶紧点起本部兵马，直扑陈式而来。

魏军气势汹汹而来，陈式却不慌不忙，继续攻打武都、阴平，完全无视郭淮的存在。郭淮由愤怒，到诧异，到恐惧，最后全军撤退。

郭淮发现了隐藏在陈式背后的那位巨人。正是出于对这位巨人的高度信赖，无名小卒陈式才敢在面对郭淮率领的强大魏军时从容不迫。

这位巨人当然是诸葛亮。

诸葛亮率领大军在建威出现，虎视眈眈地盯着郭淮。

一个眼神，就足以使曹魏名将郭淮丧胆，这就是诸葛亮的实力。

郭淮逃走了，诸葛亮和陈式轻易拿下武都、阴平二郡，蜀汉领土向西北推进了一大片。这是诸葛亮北伐以来的第一次大捷，蜀汉朝廷高兴之余，借机让因街亭之战自贬三级的诸葛亮官复原职。

面对诸葛亮的频繁出击，负责曹魏西部防区的曹真表示压力很大。

本来曹真对诸葛亮的出击早已疲于应对，现在诸葛亮取得了武都、阴平二郡，魏、蜀边境线变得更长。一年前准确预测诸葛亮将从陈仓出击的曹真，如今完全猜不到神出鬼没的蜀军下一次会从哪个山旮旯里突然杀出来。

与其担惊受怕，被动防守，不如主动出击，让诸葛亮担惊受怕。

这一年，曹叡升任曹真为大司马，以顶替曹休留下来的空缺；曹真原先的官职大将军，则由骠骑大将军司马懿来接班。司马懿成为曹魏军界当之无愧的二号人物。

司马懿继续在宛城驻守，对西线的盛大战事仿佛熟视无睹。而曹真终于耐不住寂寞了，新官上任三把火，他向洛阳方面递交了自己的战略计划。

曹真说:"蜀汉接连入侵我国边境,我主张主动讨伐蜀汉。我率一军从斜谷杀入,其他数路大军多管齐下,可以保证胜利。"

曹叡照例把这份计划下发群臣讨论,陈群表达了强烈的反对意见。陈群说,当年先帝曹操攻打张鲁的时候,走的就是斜谷,路途险阻无比,粮运完全跟不上。

曹叡问曹真的意见,曹真觉得陈群是书生之见,但又不好反驳,就重拟了一份计划,把主要进攻路线定为子午谷。

曹叡接到修正版计划,再次下发群臣讨论,陈群又提出反对意见。曹叡不置可否,把陈群的反对意见整理成书面稿,附在诏书后面发给曹真参考。曹真立功心切,已经受不了书生陈群一而再再而三的反对,索性拿着曹叡下达的诏书当作出兵的依据,果断决定出兵。

粮草、战甲、兵械陆续准备周全,带甲战士也已经整军待发,时为太和四年(230年)的七月。曹叡在洛阳亲自召开誓师大会,为将士们送行。曹真表示,不破蜀汉誓不还。

曹真抵达长安,展开部署:

名将夏侯渊的将门虎子偏将军夏侯霸担任前锋,率军先行;

后将军费曜留守后方;

其余再抽两支分队,一路仍走斜谷,一路进攻武都,以牵制蜀汉机动兵力;

自己则亲率主力部队,由子午谷南下,与各路军马会师于蜀汉汉中郡的首府南郑县!

司马懿方面,也已经接到曹叡的旨意,要求他率领本部荆州兵团沿汉水而上,从上庸的西城开始,到南郑与曹真会师。

司马懿接到命令,不知为何突然想到了曹休。这注定又是一场不可能胜利的战役。看来,在大司马这个位置上的人,都会阴差阳错头脑混乱啊。大司马这个位置,该不会是专门给我姓司马的留的吧?

司马懿摇头苦笑,整点军马出发。好歹,这也算是我司马懿与诸葛亮的第一次正面对敌。

高手过招：
不动声色，亦步亦趋

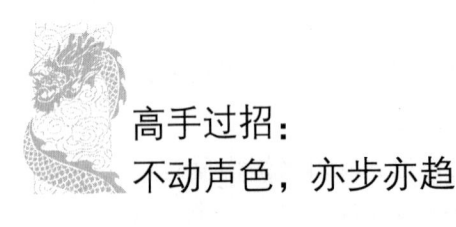

曹真的伐蜀计划是今年刚提出来的，然而针对曹真伐蜀计划的防御体系，诸葛亮在去年就已经基本建设完毕了。鲁迅说《三国演义》"欲状诸葛之多智而近妖"，殊不知历史上的诸葛亮本就是一个军事妖人。

诸葛亮去年冬天在汉中首府南郑的东西各建了一座军事要塞：汉城和乐城。这样一来，一旦有敌人从各路入蜀，汉中郡整体便已形成犄角之势的弯月形防御体系。

死守，从来不是诸葛亮的军事哲学。即便战略上的防守，也必须辅之以战术上的进攻。曹真出兵汉中，后防必然空虚。诸葛亮决定派一支奇兵从新夺取的阴平出发，绕到敌军的大后方去。

但是，诸葛亮手头的兵力有限，连防御都很困难，再分散兵力去进攻，实在没有把握。上哪里去弄兵呢？诸葛亮思来想去，把眼光瞄向了江州的李严。

李严以刘璋旧部的身份投在刘备手下，深得器重，与诸葛亮同为白帝托孤的两大重臣。他手头握有蜀汉近三分之一的军队，驻扎江州。蜀汉东部地区，李严呼风唤雨、只手遮天。

但是李严也很苦恼，他认为自己已经被中央边缘化了。当初自己与诸葛亮同为托孤重臣，如今诸葛亮是蜀汉军政无可动摇的一把手，而自己却蜗居江州一隅，相形之下怎不令人愤懑？李严咬定了诸葛亮任人唯亲、排斥异己，但是没有办法。谁叫人家是刘备的嫡系荆州集团的带头大哥呢？

李严也动过脑筋，要扩大东州集团的势力，为自己的小弟们谋福利。所以前不久，他就试图拉东三郡的孟达归国以壮大本集团的政治军事力量。可惜，孟达这个家伙败事有余，居然被司马懿给打掉了，李严十分郁闷。为今之计，只有牢牢巴在自己这一方小小的山头，努力自保才是上策。

就在这个时候，诸葛亮突然派人前来，说曹真分兵多路准备伐蜀，请求李严亲自带兵北上协助防御。

李严当然不愿意。我李严在江州，要风得风要雨得雨，离开江州可就什么都不是了。谁能保证你诸葛亮不是为了铲除异己，所以使出这调虎离山之计？前一段时间，诸葛亮北伐，就打算调动李严北上镇守汉中，李严就以要割四川东部五个州建立巴州归自己统辖为交换条件，这近乎明目张胆提出要在蜀汉政权内部实行军阀割据，被诸葛亮严词拒绝。

这一次，李严再次拒绝。他回信给诸葛亮旁敲侧击："听说曹魏的司马懿啊什么的，都已经开府了呀……"

开府，指某一级官员成立府署，自选下属和吏员。蜀汉至今只有诸葛亮一人开府，现在李严等于在向诸葛亮索要独立的人事任免权，以与诸葛亮分庭抗礼。

诸葛亮何许人也，怎能不明白李严打的这点小算盘？诸葛亮略一沉吟，计划就诞生了。诸葛亮是下棋的绝顶高手，一步棋顶常人七八步，没有一步废招。诸葛亮不仅要抵御魏军的进犯，还要利用这次机会除去内部的割据势力。

诸葛亮立马向李严开出两项诱人的条件：

一是骠骑将军。骠骑将军是军衔中仅次于大将军的一级，而蜀汉至今没有设大将军，所以等于李严是蜀汉最高将领。

二是让李严的儿子李丰担任江州督军，在李严外出期间总督江州的一切事务。也就是说，诸葛亮向李严承诺，我只是调你的军队一用，江州仍然姓李，仍然是你的势力范围！

诸葛亮唯独不给李严开府的权力。孔子曰："唯名与器，不可假人。"诸葛亮怎会不明白其中的道理？

李严心满意足了。平白无故得了骠骑将军这样的高位，后方又有儿子管着，还有什么不可放心的？李严立即率领两万江州兵，北上汉中，与诸葛亮会合。

诸葛亮得到李严的支援，手头可调遣的兵力就富裕了。他做出部署：镇北将军魏延、讨逆将军吴懿，率领一支偏师，从阴平深入曹魏的南安郡，偷袭曹魏后方。诸葛亮自己亲率主力部队，列阵于南郑东北的成固、赤坂，坐等曹真到来。

成固、赤坂背靠沔水，无论运兵、运粮，都可以借助水力，十分方便。而且无论出子午谷的曹真，还是从西城而来的司马懿，要想抵达南郑，都必须先经过成固、赤坂，因此这就是诸葛亮布置的第一道具有攻击性的防线。

即便突破了头道防线，后面还有以汉城、乐城为左右两翼的南郑县，防守体系不可谓不严密。

蜀汉建立了完备的防御体系，以逸待劳坐等曹魏数路大军翻山越岭而来。老天也来凑热闹，淅淅沥沥下起了秋雨，为这场即将开始的大战擂鼓助威。

司马懿拖拖拉拉从西城出发。他一面率领荆州水师溯汉水而上，一面派陆军在岸边一路披荆斩棘、翻山越岭，慢腾腾地在巴山蜀水之间挪动。表面上是"水陆并进"，实际上是水师跟着陆军，消极怠工。

司马懿对此次战役根本不看好，一见秋雨，便更加有数：曹真此去，能够全师而退便是奇功一件，遑论攻城略地、消灭蜀汉了。

从七月出发,到九月班师,司马懿的军队两个月间行军不到五百里,与他三年前八日行军一千二百里再次形成鲜明对照。

司马懿以这种实际行动,蔑视着曹真的蠢计。什么时候才能让我司马懿不受蠢人的掣肘,全权指挥军队,与诸葛亮来场一对一的决战?

《晋书·宣帝纪》上说司马懿抵达了朐忍,朐忍在巴东,与原定会合地点南郑南辕北辙,所以《宣帝纪》完全是为尊者讳。讳什么呢?当然是讳他消极怠工。

老谋深算的司马懿一路磨洋工,年轻气盛的夏侯霸却终于率先抵达了汉中。夏侯霸的父亲夏侯渊乃是曹魏名将,当年被蜀汉大将黄忠斩于阵前,葬身于汉中的定军山下。夏侯霸念及杀父之仇,分外眼红,率领先锋队一路玩命前进,终于出山谷而抵达汉中。

夏侯霸第一次在如此崎岖的山道上行军,再加上自从出师以来连绵的秋雨,路上一脚踩空跌下悬崖身亡的魏军士兵不计其数。夏侯霸报仇心切,才能排除万难行进至此,然而军队也早已经士气低下、体力耗尽,基本丧失了战斗力。

好不容易穿越出狭窄的山道后,夏侯霸面对的是一片水茫茫的天地。士兵都已经累了,对于地形又实在不熟悉,夏侯霸下令:三军将士,于山谷中扎营休整,等候命令。

夏侯霸在休整,蜀军可没有闲着。夏侯霸抵达的这个地方,前方不远就是蜀军的军事据点——兴势围。兴势围的探子发现了前方魏军的踪迹,急报守将。守将十分兴奋,立马下令出击。

蜀军就像发现了猎物的狼群一般,迅速出击。连日行军疲惫不堪的魏军士兵在睡梦中被长官喊醒,睡眼惺忪地拿起兵器,本能地去迎战蜀军。无论是体力还是精神状态,魏军都不是对手。措手不及之下,魏军被这来历不明的小股敌人杀得落花流水。

少将军夏侯霸以一排防御用的鹿角为屏障,与潮水般涌来的蜀军厮杀。他吼叫着,挥舞着武器,砍倒一个又一个扑上来的蜀军,自己也身中数创、血染征袍。夏侯霸不知道黑暗中还有多少蜀军在杀来,心中顿生一股绝望:难道这汉中郡,注定要成为我父子两代人的葬身之所吗？

在这生死存亡的关键时刻，援军终于穿越峡谷到来了。蜀军占了便宜，知趣地撤回兴势围，准备防御。夏侯霸捡了条命。

这次兴势围遭遇战，是曹真伐蜀正面战场的唯一一次战斗。

狭长的入蜀山道，把魏军的人数优势化解为零，攻势被迫停滞。曹真现在还身在险绝的子午谷中，与众将士一起徒步在湿滑的山道上。暴雨倾盆，没日没夜地下着。水汽、雾气交织成白茫茫的一片，根本无从看见前方的道路。士兵们只能摸着峭壁，用脚一点一点地试探前路，大家就像盲人一般，用最原始的触觉保证自己的生命安全。

除了滂沱的雨声，就是偶尔士兵坠入悬崖的惨叫和其他士兵的惊叫。此外便是沉默，死一般的沉默。

曹真懊悔不已。他年轻时曾经跟随曹操、夏侯渊来过汉中，但并没有觉得蜀道有多么难走。如今却只能直呼"噫吁嚱，危乎高哉"！

是蜀道变难走了，还是自己老了？

前方探子回报，前锋夏侯霸在谷口遭遇蜀军的袭击。想到这漫漫长途之后，还有以逸待劳的蜀军磨刀霍霍，曹真顿觉进退两难。他开始后悔这次草率的伐蜀行动。

曹真回首望洛阳，他现在多么希望曹叡能够收回成命，下令班师！

连续下了一个多月的大霖雨已经引起了洛阳方面的高度重视。曹魏众臣对于秋天的大霖雨有心理阴影，若干年前于禁率领的七军，就是毁灭于秋天的一场大霖雨。

一开始就反对伐蜀的陈群，借机向曹叡进谏，请求下令班师。太尉华歆、少府杨阜、重臣王朗的儿子王肃，也一起上书请求曹叡收回成命。各地上报的信息也支持着他们的劝谏：连月大雨，伊、洛、河、汉诸条大河一起泛滥了！

曹叡没有办法。最近这一个月的秋雨，使他的心情糟透了。曹叡喜好营建宫室，这一点屡屡遭到大臣进谏，也遭后代史家诟病，但是曹叡就是好这一口。然而一个多月的秋雨，建筑工程都进展缓慢甚至不得不停工。曹叡由此想到前方的战士，心里更不是个滋味。

那就班师吧。

攀缘在绝壁之上的曹真大军接到诏书，沸腾了。他们后队变前队，往回撤。尽管想到来时的漫漫长途心里就发颤，但是比起前方虎视眈眈的蜀军来，难于上青天的蜀道顿时显得没那么可怕了。

东边，整整两个月都在装模作样砍树开路的司马懿部，也得到通知，快乐地撤退了。

蜀军将士透过茫茫秋雨，遥望撤退的魏军，脸上露出了胜利的笑容。这个湿漉漉的秋天，真好。

曹真虽然无比懊丧，但心想总算这次没有折损什么兵力，称不上战败。他并不知道，蜀汉的一支奇兵，由魏延和吴懿率领，已经悄悄潜入曹魏南安郡的境内。

最早得知蜀军出现在南安郡的人，是雍州刺史郭淮。

郭淮大吃一惊：我曹魏数路大军正在全面进攻蜀汉，诸葛亮怎么还腾得出军队来偷袭我军后方？郭淮来不及搞清楚这支蜀军究竟是从哪里冒出来的，人数是多少，统军将领又是谁，他的第一反应是出兵。

郭淮并没有把握独立消灭这支蜀军，他派人向费曜求援。费曜是曹真留下驻守关中的大将。曹真留下他的用意，是防备羌胡的侵略。他接到郭淮的求援，一万个不信蜀军居然有余力而且有胆量派出奇兵直接打到曹魏本土来了。

费曜尽管将信将疑，还是带着关中兵团的留守将士，与郭淮会合。费曜与郭淮一合计，觉得必须主动出击，打掉这支蜀军。因为，一来这支偷袭部队的人数不可能太多，二来一旦让这支军队在境内久留必生祸患。

费曜和郭淮出兵了。曹魏军队主场作战，人数又占绝对优势，来者即便三头六臂，也难逃我曹魏的天罗地网！

费曜和郭淮只考虑了对手的兵，而没有考虑带兵的将，这将成为他们致命的失误。

因为率领这支蜀军的将领，是魏延。

魏延在刘备时期就已经表现活跃，如今更是蜀汉硕果仅存的百战名将、诸葛亮之下的第一打仗好手！

魏延在蜀汉，其实很憋屈。想当初，他只是刘备手下最低级别的军官。入川战役表现英勇，被刘备相中，破格提拔他担任本应由张飞担任的汉中太守。然而自先帝刘备死后，魏延的地位就不再上升了。随着老一代名将关羽、张飞、马超、黄忠、赵云，一个个战死的战死、病亡的病亡，放眼天下，魏延觉得自己再无敌手。凭着这种豪气和对军事才能的自负，魏延常常希望摆脱诸葛亮的节制，独自率领一支军队，按照自己的想法打仗。然而诸葛亮以兵少为名，不予许可，搞得魏延无比郁闷。

这次曹真伐蜀，诸葛亮居然破例给了自己一支军队。虽然人数不多，但好歹由我魏延全权指挥！魏延意气风发，决定打个漂亮仗。

蜀汉的兵种，是适合于山地作战的步兵；步兵在大平原上显然不是曹魏铁骑的对手。魏延审时度势，把决战地点选在了阳溪—南安的一个山谷之中。

费曜和郭淮，不明就里地带着铁骑进了山谷。高头大马在这地形复杂的狭小山谷之中，无论转圜还是冲杀，都十分不便。而蜀汉山地兵机动性的优势被大大强化了，再配上独门密器、骑兵杀手——十连发的诸葛弩，想打败仗都难。

费曜、郭淮惨败，魏延大获全胜。奇袭的目的已经达到，魏延悄悄地走了，正如他悄悄地来。他挥一挥战旗，留下一片血染的风采。

魏延回国之后，等待他的是久违了的鲜花和荣誉：征西大将军、假节、南郑侯。

而曹真回国之后，等待他的是众人不敢言而敢鄙视的目光。曹真羞赧难当，加上旅途劳顿，病了。到了下一年的三月，曹真病亡。

说来讽刺，自从去年撤军之后，天气立马放晴，连续六个月的艳阳高照，没有一滴雨水。直到今年曹真死后，才又开始下雨。

曹真的结局，简直是曹休的翻版。

所不同的是，曹真留下了一个儿子，来继承自己的政治遗产。

这个儿子，叫曹爽，司马懿未来最危险的对手。

负责西部防事的曹真病危，曹丕时代上位的曹魏军界的四大巨头（曹真、曹休、夏侯尚、司马懿），终于只剩司马懿一个了。

司马懿身在宛城，心早已经飞到了长安。自从破孟达之后，司马懿已经整整三年没有正经打过仗，手早就痒痒了。放眼天下，够格当我司马懿对手的，怕也只有"卧龙"诸葛亮一人了吧。

司马懿不动声色地期待着。

诸葛亮果然又来了。而且为了克服屡次困扰蜀军的粮食问题，诸葛亮此次启用了他的最新发明——木牛。

木牛究竟是什么东西，目前仍然没有定论。基本来讲，可以分为两大流派：自动机械派和推车派。

推车派认为，木牛就是独轮车或者一种四轮车，可以在狭窄的山道上行进，比较能够节省人力。然而，独轮车早在汉代就已经产生了，怎么会等到现在才发明？

裴松之的注倒是引用了制造木牛之法，但是由于专业术语过多，而且没有图样示范，我们很难复原这种神奇的运输工具。

自动机械说也绝非无稽之谈。根据《南齐书·祖冲之传》的记载，科技天才祖冲之就复原并改良了诸葛亮的木牛流马，描述是这样的："以诸葛亮有木牛流马，乃造一器，不因风水，施机自运，不劳人力。"祖冲之版的木牛，是一种自动机械。祖冲之距三国大约有两百年，他对诸葛亮木牛流马的理解想必不至于太离谱。

而且，近年来各地能工巧匠已经纷纷制造出了不靠人力、电力而能自动行走、负重数百斤的木牛流马，虽然未必是诸葛亮木牛的简单复原，起码可以说明一个问题：以诸葛亮时代的技术水平，完全有可能制造出基本不靠人力而能自动行走的新型运输工具"木牛"来。

诸葛亮这次不是孤身而来，他招诱了鲜卑族的首领轲比能，从侧翼给曹魏制造威胁。而他本人，则率领大军围困曹魏西部军事重镇祁山。

祁山的战报发到洛阳，曹叡立即下令司马懿将驻地由宛城转到长安，负责西部战区的防务。

司马懿欣然领命。他一直在默默期待着与诸葛亮的交手。因为没有对手的高手是寂寞的，而放眼天下，只有诸葛亮才是他真正的对手！

古人把有帝王之命者，喻之为"龙"。司马懿在后世被追封为晋宣帝，是为真龙。诸葛亮早年蛰伏隆中，被誉为"卧龙"，亦被同时代人赞为诸葛家族龙虎犬之"龙"。

如今，魏、蜀双龙终于首次相会于沙场之上，倾情上演三国军事史上最高水准的巅峰对决。

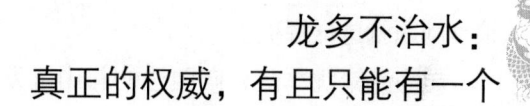

龙多不治水：
真正的权威，有且只能有一个

诸葛亮再度北伐，围困祁山。祁山守将贾嗣、魏平告急。鲜卑轲比能也率领军队在北地出没。

曹叡赶紧召集群臣，商议对策。一拨人认为，蜀汉来犯根本不用放在心上，因为他们有致命的粮食问题难以解决，要不了多久就会退兵；一拨人反对，说我国境内的上邽是产麦区，蜀军万一抢割麦子，就可以解决粮食问题了。

甚至有人创造性地提出：我们抢在蜀军之前，把上邽的生麦子都割了扔掉吧，采取这种坚壁清野的战略可以使蜀军不战而退。

这种馊主意居然堂而皇之地在曹叡面前提出，可见曹魏群臣对诸葛亮畏惧到了什么地步，对本国的国防军又没有信心到了什么地步。司马懿就在这样的内忧外患中接过了西部防区总指挥的烫手山芋。

群臣吵吵嚷嚷拿不出一个像样的主意。司马懿皱皱眉头，请求立即出发，到现场再想办法。

曹叡批准，命司马懿即刻出师，关中所有军队，包括车骑将军张郃、后将军费曜、征蜀护军戴陵、雍州刺史郭淮，统一受司马懿指挥；另外命令雁门太守牵招对付轲比能，以解除后顾之忧。

司马懿眼看着前线越来越近，也越来越愁眉不展。此次出兵仓促，来不及筹备军粮。而关中由于累年战争，也早已没有存粮了。

正在司马懿担心军粮之际，前线郭淮送来了一个好消息：粮草问题已经解除。原来，雍州境内羌胡等少数民族众多；郭淮在此坐镇十多年，恩信甚著，平时对羌胡诸族也多有优抚。如今郭淮找到羌胡的首领，请求每家出些粮食以帮助朝廷渡过难关，羌胡首领都很支持，粮食问题就这样解决了。

司马懿聚拢军队，向西边的祁山进发。大军路过郿、雍二城，张郃提出建议：郿、雍二城正对着褒斜道的出口，万一诸葛亮又玩声东击西，派一支奇兵从这里杀出来，可如何是好？请留一支军队在这里镇守。

张郃是曹操时代的名将，对蜀作战的老手，在军中威信甚高，街亭之战更是一举奠定了他在西部军区的地位。司马懿很清楚自己不能把张郃当普通的下属看待，而且要慎重对待他的意见。但是，面对诸葛亮这样强大的对手，司马懿实在没有把握在分兵把守后方的情况下仍能稳操胜券。

司马懿略一沉思，恭敬地回答张郃："如果分兵之后仍能打败诸葛亮，那将军您的建议无疑是正确的；如果分兵之后不能抵挡诸葛亮，那么前军就会覆灭。前军一旦覆灭，留守郿、雍的后防军也只能完蛋。这就是楚分三军而被黥布各个击破的原因。"

张郃对司马懿搬出的前朝典故不能反驳，但他始终有点轻视这位新任上司。毕竟曹真乃是科班出身的百战名将，而司马懿却是半道出家，自曹叡即位以来才第一次领兵打仗。张郃觉得司马懿不过是个纸上谈兵的秀才。

司马懿抵达前线，留费曜、戴陵和四千精兵，配合郭淮的雍州兵把守产麦区上邽，自己率主力部队前来救援祁山。

诸葛亮围攻祁山只是做个样子，其实自从上次陈仓之战后他就已经基本放弃攻城战术了。诸葛亮考虑到自己的长处在于野战，想要采取围点打援的打法。

诸葛亮边围攻祁山，边考虑粮食问题。虽说此次动用了木牛，而且汉中有李严坐镇负责督运粮草，但毕竟山路艰难，还是要考虑就食于敌以减轻后勤方面的负担啊。

熟悉地理的诸葛亮把眼睛盯向了祁山东北的产麦区上邽。麦子快熟了吧？感谢你们曹魏的农民为我们种植粮食，收割就不劳烦你们了，还是我们来吧。

诸葛亮留下一支小部队继续围攻祁山，自己率领主力部队往东北的上邽来觅食。

司马懿自东往西，诸葛亮自西往东。两支大部队居然擦肩而过！

司马懿的确没有发现诸葛亮的踪迹，因为诸葛亮是躲开了他走的。你先往祁山去吧，我到上邽割完麦子就回来找你。诸葛亮的军队迅速来到上邽。

上邽的守将费曜、戴陵联合郭淮率军杀出，来打诸葛亮。诸葛亮调兵遣将，轻轻松松就把费曜的四千军队解决掉了。你们这些小卒子还不够格做我对手，叫司马懿来吧。

军队开进上邽，满眼金灿灿的麦田散发着成熟的气息和诱人的香味。诸葛亮笑眯眯地下令：儿郎们，现在开始，割麦竞赛！

蜀汉的士兵个个是屯田的好手，横扫麦田如卷席。只见金黄色不断退却，黑色逐渐呈现，蜀汉士兵迅速蚕食着大片的麦田。

早有上邽的败军跑去报告司马懿，司马懿立即回师，气喘吁吁赶回上邽观察情况。诸葛亮的军队正在上邽割麦，将领们眼睁睁看着自己的军粮被蜀军如此抢夺，十分恼火，纷纷请战。

司马懿很冷静。他清楚，诸葛亮从祁山来上邽的路上避开自己，乃是疲敌之计。蜀军在上邽休整、割麦，以逸待劳；而我司马懿却白白在上邽和祁山之间跑了一个来回，疲于奔命。以疲军对逸军，必败无疑。

司马懿下令：三军将士前往上邽东面的山下安营扎寨，进行休整！

诸葛亮正在优哉游哉等待司马懿跑回来，好将他一举击破，然后再心无旁骛地割麦。但是司马懿虽然回来了，却并不主动进攻，而是跑到上邽东边的山险之地据守！

诸葛亮有点儿意外。好，你不打我，那我就来打你吧。

诸葛亮带了军队出来，观察了一下司马懿扎营的位置。好一个易守难攻的所在！好一座虎踞龙盘的大营！

诸葛亮对拿下这座营盘并没有十足的把握，便派出士兵叫骂请战。

司马懿稳稳坐在营盘之中，享受地听着外面蜀军的叫骂。他巴不得蜀军骂得再凶狠些，再刻薄些。诸葛亮啊，你就只能使出这样下三烂的手段来挑衅我么？司马懿十分清楚，敌人愤怒的时候，就是自己占先手的时候。司马懿饶有兴致地远远观察着愤怒而无奈的蜀军骂得喉咙冒烟，心里暗喜不已。

你求战不得，该重新回去割麦了吧？

司马懿叫来部将牛金：你带一队轻骑兵，骚扰割麦的蜀军。他们一旦割麦，你就侵袭；他们不割了，你就跑得远远的。牛金领命而去。

司马懿送走牛金，笑着望向上邽方向：诸葛亮，你让我在祁山上邽之间白跑了个来回，占了先机；如今我在此山骚扰你割麦，先机看来已经转移到我这边了吧。

诸葛亮被牛金的轻骑兵搞得不胜其烦。

蜀军以步兵为主，虽然兵力众多，但是一旦分散到麦田各处，就很难对付驰骋纵横、机动性极强的轻骑兵。诸葛亮看看，麦子已经收割了一部分，剩下的要想在魏军轻骑兵的侵扰之下收割完毕，看来已经不大现实。好，那就先带着这些麦子走人吧。

诸葛亮军载着麦子往回撤，打算继续围攻祁山。司马懿一看，诸葛亮要拍屁股走人。好啊，你走我就跟着你。司马懿下令，三军将士拔营起寨，远远跟着蜀军。先头部队要与蜀军保持一定的距离，不即不离。

张郃对于这种打法实在看不懂。我张郃打了大半辈子仗了，要么坚守，要么突袭，这样跟着敌军算怎么回事？张郃看不过去，站出来吐露广大将官的心声:"蜀军远道而来,我们采取坚守的办法是正确的。眼下,我觉得应该继续坚守,同时派出奇兵侵扰他们的殿后军。祁山的守军知道我们大军就在附近,也自然就有了斗志和信心了。像你这样,打又不打,都又要跟着,还不敢跟太近,算怎么回事?"

司马懿对张郃有点儿看不惯了,不采纳他的意见,继续远远地跟着。

诸葛亮从来不怕敌人追击,但还真从来没有被敌人跟踪过。这个滋味太难受了,殿后的军队始终保持高度的警惕,不知道魏军什么时候就会发动突然袭击。诸葛亮觉得不能老让司马懿这么跟着,下令三军就地驻扎,准备与司马懿交战。

司马懿跟着跟着,发现蜀军停下不走了,从容下令:三军将士,就地驻扎,不得我令严禁出战!司马懿把军队摆好阵势,设下伏兵,并派出牛金的轻骑兵,再次去挑逗诸葛亮。

诸葛亮面对牛金轻骑兵的挑逗,不为所动。这样一支小部队,居然如此有恃无恐,后面必有伏兵。这支轻骑兵,不过是诱饵罢了,渔夫司马懿在后面奸笑着呢。

诸葛亮没有办法,继续拔寨起营。如今诸葛亮的部队处在司马懿援军和祁山守军之间,很容易受到内外夹击。诸葛亮沉思片刻,索性下令祁山的军队撤围,两军兵合一处,撤往卤城。

表面看来,司马懿是畏惧我诸葛亮,所以只好跟在后面亦步亦趋,其实他哪里是"跟",而是在"逼"!我若欲进,他就依山傍水而据守,不让我进半步;我进无可进,只好后撤,他就一路寻踪蹑迹,步步紧逼。我若停下,他再据守险要。如此下去,过于被动,迟早要被他赶出魏境。而且一旦被他觑出什么破绽,加以致命打击,则我军休矣!

所以,诸葛亮打算找个城池作为据点扎稳阵脚,然后再寻战机与司马懿决战。卤城易守难攻,是眼下最好的选择。诸葛亮在卤城设置了南北二围,自己屯在北围,派大将王平率领蜀汉精锐部队"无当军"屯驻南围,以成掎角之势。无当军是诸葛亮破南蛮后选拔蛮族精勇，组建而成的蜀汉最精锐的特种部队，取"无人能当"之意，起名"无当"。这支部队尤其擅长山地作战，翻山越岭如履平地，因此又称"飞军"。

司马懿得知诸葛亮全军撤入卤城，便与祁山守军兵合一处，继续实施紧逼战术。他把大军开到卤城附近，找了处险要山头，登山掘营，屯驻起来。来吧，咱们继续耗着，看谁耗得过谁！

然而部下不答应。自从张郃两次提反对意见之后，其他将领看司马懿的眼神也怪怪的。尤其是祁山的两个守将贾嗣、魏平，由于没有得到司马懿的及时救援，连日苦战，十分恼火。一打听才知道，司马懿一路跟踪诸葛亮，打又不打，退又不退，才延误了救援的时间。贾嗣、魏平异常恼火，如今见司马懿占据着兵力上的绝对优势而不出击，更是冷嘲热讽："大帅您畏蜀如虎，也不怕天下人笑话！"司马懿轻蔑地看了看这两个无名小将，刚想呵斥，一眼就瞥见了坐在他们身后的张郃，正捻着胡须笑吟吟地看着自己。

我何尝不想与诸葛亮决一死战？然而打仗要想赢，必须首先立于不败之地。诸葛亮的软肋在于粮草，只要挨过这个月，诸葛亮自然不战而退。反观诸葛亮，粮草吃紧才渴望一战。既然如此，何必舍我之长而就敌所愿呢？

彪悍的军事家不需要解释。司马懿挥挥手：继续坚守。

一个多月过去了。司马懿算计着诸葛亮携带的军粮和从上邽收割的那点儿麦子也该吃完了，怎么还没有退军的迹象？

司马懿不知道诸葛亮已经启用了新发明"木牛"。

军中的风言风语越来越多，说什么司马大帅就是个缩头乌龟，要是早从了张将军之言就打赢了，也有的翻出司马懿发迹的老账来，说司马懿是靠跟着曹丕起家的，打仗本来就是外行……

这些话司马懿并非没有耳闻，但他只能装聋作哑。时间拖得越久，本来应该对诸葛亮越不利，如今却反而令我军军心不稳了。请战的将士越来越多，开始还是诚心请战，后来都是以请战为儿戏，一旦遭到拒绝，军中就一阵窃笑。

司马懿想定了，你们想出战就出战吧。如果打胜了，那是我主帅指挥有方；如果打败了，那是我主帅有先见之明。两全其美，何乐不为？

这天，又有将士照例请战。司马懿说：好哇，那就打吧。

全军诧异。司马懿欣赏着请战者的惊讶表情，笑眯眯地说：张郃将军是对蜀作战的名将，那你就带领军队围攻卤城的南围吧。听说南围的守将，可是上次街亭之战时让你吃过苦头的王平，这次希望将军能马到成功吧！

张郃瞥了司马懿一眼，领命而去。

司马懿目送这个刺儿头离开，心里舒了口气，接着下令：其余将士，随我前往包围诸葛亮的北围，务必全歼蜀军，生擒诸葛亮！

诸葛亮非常焦急，他遇上了一个难缠的对手。

虽然自从这次围困祁山以来，表面看来自己处处占据上风而司马懿始终被压着打，实际上诸葛亮心里十分清楚，究竟是谁把蜀军一步步逼到卤城，眼看连卤城都待不下去了。

难怪孟达二十四天就败在你的手上，司马仲达果然不是寻常人物。

时间已经进入了五月。自从连续半年的大旱之后，从三月开始又连续降雨。淫雨霏霏，让人心烦意乱。诸葛亮想着这连绵细雨会给负责押运粮草的后勤部队造成极大的麻烦，不禁心急如焚。

司马懿坚守不出，再这样下去估计此次出师又得无功而返了。

探马突然报来好消息：司马懿全军出击，杀奔我北围而来！

哦？诸葛亮两眼放光，下令：王平务必死守南围！魏延、高翔、吴班诸将，随我出击！

张郃在南围碰上了难啃的硬骨头。王平军虽然人数不多，但是个个精勇，再加上王平不慌不忙、指挥得当，要想攻克南围绝非易事！张郃虽然久经沙场，竟拿王平没有办法。他不禁抱怨起主帅司马懿来，倘若早听我的意见把守上邽，哪至于如此被动？

魏延兴奋莫名。他觉得自己最近走运了，前次大破费曜、郭淮，向世人证明了我魏延宝刀未老，这次又有这样的机会与魏军厮杀！魏延尽情地搏杀，纵横穿插于魏军之中，与高翔、吴班军一起，把魏军杀得落花流水。

魏军人多，蜀军人少，从兵力对比来看魏军占优；魏军多骑兵，蜀军多步兵，从兵种相克来讲魏军占优。

然而战斗不是简单的书面比较，战斗就是战斗。

蜀军大获全胜，司马懿军和张郃军分别撤退。蜀汉的战果是甲首三千级，玄铠五千领，角弩三千一百张。玄铠是一种重型铠甲，角弩是远程射击武器，至于甲首则颇有点儿疑问，有说是三千士兵的首级，有说是三千低级军官，也有说是一种防具。

总而言之没有疑问的是，这是蜀军北伐以来斩获最大的一次。

司马懿退回大营，沉痛总结了教训：本次轻敌冒进，本帅有不可推卸的责任；当然也有个别将领，不服从军令，挑动军内情绪，造成恶果！从今往后，再轻言出战者，军法无情！

果然，没人再敢请战了。虽然损失了数千军队，但是对于家大业大的魏军来讲根本就不算什么。而且通过这次失败，司马懿在军中的威望得到了提升。

失败，有时候就是一种成功。

司马懿看着帐外连绵的雨，心想：蜀军就算有通天之能，也难以在这种天气之下源源不断向前线运粮了吧？估计诸葛亮不日就将撤退。

汉中，也有一个人在同样看雨。他就是李严。

李严去年为了骠骑将军的头衔而赶赴汉中，如今早已经悔青了肠子。我李严在江州的时候，呼风唤雨，只手遮天。现在在汉中，诸葛亮完全压我一头，我除了给他搞搞后勤，处理文书之外，别无他用，简直成了他的后勤总管和私人秘书！原本李严的想法是，江州既然有儿子打点，一旦在汉中不如意，可以随时回去。现在看来，简直是做梦。到了汉中，岂是我说走就走的？当前军国多事，我李严要是一走了之，岂非授人把柄、落人口实？

当下，汉中的存粮已经尽数运往前线，而成都的粮食一下子又运不上来。李严也是无比焦急，他头脑混乱之下想出馊主意：派出部下向诸葛亮假传皇上的口谕，称粮运不继，速速班师。

诸葛亮在前线接到消息，心如死灰。又是粮食！不过诸葛亮也清楚，即便再多出一个月的粮食，也难以在司马懿手上讨到什么便宜。那就撤军吧。

绵绵淫雨中，蜀军缓缓撤军，留下一行落寞的背影。

蜀军撤退，司马懿终于舒了口气。

跟诸葛亮打仗，实在不轻松，压力太大了。我司马懿何尝不想像当年擒杀孟达一样，以雷霆之势，电光火石般速战速决？非不为也，是不能也。碰上诸葛亮这样的对手，除了黏着打，还能有什么办法？表面看来，我与诸葛亮不过是两相对峙，其实其中斗智斗勇、凶险百倍，互相消弭对方的杀招于无形之中，不为外人所知、庸人所见罢了。

司马懿看了看张郃，突然萌生了一个大胆的想法。他对张郃说：我听闻将军骁勇善战，蜀军上下无不敬畏；如今诸葛亮逃窜，正好乘胜追击。将军可率一军，前往追之。

张郃一听，一万个不情愿："军法，围城必开出路，归兵勿追。"（《三国志·张郃传》注引《魏略》）

司马懿板起脸来：张将军，军令如山。

张郃没有办法，只好点起军队追杀。

张郃军一路追杀，进入狭窄的木门道。他突然看到，两边山崖绝壁之上密密麻麻满布蜀军，个个手持连弩，向道上瞄准。张郃大叫不妙，赶紧指挥军队撤退。十连发的连弩"嗖嗖"直射，飞蝗般的铁弩箭铺天盖地而来，魏军哪里来得及撤出？个个人仰马翻。

左右的亲卫队拼死把张郃救出来时，才发现张郃的右膝深深地扎着一支铁箭，鲜血汩汩外流，止都止不住。回去不久，这位年过六旬的百战名将，便伤重身亡。

龙多不治水，人多不管事。真正的权威，有且只能有一个。尽管从官衔和权力上看，司马懿已经是西部军区至高无上的权威，但论对蜀作战的经验与战绩，张郃的威望恐怕就要高那么一点点了。

张郃这样的老将，适合独当一面，但绝不适合屈居人下。独当一面时，张郃可以是令敌军闻风丧胆的百战将星；屈居人下时，张郃只能是倚老卖老、令人生厌的钉子户。

不除掉这个老钉子户，我司马懿如何能够成为西部军区说一不二的真正权威？

这位曹操时代的元老名将，现在正静静地躺着。司马懿望着张郃的尸体，面露沉痛之色，心中却默默念叨：张将军，你的时代早就该落幕了。你就好生安息吧。

夏侯尚、曹真、曹休、张郃，一代名将相继死去。再也无人能动摇司马懿的军事地位，而诸葛亮与司马懿的最后一次对决，也将到来。

05 龙战于野（下）：抱持"告成归老"之心态

任何小疏漏，
在较量中都可能成为致命要害

诸葛亮解决了张郃，指挥大军继续回撤。

连月阴雨，士兵疲惫不堪，早无战意。这次北伐，既在卤城大有斩获，又在木门道收拾了魏国名将张郃，士兵们十分高兴，哼着小曲儿盼着能够早日回家老婆孩子热炕头。

热闹是他们的，诸葛亮什么也没有。

这位丞相，脑子里装着整个蜀汉。他在计较这次出祁山的得失，两次围困祁山、一次包围陈仓，都无功而返，看来我军优势在野战而不在攻城，下次北伐当有所改变；粮食问题始终是我军命门，必须想个一劳永逸之法彻底解决；李严在汉中、李丰在江州，分兵过多，必须设法调出他们的兵力……

一边是欢欣鼓舞的单纯的士兵们，一边是运思不辍的低沉的诸葛丞相，蜀汉军队渐去渐远。

目送蜀汉大军离去，军师杜袭、督军薛悌提出："明年麦熟，诸葛亮必然再来犯边。陇右已经无谷，应该趁着冬天多运一些过来作为预备。"

司马懿呵呵一笑："诸葛亮两次攻打祁山，一次围困陈仓，都受挫而还，想必已经吃尽了围城之苦吧。我估计他下次再打，肯定不敢攻城，只敢野战了；肯定从陇东出兵，而不是从陇西出兵了。况且他每次粮食都不够吃，这次回去肯定要广积粮，我估计三年之内，他不敢再出兵。"

众将将信将疑，司马懿也不多做解释。

诸葛亮的确是天才，但他做事过于四平八稳，对付诸葛亮，只需要以常人的思维去揣度他就可以了。你们正是因为把他当作鬼神莫测的天才，才一败再败；我偏认为他不过是比凡人多些谨慎与缜密而已，那么诸葛亮就不难对付了。

诸葛亮带兵回到汉中，李严一脸惊讶："粮食还多的是，你怎么就回来了？"

诸葛亮看着李严，看了很久，看得李严一张老脸青一阵紫一阵。诸葛亮看完后，没有说话，借口行军劳累，回府去了。

诸葛亮回府，立马调来亲信，一拨人去成都调看李严对于此次退军作何解释的相关文书；一拨人去搜集李严派人来祁山军中称兵粮不足的证据；一拨人去请魏延、吴懿、吴班、邓芝、高翔、费祎等重臣来议事。

三拨人很快完成任务回来了。李严对成都方面的解释是："诸葛亮是假装撤退，以诱敌深入然后歼之。"

诸葛亮启动司法程序。首先将李严前后三次不同的文书摆在一起，指摘其矛盾之处，请李严解释，李严不能解释；其次将李严自受命托孤以来的种种劣迹一起摆出，请李严自我辩护，李严无法辩护；最后与二十多位高级官员，联名弹劾李严。

李严被免除一切职务，废为平民，迁徙到边境。李严的儿子李丰也从江州督的位置上下来，担任一些低级职务。

诸葛亮给李丰写了封信，勉励他不要因父亲的事情而有什么思想负担，要继续努力工作、报效祖国。

蜀汉政权内部的集团之争，至此归于一统。

蜀汉集团的斗争，有这样几个优点：一，都是从司法渠道来解决，而几乎没有兵变、政变。二，在刘备、诸葛亮在世时，从来不搞株连。相比起魏、吴动不动的剜眼珠、剥面皮、满门抄斩、夷灭三族来，是相当人性化的。

张郃和李严，魏、蜀两国宰相级人物的眼中钉，就这样以殊途同归的方式从历史上抹去了。

司马懿和诸葛亮没有了旁人的掣肘，便更加施展起全身解数来各显神通，为下一次的对决做紧张的筹备。

有一个很久没有出场的人物，抱着试试看的心态写了一封上书，派人转交到曹叡的手上。

上书的大体内容是说，自从曹丕即位以来，我们这些曹家的王爷们虽然名义上是诸侯王，实际上形同囚徒，长年被软禁，受着监视者的欺凌。如今盛世昌明，希望陛下能够解禁。

这封上书写得文采飞扬、请辞恳切，深深打动了曹叡。

曹叡对于文学也深有造诣，看了这份上书才终于领教了究竟什么叫作文章千古事。

曹叡这个月刚刚喜得贵子，心情很好，于是下诏：当年对诸侯王监控得的确严密了一些，但那也是形势所迫；没想到一来矫枉过正，二来下级官吏没领会政策的精神，所以搞得各位曹家叔伯兄弟很不自由。朕已经命令有关部门，遵照王爷您的意思，解除不必要的监视。

这个人接到曹叡的诏书，老泪纵横。心底埋藏已久快要冷却的热情，重新熊熊燃烧起来。十一年了！整整十一年了！我身居王位，形同囚徒，不敢指点江山激扬文字，不敢呼朋引类放歌纵酒！我本无意太子之位，只想捐躯赴国难、扬声沙漠垂，却不想同根所生、相煎太急！眼看白日西南驰，光景不可攀，屡屡中夜起长叹，以为此生将空老封地，没想到我侄儿果然一代明主，拔剑削罗网，使我得飞飞！

此君，正是汉末三国第一才子，当今天子曹叡的叔父，位居东阿王的曹植，今年刚刚年届不惑。

曹植最近十多年屡迁封地，蜷缩一隅静静旁观着曹魏帝国的成败得失。

在曹丕的眼里，曹魏已经没有什么致命的漏洞，但是知屋漏者在宇下、察政缺者在朝野，具有敏锐政治洞察力的曹植把一切看得清清楚楚。尤其是夏侯尚、曹真、曹休相继死后，他更是洞若观火。

他深深地明白，有一个漏洞，如果曹叡不及早打补丁的话，那恐怕曹魏帝国的千里之堤，将溃于此穴。

曹植知道，身为曹魏的诸侯王是不能随便议政的。这是曹丕定下的规矩，但曹植不清楚这位被人誉为秦始皇、汉武帝的皇帝侄子，是不是会继续厉行父亲的政策。曹植何等高超的政治智慧，决心先下第一步棋，请求为诸侯王宽禁。

曹叡居然同意了。

曹植这才上正餐。他饱蘸浓墨，奋笔疾书。写着写着，他仿佛又回到了那个风华正茂的英雄时代，那个由自己唱主角的建安年代。

曹植试图以自己的一管枯笔、满腹经纶和绝世才华，来挽救曹魏的万里江山。

曹植的政治才能，一向为他诗人的光环所掩盖。

曹植在太和初年给曹叡写过一篇《求自试表》，充分体现了作为一个文人报国无门的憋屈境况，文章的确写得好。但是，若论起最能体现曹植政治预见性和历史智识的文章，则非这篇《陈审举表》莫属。

本文洋洋洒洒近两千字，《资治通鉴》节录了其中一部分。司马光的眼光的确高明，节录的四百余字正是全文的精华所在。在此，我把《资治通鉴》的节录全部引用，逐段评议，以一睹三国第一才子的绝世才华与文韬武略：

昔汉文发代，疑朝有变，宋昌曰："内有朱虚、东牟之亲，外有齐、楚、淮南、琅邪，此则磐石之宗，愿王勿疑。"

评：西汉吕后之乱结束后，众臣迎接代王刘恒（后来的汉文帝）即位。刘恒犹豫，怕朝中局势混乱，自己遇害。宋昌说："朝中有朱虚侯、东牟侯，外面有齐王、楚王、淮南王、琅邪王，都是你刘家的兄弟，有如磐石般可靠，请不要犹豫。"文章引刘恒的典故，告诉曹叡：谁才是曹魏的"磐石之宗"？不是姓司马的，而是姓曹的。落笔振聋发聩。

臣伏惟陛下远览姬文二虢之援，中虑周成召毕之辅，下存宋昌磐石之固。

评：详说了刘恒的例子后，又略写了周文王靠兄弟成事、周成王靠叔叔辅政两个例子，告诉曹叡：你父亲的兄弟、你的叔叔，才是足以辅政的良臣。

臣闻羊质虎皮，见草则悦，见豺则战，忘其皮之虎也。今置将不良，有似于此。

评："置将不良"四字，充分点出当前曹魏的最大隐患。夏侯尚、曹休、曹真、张郃都已经死了，这个"不良"之"将"指谁，不问可知。

故语曰："患为之者不知，知之者不得为也。"

评：当局者迷，旁观者清。你叔叔我，正是"不得为"的"知之者"啊！

昔管、蔡放诛，周、召作弼；叔鱼陷刑，叔向赞国。三监之衅，臣自当之；二南之辅，求必不远。华宗贵族藩王之中，必有应斯举者。

评：兄弟当中，当然也有好有坏。同为兄弟，管、蔡就坏，周公、召公就好；叔鱼就坏，叔向就好。而且管、蔡还不是靠周公、召公灭的？您如果能选求周公、召公这样的辅政之臣，则曹家这么多诸侯王中肯定能有胜任之人。

夫能使天下倾耳注目者，当权者是也。故谋能移主，威能慑下。豪右执政，不在亲戚，权之所在，虽疏必重，势之所去，虽亲必轻。盖取齐者田族，非吕宗也；分晋者赵、魏，非姬姓也。惟陛下察之。

评：篡齐国的，不是齐王的亲戚，而是姓田的；分晋国的，不是晋公的亲戚，而是赵、魏。言下之意，将来篡夺我曹魏江山的，也一定不是姓曹的人。"惟陛下察之"，察什么呢？察那些执政的"豪右"，也就是某些当权的世家。

苟吉专其位，凶离其患者，异姓之臣也。欲国之安，祈家之贵，存共其荣，殁同其祸者，公族之臣也。今反公族疏而异姓亲，臣窃惑焉。今臣与陛下践冰履炭，登山浮涧，寒温燥湿，高下共之，岂得离陛下哉！不胜愤懑，拜表陈情。若有不合，乞且藏之书府，不便灭弃，臣死之后，事或可思。若有毫厘少挂圣意者，乞出之朝堂，使夫博古之士，纠臣表之不合义者，如是则臣愿足矣。

评：最后一段，表明了曹植对自己这封上疏的充分自信——您要是觉得我说的没有道理，那请不要随便把这封上疏扔掉，而应该把他收藏在皇家档案馆里。等我死之后，或许会发生某些事情；到时候您再打开档案馆，看看我这封上疏，也许会受到一些启发。

何等犀利的一封上疏！

曹植的这封上疏，矛头明显指向当前身为曹魏最高级将领和主要执政者的司马懿。而即便司马懿本人，或许现在还并没有任何意向要对曹魏政权不利。由此，则曹植的预言更显精准得令人感到神奇。

如果曹叡充分重视这封上疏，司马懿这么多年隐忍蛰伏、苦心经营的基业将全部被这薄薄的几页纸所葬送，而历史也肯定要改写。

如果说曹植的《求自试表》还只是自吹自擂、毛遂自荐，希望为皇上所用，那么这封上疏虽然也不无私心，但基调是为曹魏政权的公益着想，为当权的曹叡敲响警钟。

曹叡似乎并没有把叔叔饱含深意的这二次上疏放在心上。他随便地回了一封诏书，轻巧地夸了叔叔几句。

虽然没有发生实际的效果，曹植的这封上疏，却在曹叡心中留下了阴影。所谓三人成虎，一旦再有对司马懿不利的言论，这个阴影就会急剧扩大，直至危及司马懿的地位。所以，曹植这封上疏，将会在八年后让曹叡做出一个出乎所有人意料的决定，把司马懿拉下权力的舞台。

现在的曹植对此还一无所知。他收到侄子的回信，急不可待地拆开来看，看完大失所望。从此曹植一蹶不振，除了一些应酬文章外，没有再写出过什么有分量的作品。到了下一年，曹植一病不起，郁郁而终。

这时候，新的才子们已经成长起来了。他们嗑药，搞天体运动，玩行为艺术，不是曹植这一代老才子所能够欣赏和理解的。

建安风骨，终成绝响！

曹植的两次上疏，司马懿并不知晓。他正在加紧准备，迎接诸葛亮的下一次挑战。

司马懿首先上书曹叡，请求把冀州的农夫迁徙一批来上邽，促进这产麦大区的生产，得到批准。

司马懿又在京兆、天水、南安设立"监冶谒者"。监冶谒者是掌管金属冶炼的专官，司马懿在这三地大兴冶炼业，为锻造兵器准备了充足的原材料。

除此之外，司马懿又花了一年的时间兴修了两项大型的水利工程。一项是成国渠，一项是临晋陂。

成国渠，是汉武帝时期修建的。从郿城引渭水至皇家的上林苑，其泽被关中平原已经数百年。成国渠从西汉流到现在，有些水道已经不通。司马懿派出工程人员，疏浚成国渠。除此之外，还在成国渠的西面继续扩建，从陈仓到槐里开辟出一条新渠与成国渠相接，在汉朝成国渠的基础上，向西延伸了近一百里地，功莫大焉。

除了修复扩建旧的成国渠外，司马懿还主持修建了新的临晋陂。成国渠引的是渭水，临晋陂用的是洛水。"陂"是一种蓄水灌溉工程，即在洛水边人为地挖开大池塘，引洛水的水浇灌岸边的土，使之肥沃而能够种植粮食。同时，陂有水门，涝时关门、旱时开门，可以蓄水防洪。临晋陂的兴建，使得数千顷盐碱地变成了良田，又是一桩造福关中百姓的大好事。

成国渠和临晋陂的兴建，使得关中平原的产粮能力大幅提升。

司马懿站在临晋陂前望着万亩方塘，心情舒畅之极。

诸葛亮，你尽管放马过来吧。我司马懿背靠这富饶的关中平原，足以将你耗尽熬死。

诸葛亮也没有闲着。解决完李严后，他把江州的部队调防汉中，充实北伐兵力。还在沔水附近选了一处依山傍水的所在，修建了一个黄沙屯。在黄沙屯，诸葛亮劝农休士，很做了一些发展生产的工作。

他派民工增筑了汉朝萧何修建的山河堰，在丘陵地区修造蓄水量小的陂地，在平川地带修造蓄水量大的陂塘；陂塘可以灌溉年产一稻一麦的两季田，陂地则灌溉年产一季稻谷的一季田。一季田又叫作冬水田，是丘陵地带的典型稻田。汉中种植冬水田的传统，正是从诸葛亮这次北伐开始的。

诸葛亮派能工巧匠生产了大批的木牛流马，以备运粮之用。此外，他请来一位兵器专家蒲元，为军队打造刀具。

蒲元是蜀汉的炼刀名家，性格古怪但手艺出神入化。他绝不轻易炼刀，一旦炼出刀具便没有一把次品，号称"神刀"。

有一次，蒲元在军营炼刀，炼到"白亮"的程度时，派助手去成都取蜀水。助手偷懒，说：汉中不是有汉水嘛，何必舍近求远？

蒲元一本正经地说："汉水纯弱，不任淬；蜀水爽烈，适合淬刀。"

助手没有办法，谁叫我服侍这么一位犟驴脾气的爷呢？只好往成都赶。助手从成都取水回来，蒲元一试，板着面孔说："此水已掺杂了涪水，不能用。"

说完，就要把水全给倒了。助手一看那个心疼哟，我千里迢迢给你取水，你怎么说倒就给倒了？连忙阻拦，嘴上还抵赖：没有哇，这可是如假包换的蜀水！

蒲元也不说话，用刀在水里划了两划，观察了一下，说："这水掺杂了八升涪水。"

助手一听吓坏了：爷，您是跟着我去的吧？我在回来的时候洒了八升水，怕没法交差，就近在涪水取了八升。得，摊上您这么一位主，我自认倒霉，我再去成都跑一趟吧。

蒲元为诸葛亮打造了三千把"神刀"，诸葛亮随机挑出一把交给蒲元。蒲元找来一根竹筒，里面灌满铁珠，挥刀砍去。随着一声金铁之声，竹筒应声而断，铁珠爆跳满地。诸葛亮点了点头，表示满意。

诸葛亮在黄沙屯备战两年，看着时机差不多了，派大军把已经收获囤积的粮草用木牛流马运往斜谷口。诸葛亮派人在斜谷修建了大量储藏粮食的建筑，这种建筑叫作"邸阁"，具有一定的军事防御功能。

诸葛亮派出使者到东吴，联系孙权，约定来年一起出兵，一东一西进攻曹魏，孙权同意共同出兵。

接近三年的休战期，在司马懿、诸葛亮的眼里，乃是另一个战场上的较量，一场没有硝烟的战争。他们不敢有丝毫的懈怠，全心全力地积蓄力量、运筹全局。现在的任何小小的疏漏，在即将爆发的战争中都可能成为致命的要害。

高手过招，表面看似平静无趣，实则个中凶险异常，不足为外人道。

唯有魏、蜀边界的百姓，能感受到这三年令人窒息的宁静。他们凭经验知道，这是暴风雨来临的前奏。

果然，诸葛亮再次向强大的曹魏发起挑战。

这是他第五次，也是人生最后一次北伐。

司马、诸葛之争，耐力决定成败

曹魏青龙二年、蜀汉建兴十二年、东吴嘉禾三年（234年）二月份，诸葛亮率领蜀汉所能动员的最大兵力——十万蜀军，兵出斜谷。四月，抵达郿城。

吴国应约，派出十万人分三路入寇曹魏。洛阳的曹叡总揽全局，显然对西线的战事更为关心，派出征蜀护军秦朗率领步骑两万，增援司马懿，司马懿的关中兵团也增加到十万人以上，大约有十二万人。

魏、蜀、吴三方参战兵力总计三十多万，这是赤壁之战以来汉末三国动员兵力最大的战役。

曹叡高度紧张，如果此次应对不好则将是一场亡国之战，蜀、吴若干年前划定的两分天下的盟约将从纸面成为现实；诸葛亮拼了，他身体越来越差，曹魏边防的可乘之机也越来越少，如果不抓紧此次机会，兴复汉室在自己的有生之年将成为泡影；孙权照例搂草打兔子，看可以捞多少油水以决定对这场战役的投入程度。

所以毫无疑问，本次战役的主战场和天下人关注的舞台焦点，仍然是魏、蜀交界之处，领衔主演仍然是光芒万丈的诸葛亮与司马懿。

这两个男人的宿命对决，牵动着天下人的心。

司马懿不敢有半点儿怠慢。他接到秦朗带来的两万援军之后，就已经清楚自己肩头的担子有多么重了。他知道，皇上已经把曹魏能够动员的机动兵力都交给了自己。

司马懿留下部分兵力留守后方，亲率主力大军赶赴前线。在布置防线的问题上，魏军内部发生了争议。参谋们主张把大营驻扎在渭水北岸，以渭水为天然防线。在这样的情况下，防守将变得容易；而一旦蜀军冒险渡河，也可以遵照兵法"兵半渡而击之"的古训，迎头痛击。

司马懿力排众议。如果以渭水为界，那岂不是等于把整个渭南都让给了诸葛亮？司马懿说："边疆百姓和粮食积聚都在渭南，这是兵家必争之地。必争之地不争，而守不必守之地，岂是用兵之法？"

司马懿指挥大军，抢先渡河，在渭南深沟高垒、背水扎营，死守渭南绝不后撤一步！

诸葛亮率领蜀军赶到渭水附近时，发现魏军已经把一座牢固的营盘扎在这里。

诸葛亮本来心中思量，在这里可以有两个选择：一是出武功、依山而东，直逼长安三辅，威胁关中心脏地区；二是西上五丈原，扎牢营盘再作打算。如今看来，曹魏重兵驻扎渭南，循武功而东的要道早已经在魏军军事力量威胁之下。直接逼迫长安三辅地区，本就冒险，再被魏军一威胁，更难成功。罢了，还是西屯五丈原吧。

诸葛亮思量停当，指挥大军西上五丈原。

司马懿扼守渭南，得到探马消息，对手诸葛亮的大军已经出现在前方。司马懿观察了一下，自己的将士们面容严肃，分明都有些紧张。大家心里都清楚，这是一场不容有任何闪失的战役，因此心理压力格外大。

司马懿皱了皱眉头。要想打好这场决定性的战役，首先必须解决心理问题，振作士气。如果上来就被诸葛亮的威名压迫得喘不过气来，那可以说战斗还没开始就已经败了。

司马懿笑着对众将士说："诸葛亮如果从武功出发，依山而东，那确实值得忧虑；如果西上五丈原，那他就完蛋了。"

众将士一听这话，立马眼巴巴地等待前方探马的新消息，心里个个在祈祷：诸葛亮西上五丈原、西上五丈原……

前面风尘滚滚，探马远远地跑来了，翻身下马，呈报军情。众将士紧张地竖起耳朵倾听。

报！蜀军已经悉数西上五丈原！

三军欢腾！大家仿佛已经看到了成功的曙光似的额手称庆：皇天开眼，我曹魏此战必胜！

只有司马懿，表面微笑，而心底暗暗思忖。刚才那番话，只不过是拿来稳定军心罢了。前往武功的道路早已被我切断，诸葛亮平生谨慎，自然只会上五丈原。但即便他上了五丈原，我也并没有破敌之把握呀。仗打到这个份上，只有走一步看一步了。

冷静的人还有一个：郭淮。

郭淮驻守西北十余年，对这里的地理形势相当熟悉。他也在积极思索着诸葛亮会采取什么样的策略。五丈原的西边，成国渠与渭水之间有个北原。倘若我是诸葛亮，我就会派出军队抢占北原，从而与五丈原掎角相应，对我军形成西北合围之势。不行，必须抢占先机！

郭淮向司马懿提出："诸葛亮一定会占据北原，请在他之先抢占。"

司马懿看看郭淮，脑子一下子还没转过来。周围的参谋们已经开始你一言我一语地否定郭淮的意见了。司马懿制止参谋们的议论，示意郭淮继续说。

郭淮说："如果诸葛亮横跨渭河两岸、登五丈原而占据制高点，再在北原布置军队，隔断陇右与关中的联系，煽动羌胡造反，对我军大大不利。"

司马懿一听，心头大震，恍然大悟，吩咐郭淮率领一军迅速抢占北原，务必在蜀军到前建好防御工事。郭淮领命而去。

诸葛亮在五丈原安营扎寨，同时叫来一员将领，吩咐：此去渭河北面，有北原。你速速率领一军前往北原，务必在魏军到达前建好防御工事。蜀将领命而去。

英雄所见略同，赛跑开始。

事实证明，蜀军带队将领没有跑得过久镇雍州、熟悉地理的郭淮。郭淮率领军队，一路奔波来到北原。天佑魏国，蜀兵还没到来。郭淮下令：抢在蜀军到来之前，迅速建设防御基地！

然而，蜀军的行动力也并不弱，很快就强渡渭水出现在郭淮的视野之中。此时，魏军的营垒刚开始建，无险可守。

郭淮望着来势汹汹的蜀军，咬牙下令：北原若失，魏国难保。我们的前方是屡次犯我边疆的蜀汉侵略军，我们的身后是急待我们保护的美好家园和弱小妻儿。儿郎们！誓死守住北原，为国尽忠的时候到了！

三军将士士气如虹，同仇敌忾，奋勇拼杀。蜀军难以得逞，不得已而退却。郭淮利用将士们用生命换来的宝贵时间，加紧修筑防御工事，使得北原成为蜀军北面的一枚极具威胁的棋子。

抢占北原的蜀军铩羽而归，诸葛亮顿感形势不妙，看来魏军有高人啊！诸葛亮没有办法，只好先在五丈原建好营垒，再作长远计。

五丈原南挨秦岭、北临渭水，东西皆有深沟，是个易守难攻的所在。五丈原之名，据说是因为该原高出平地五十丈，最初叫作"五十丈原"，后来讹传为"五丈原"。五丈原位于八百里秦川的西端，是一片面积十二平方公里的高地平原。诸葛亮将大军屯驻于此，正是守正之道。然而兵法"以正合，以奇胜"，要想对付魏军必须出奇兵。

诸葛亮深知，司马懿这样的老乌龟一定会坚守不出，绝不肯轻易应战。对付这样的对手，只有调动其奔命，在运动中消灭敌人。诸葛亮计议已定，留守部分将士驻扎五丈原，自己亲率主力军，奔袭敌军西面的西围。

诸葛亮大军西进的消息传到司马懿军帐。司马懿心头一惊，西围虽然已有重兵把守，但恐怕不是诸葛亮主力的对手。一旦被攻取，则北原、渭南对于五丈原形成的合围之势，将不复存在。不行，不能让诸葛亮占有西围！司马懿下令，大军驰援西围。

郭淮不同意。郭淮觉得，诸葛亮诡计无双，惯用声东击西之计。西围已经有重兵把守，以诸葛亮审慎持重的性格，绝不会冒险攻打徒自损兵折将。蜀军大张旗鼓前往西围，恐怕其意不在西而在东也。

郭淮对司马懿说：我估计这是诸葛亮的声东击西之计，蜀军的目标恐怕不是西围，而是东边的阳遂。在这关键时刻，我军不宜分军往西围，而应加强阳遂的守备。

司马懿一听，大有道理。西围已有重兵把守，即便蜀军强攻，一时半会也难以拿下，到时候再增援不迟。而阳遂兵力单薄，倘若失守，则大好形势将遭破坏。司马懿看看郭淮，心想此人果然智勇双全，乃一代将星。诸葛亮啊诸葛亮，我司马懿一人之智或许不能敌你，但我能人尽其才、群策群力；而你自恃才智过人，单枪匹马、事必躬亲，哪怕智者千虑恐怕也必有一失了。

司马懿当机立断，派将军郭淮、胡遵前往阳遂，抵御蜀军。

暮色深重，一支军队形同鬼魅，静悄悄地行进在前往阳遂的道路上。领军的，正是诸葛亮。诸葛亮以大军佯攻西围，实际潜往阳遂，以出其不意掩其不备，指望能够一举拿下阳遂，给渭南的司马懿大营打入一个楔子。

蜀军人衔枚马裹蹄，随风潜入夜，行军静无声。这次出师以来屡屡不顺，但是蜀军依旧士气饱满。因为他们极度信赖带领这支军队的诸葛丞相，他们相信在丞相的率领下一定可以歼灭一切敌人，像往常一样战无不胜、攻无不克。

但是残酷的现实又一次打破了他们的梦想。

距离阳遂还有一段路，前方积石原出现了大量的魏军。诸葛亮大吃一惊，没有料到自己的计谋居然又被看穿了。

统领魏军的正是郭淮、胡遵，他们没有消极防守在阳遂，而是主动出击，把主战场选择在最能发挥魏军骑兵机动性优势的平原——积石原。望见蜀汉偷袭部队在夜色的掩护下如期而至，郭淮喜不自胜，下令三军：出击！

诸葛亮不敢恋战。两军略一接触，诸葛亮就指挥大军后撤。郭淮深知诸葛亮撤军的威力——次撤军斩杀了王双，再次撤军射死了张郃。郭淮可不想成为张郃第二，自然不敢追击，任由诸葛亮从容退去。

诸葛亮退守五丈原，不会再轻举妄动。司马懿观察地形图，五丈原西边是铁城陈仓，北面是郭淮驻守的北原，东面是我主力军驻扎的渭南大营。三股魏军对五丈原形成合围之势。三面设网，网开一面。

网开的这一面，是五丈原南边的斜谷道。诸葛亮啊，你还是老老实实从斜谷退回去吧。

司马懿与诸葛亮，就像两个旗鼓相当的武林高手，谁也不敢轻易先出手，只好摆出架势等待对方露出破绽再给以致命一击。

司马懿的机会，很快就来了。

当时正是春夏之交，大雨连日，经过冬季枯水期的大河如今都汹涌澎湃、肆意挥霍着自己的青春。

其中一条大河，是渭水的支流，叫作"武功水"，由南向北流入渭河，正好在五丈原的东边。诸葛亮的大营，在武功水的西面；诸葛亮另派一支分队，驻扎在武功水的东面，以抵御司马懿的进击。

这支队伍，叫作"虎步军"，乃是蜀汉最精锐的特种部队之一，与"白耳军""无当军"号称蜀汉三大王牌军队。白耳军资历老一些，早在刘备时期就成立了；无当军和虎步军建制于诸葛亮南征之后，其兵源都是南中勇悍好斗的蛮族青壮年。无当军擅长山地战，而虎步军的强项则是平原厮杀。无当军的统帅是老成持重的王平，虎步军的统帅则是南中的蛮族豪帅孟琰。

武功水突然泛滥，把横跨两岸的桥梁冲毁，孟琰和他的虎步军与五丈原大营失去联系，俨然成了一支孤军！

司马懿眼睛亮了：天助我也，眼前正是个转瞬即逝的好机会！司马懿立即点起一万精锐铁骑，直扑武功水东岸的虎步军而来。

诸葛亮也早已经得到了消息。虎步军约有五千人，乃是蜀军的精锐，如果不能救援则将全军覆没，这对士气会是一个巨大的打击！诸葛亮立即命令工程兵跨水搭建竹桥，另一方面指挥弓箭手在河边用诸葛连弩进行火力掩护。

孟琰发现武功水涨，并不慌张。他清楚，诸葛丞相一定会采取措施。他现在所能做的，就是提高警惕，加强防守，抵御司马懿的进击。五千虎步军勇士，都将生死置诸脑后，眼里冒火望着来犯的魏军。

司马懿的一万骑兵火速赶到了武功水东岸，打算全歼虎步军，然而遭到了拼死抵抗。

司马懿发现，蜀军的工程兵正以极其娴熟的动作和飞快的速度在武功水上进行架桥作业，眼看就要把桥搭通了。司马懿立即下令，分出一支骑兵前往破坏。但是这只骑兵快要到达河边时，突然河对面万弩齐发，骑兵损折大半。

诸葛连弩！

这种大规模杀伤性武器的威力，早已经在魏军内部传得神乎其神，令人心生恐惧。虎步军越杀越勇，居然无视兵种相克的铁律，把司马懿带来的骑兵杀得落花流水。而蜀汉工程兵的作业已经完成，对岸的援军开始渡河。

司马懿看看无机可乘，下令：撤！

魏军抛下一地战马和骑士的尸体，狼狈而去。本来是魏军的机会，反而成就了蜀军的胜利。司马懿十分清楚，在这样的境况下谁再轻举妄动，谁就有可能被对方后发制人。

棋逢对手，一着不慎，满盘皆输。

之后，虽然司马懿也曾利用诸葛亮的一个小破绽，出动骑兵袭扰蜀军后方，斩首五百余级，但是诸葛亮立刻弥补了这个防守上的漏洞。司马懿左顾右盼，上下打量，蜀军已经毫无破绽可言。没有办法，最难熬的相持阶段开始了。这对有粮食之忧的蜀军是个考验。

诸葛亮却并不担心。此次蜀军在斜谷南口储备了三年之粮，又动用了木牛流马穿越斜谷，大省人力。同时，斜谷之内遍布蜀军的存粮邸阁，粮食问题一时半会儿还不会困扰蜀军。

但是，如果就此相持下去，肯定不是上策。时间进入到五月，诸葛亮得到消息：孙权进犯曹魏的三路大军，在满宠神勇发挥之下，已经受挫撤军。诸葛亮更添忧愁，如此一来曹魏便可全力对付西线战事，难道此番北伐又要成虚话？

诸葛亮至此，已经五次主动伐魏，而进展甚微。诸葛亮今年已经五十四岁，人生还有几个年头可以挥霍？

诸葛亮深感，随着年纪的增长，自己已经度过了人生的黄金时期。当年的智计百出、鬼神莫测，如今只剩下小心谨慎、事必躬亲。随着创造力的衰退，打仗越来越循规蹈矩，欠缺想象力，自己这些年来一直都是靠着谨慎和勤政，来支撑这十万大军，维持蜀汉政权的良性运转的啊！

诸葛亮不禁思念起刘备时代来。当年，先主雄才伟略，更兼有法正、庞统运筹帷幄，关、张、马、黄、赵征战沙场，自己只需足兵足食，何等轻松和挥洒自如！

现在，故人零落，自己一身而兼多职，既没有得力的助手分忧，对手又都是那么强大。无论曹真、张郃还是司马懿，甚至连小小的郭淮、郝昭竟也给自己制造了不小的麻烦。

唉，老了。

洛阳，曹叡得知前线击退了孙权，大感欣慰。群臣借机请求御驾亲临长安，坐镇关中以统一指挥抗蜀第一线的战斗。曹叡摆摆手："孙权逃跑，诸葛亮丧胆。司马仲达足以应付蜀军，朕无忧矣。"

曹叡已经深切理解了司马懿的防御战略，并不像历史上的那些草包皇帝一样拍大腿决策下令出击，而是给司马懿写了一封信以示支持："但坚壁拒守以挫其锋，彼进不得志，退无与战，久停则粮尽，掳略无所获，则必走。走则追之，全胜之道也。"

司马懿接到曹叡的最高指示，会心一笑，坚定了贯彻防御战略的信心。

诸葛亮的处境更加窘迫了。大军屯留五丈原，进不得进，退不甘心。他现在明白了十几年前曹操在汉中那句"鸡肋"的用意。

诸葛亮开始盘算破敌之策：魏军之所以坚守不出，是误以为我军没粮，所以自信我军挨不了几天必将撤退；而我军实际上已经有粮食了，足以与之对峙。但是如此长相对峙，战局将更加被动。如何才能让魏军知道我军根本不缺粮食，从而在心理上摧破其坚守战略使其主动出击？

诸葛亮终于想到了办法。此法乃是诸葛亮的最后杀招。

司马懿深沟高垒，坚守不出。

但他也有点儿意外，诸葛亮此次出兵，居然至今还没有要退的迹象。上次蜀军围困陈仓，二十多天就吃完粮食撤退了，如今快好几个月了居然仍在坚挺。司马懿想象不出，诸葛亮究竟使用了什么办法，使得粮食问题一再缓解。

但是，你的运粮能力再强，也总有耗尽的时候。我只要死守渭南，让你进无可据，你自然就只能和上次一样乖乖撤退了。

司马懿忽然得到新消息，这个消息令司马懿大吃一惊，不得不重新开始审视自己的防御战略。

消息是：蜀军开始在五丈原一带屯田，有久留之计！

屯田，是汉末三国时期采用的老办法，以民屯、军屯来解决部队的粮食问题。论起屯田，曹操乃是老手，司马懿对此再熟悉不过。蜀军居然在五丈原屯田！现在已经进入夏季，现在屯田，下次稻麦成熟起码要来年夏天。难道诸葛亮打算在这五丈原上待一年吗？

这次轮到司马懿坐不住了。

司马懿清楚，诸葛亮之所以屡屡出兵又屡屡无功而返，正是因为被秦岭阻隔，难以运兵运粮。如果诸葛亮在五丈原屯田，在秦岭之北、我大魏的疆域内开辟出一片根据地，将来无论军队演习还是种粮都在这里，那就可以一举解决困扰蜀军的老大难题。

怎么办？继续奉行防御战略龟缩在渭南大营坐视诸葛亮屯田建立

起扎实的根据地，还是出兵打击以挫败其久留之计？

司马懿犹豫不决。

诸葛亮在五丈原上登高望远，坐等司马懿出兵来攻。

诸葛亮派军士混杂到曹魏在五丈原一带的居民中间，与他们一起耕作，摆出要大规模屯田的架势。实际上屯田的工作，主要还是曹魏的百姓在做。目的只有一个，希望迫使司马懿放弃防御战略，出兵来攻，然后诸葛亮才可以发挥自己最擅长的野战优势，狠狠打击魏军。

曹魏的百姓不知就里，平白无故来了很多蜀兵帮助自己种田干农活，百姓们非常高兴。农活之余，百姓邀请蜀兵到自己家去做客，总是被蜀兵婉言谢绝，百姓们十分感慨。他们祖祖辈辈在此生活了这么多年，无论是当年的董卓、马腾，还是后来的曹操以及羌胡的杂兵，从来没有一支军队像蜀军这样出入如宾、秋毫无犯。

事实上，汉末三国的军队，能够做到不杀人、不放火、基本不抢粮食的，也只有蜀汉一家，别无分号。

司马懿在谨慎观望，诸葛亮在耐心等待。局面继续僵持。

司马懿终于没有来攻，诸葛亮仰天长叹。

诸葛亮再也没有新的办法，只好每日派人到司马懿营前叫骂。

司马懿观察五丈原，清楚了这片高地小平原的可耕地面积并不足以供十万蜀军长期屯田。他放下心来，回到渭南大营继续奉行坚守战略。但他心里不免有些犯疑，五丈原虽然并不足以供十万蜀军之粮，但总可以稍解燃眉之急。加上后方斜谷源源不断送上来的粮食，也足以使蜀军饱食了。

司马懿之所以决定不出，只是考虑到野战绝非诸葛亮的对手。何况倘若出战，彼守我攻，攻守之势向来攻难于守，到时候白白损兵折将，倒不如一门心思坐守为上。

诸葛亮派来叫骂的兵丁，彻底消解了司马懿的疑虑。哈哈，诸葛亮果然已经别无长计，只好出此下策来引我出战，更可见屯田之事只是做做样子罢了。骂吧，骂吧，你们凄惨的骂声，正好给我下酒。

老弟司马孚写来一封信，问战况如何。司马懿回信："诸葛亮志大而不见机，多谋而少决，好兵而无权，虽提卒十万，已堕吾画中，破之必矣！"

一回生，二回熟，我已经把诸葛亮的长处短处、思维模式、用兵习惯摸得一清二楚，他奈何不了你老哥我，失败那是必然的了。

这一天，诸葛亮派使者来营。司马懿大感意外，把使者叫进来。使者看上去是个老实巴交的人，见了司马懿有些拘谨。

司马懿问：你所来何事？

使者回答：奉我家丞相军令，来给您送一件礼物。

司马懿很意外：哦？什么礼物？

使者紧张，低下头不敢看司马懿，一挥手，一名副手呈上一个礼盒。司马懿饶有兴致地打量着这个礼盒，心想：诸葛亮怎么还有此雅兴，派人给我送礼？司马懿不知道诸葛亮葫芦里卖的什么药，便接过礼盒，亲手打开。

营帐中，众将士翘首以盼，都想看看诸葛亮会送来什么礼物。

盒子打开了，里面是一块绫子包裹着什么物事，软软的。司马懿瞥了一眼来使，使者更是诚惶诚恐，不敢抬眼看司马懿。

司马懿越发好奇，打开绫子。里面包着的，赫然是一套女人的衣服和首饰！

全场哗然！

君臣唱双簧，耗死诸葛亮

满营将士本来就因为蜀军连日来的叫骂憋了一肚子无名火，现在一看到诸葛亮送来的这套女人衣服和首饰，顿时像炸开了锅，纷纷叫喊着先斩来使，再破蜀军，以报此辱！

司马懿倒并不生气，他拿起衣服看看，嗯，还是最新款。司马懿心知，诸葛亮使出这等不入流的下三烂手段，只能说明他已经技穷了。司马懿再看看蜀军的来使，早就浑身抖得跟筛糠似的。

司马懿一扬手，示意众人安静，然后和颜悦色地对蜀汉使者说：你不必害怕，我且问你几件事。

使者虽然心里害怕，但却深明大义。他暗下决心，不论你用什么办法，我都绝不透露我军半点儿机密！

司马懿摆下宴席，与使者家长里短地闲聊。聊着聊着，司马懿问：诸葛丞相每天作息怎么样呀？睡得好不好？

使者听到这个问题很高兴，决定借此机会好好宣传一下蜀汉领导人的光辉形象。他回禀：丞相每天起得比公鸡还早，睡得比猫头鹰还晚，忙着处理公事呢。

司马懿说：啊，很勤奋嘛。那哪些级别的公事要丞相亲自处理呀？

使者更得意了，炫耀道：杖罚二十以上，都亲自过问。

司马懿说：呀，管得这么细呀，真厉害。那他每顿吃多少饭呀？

使者继续宣传：每顿只吃小半碗，还经常不按点吃饭。

司马懿说：你们蜀汉真是有位好丞相呀！难怪你们这么厉害，哈哈哈。

使者很自豪，觉得自己宣扬了国威，宣传了国家领导人光辉的正面形象，兴冲冲地回去复命了。

使者走后，司马懿扭头对部将们说："诸葛亮事繁而食少，能活得久吗？"

于是满怀信心地坐等诸葛亮挂掉。

然而部将们不答应。在他们看来，自己的主帅简直受了奇耻大辱。堂堂七尺男儿，居然被人鄙视为足不敢出户的女人，是可忍孰不可忍？众将一致请战。

司马懿一看，众将士这次情绪分外激动，如果不答应，恐怕要有人违抗军命。

司马懿略一沉吟，也愤怒道：诸葛亮的确欺人太甚，必须出兵教训他一下才是，叫他领教领教我曹魏铁骑的厉害！

众将士连连称是，纷纷请缨。

司马懿说：不过且慢，前日圣上下诏，明确要求我等死守不出，这可如何是好？

众将士道：将在外，君命有所不受，管不了这许多了！

司马懿为难地说：不行呀，要不这样吧，我连夜修书一封，向圣上请战，大家看行不行？

众将士连声称好。司马懿赶紧修书，语气激烈，表示出强烈的战意。司马懿把这封信封好交给驿吏，心想：圣上啊，这个烫手山芋臣可就交给您了，想必您可以理解臣的用意吧。

千里快递，从渭南前线传到洛阳城。曹叡接到了司马懿的信，哑然失笑。司马仲达呀司马仲达，你跟朕玩这一套。你压不住那些骄兵悍将，却叫朕来替你收拾。好呀，那朕就陪你唱这出双簧！

曹叡装模作样地修了一封回书，指示：绝不允许出战，严格贯彻先前的防御战略，胆敢再请战者，军法从事！然后派出一位老臣辛毗，前往监军。

君臣二人心有默契，千里传书只为做一场双簧戏。

卫尉辛毗，是曹家三朝老臣，刚直不阿，朝廷上下无不忌惮。

辛毗奉命来到渭南前线，劈头盖脸就训斥众将：皇上已经下令死守，是谁还敢请战？众将一看，老头儿惹不起，鸦雀无声。

司马懿冲大伙儿无奈地一摊手，表示自己爱莫能助。辛毗又冲司马懿说：明天开始，老夫每日站在大营门口。谁想出战，就踏着老夫的尸体过去！

第二天大清早，辛毗果然左手持符节，右手持黄钺，当军门毅然而立，威严赫赫，气场十足。

诸葛亮派间谍来打探，魏军怎么还不出战。间谍打探回来报告："有一位偻老头儿，毅然仗黄钺，当军门立，军不得出。"

诸葛亮叹道："这老头肯定就是辛毗了。"

护军姜维说："辛毗一来，想必司马懿不敢出战了。"

姜维是诸葛亮第一次北伐时，从天水投降过来的魏将。诸葛亮看姜维是个可造之才，时时把他带在身边培养，有让他当接班人的意思。

诸葛亮苦笑："司马懿本来就不打算出战。他之所以千里请战，不过是做个姿态罢了，表示他也是想打的、能打的。兵法云，将在外，君命有所不受。要是他真能打得过我，哪里还会演这出千里请战的双簧戏？"

姜维暗记在心，不禁重新审视司马懿这个对手。

时间已经到了八月，两军相持了一百二十多天，季节也由夏入秋。陇上的秋天格外多风，十万蜀军在五丈原上累月风餐露宿，铁打的壮小伙儿身体都吃不消了。

更何况是位忧劳多事、夙兴夜寐的老人？蜀汉的顶梁柱诸葛亮瘦弱的身躯再也难以扛住繁重的军务，躺下了。

五十四岁的蜀汉丞相诸葛亮，已经走到了自己人生的终点。

后人往往怅叹，假如天假以年，蜀汉当能振作，诸葛亮当成其功。

身为当事人的诸葛亮，恐怕并不这么认为。他已经深深地认识到，两国的较量并不是一两场军事胜利那么简单。诸葛亮强支病体，在左右的协助之下，最后一次巡行军营。左右的侍卫扶持着丞相，他们第一次发现，寄托着蜀汉百万军民的信任与梦想的诸葛丞相，竟是这样瘦弱的一位老人，甚至只要轻轻一用力就可以把他提起来。

侍卫的眼眶湿润了。自从先帝驾崩之后，诸葛丞相实在背负得太多、太多了。

诸葛亮巡行军营，看着在风中兀自飘荡的"克复中原"的大旗，心中无限苍凉。木牛流马、诸葛连弩、云梯冲车井阑，这些熟悉的攻战之具，将不再为我所用矣！

满营战士望着诸葛丞相。限于铁的军纪他们不能擅离岗位，只能这样转动着眼球，尽量让丞相在自己视野里留滞得久一些。谁都不敢想象，这位寄托着十万蜀军军心的老人一旦归天，会是怎样的结果。谁都不敢想象，有朝一日这支军队不再姓诸葛，还能否保持今日的战斗力，今日的光荣与梦想？

诸葛亮巡行了小半个军营，已经体力难支。他咬牙坚挺，努力看着周围的一切，像饿了许久的人那样饥渴地看着，似乎希望把这一切都深深烙进他的脑海，烙进他的生命。

秋风袭来，彻骨生寒。

诸葛亮仰天长叹：亮再不能临阵讨贼矣！悠悠苍天，何薄于我？

一阵阵轻微而雄浑的啜泣，升腾在蜀军大营的上空，与五丈原上的秋风暮色交织成一片，引动天地山川为之心感神伤。

诸葛亮到底没有力气巡行完整座大营，只好回中军帐躺于病榻之上。

他把杨仪、费祎、姜维等心腹叫来，安排后事：我若身死军中，则三军撤进斜谷后发丧。司马懿倘若来追，则按往日成法却之。退军时，以魏延断后，姜维次之。倘若魏延不愿意撤军，则不必管他，三军自己回撤便是。

诸葛亮交代完，已经气若游丝。进出中军帐的高级军官，都面色凝重，神情沮丧。守卫的士兵见了，心知丞相即将归天，再一次啜泣起来。

忽然，成都有使者赶了来。来者是尚书仆射李福。李福并不知道诸葛亮即将不久人世，他只是照例奉皇上的命令前来咨询一些国事。走进中军帐看到丞相病情如此严重，李福手足无措，都忘记自己来干什么了。

诸葛亮忽然睁开眼睛：是李福吧？

李福连忙挪到病榻前，低首向丞相，内心奔腾万千不知道该说什么。

诸葛亮说：这次来，有什么国事啊？

李福这才想起，连忙把国事一一询问，诸葛亮强打起十分精神，认真听着，认真履行着自己身为丞相的最后职责。听完，诸葛亮吃力地一字一字叮嘱李福，声音极其轻微但很用力，李福侧耳倾听，频频点头。

满帐将士早已经不忍心看下去了。这就是他们的丞相啊，几十年如一日地日理万机，华发早生。

诸葛亮比往常讲得更久一些，好不容易交代完了，李福道一声丞相珍重，上马扬鞭而去。

诸葛亮闭上了眼睛。他静静地享受着这久违的静谧，这是当年在隆中躬耕时候才能享受得到的清闲吧。对啊，隆中还有数十亩薄田待我回去耕作呢。

诸葛亮的身体虽然差到了极点，但却一直没有咽气，仿佛在等待着什么。果然，过了几天李福又快马加鞭回来了，连滚带爬地跑进中军帐，见到诸葛亮才略放下心来。

诸葛亮听到声响，说："又是李福吧？我知道你回来的用意；上次虽然交代了那么多事情，但还是有些事情没有交代，又来问我了。你问的事情，蒋琬是合适的人选。"

李福大吃一惊，诸葛丞相尽管已近油尽灯枯，却依然神机妙算，连忙说："是啊，之前确实忘记问了，万一丞相百年之后谁可以担当重任。那么请问，蒋琬之后，谁接班呢？"

诸葛亮缓缓地说："费祎可以接班。"

李福又问："费祎之后呢？"

众人倾耳侧听。久久没有回答。大家一看，诸葛亮牙关紧咬，紧闭双眼，不再说话。李福不再坚持询问，含泪回成都复命去了。（《三国志》注引《益部耆旧杂记》）

是月，诸葛亮病逝军中，享年五十四岁。

诸葛亮一生成败功过，后人评说不休。但我想，有两点是没有疑问的：这是一个复杂的人物，他有着伟大的人格。

司马懿在渭南大营，最近总觉得眼皮直跳。一天晚上巡营，司马懿见到一颗大星赤红色有芒角，自东北方天际向西南方落下，最后落在了诸葛亮的大营方向。司马懿心想，天有异象，大星陨落，难道诸葛亮死了？

第二天，司马懿派探马去打探消息。探马还没回来，先有五丈原的一些百姓跑来报告：蜀军正在拔营起寨，撤离五丈原！

司马懿心知诸葛亮已死，立即点起军队前往追击。

司马懿的军队很快赶到了五丈原附近，果然见蜀军正在有章有法地撤离。司马懿正要下令袭击，突然见蜀军反旗鸣鼓，要向自己这边杀来。司马懿一惊：难不成又是诸葛亮的诱敌之计？诸葛亮最擅长诱敌深入而歼之，王双和张郃都是死在这上面啊！司马懿不敢紧逼，率军退却。

蜀军也并不杀来，排好阵列从容退去。蜀军退入斜谷，三军发丧，哀声震天。司马懿这才知道诸葛亮果真已死，连忙率军追来，然而已经追不上了。

五丈原的百姓很有黑色幽默，编了歌谣来讽刺司马懿，说："死诸葛走生仲达。"

司马懿听到了，并不计较，自我解嘲："我能料活诸葛亮，但是不能料死诸葛啊。"

司马懿巡行五丈原蜀军留下的营垒排列方式，长叹一声："天下奇才也！"

司马懿以这样的评价，向他一生中最重要的对手诸葛亮致敬。

司马懿之前听闻诸葛亮的死讯，只觉得惊喜；如今定下神来，才若有所失。这样伟大的对手，一生能遇几人？普天之下，除诸葛亮外，还有谁配做我司马懿的知己？我司马懿一生佩服的对手有两位，另一位是曹操；但我司马懿一生尊敬的对手，只有你诸葛亮一人而已。

司马懿与诸葛亮，这两位不世出的天才间的搏杀，至此画上了句号。他们二人的交手，从纯粹视觉感官的角度来看，并不精彩；没有七擒孟获的从容谲智，没有克日擒孟达的大开大阖。然而他们之所以施展不出这样精彩绝伦的本事，正是因为将遇良才。

司马懿与诸葛亮，就像两位大国手，谨慎地算计着每一步棋，包括自己的和对方的；他们在走出每一步棋之前，都已经事先进行了无数次的思想交锋。兵法有云：知己知彼。他们互相知根知底，倘若世上有这样一种另类知己，司马懿与诸葛亮足以当之！

曹魏的边疆终于可以获得片刻的宁静，而蜀汉的归兵却陷入了自相残杀之中。

可以给你的，自然也可以拿回去

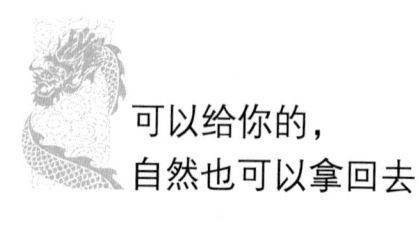

魏延深深感到自己被边缘化了。

最近几天，丞相病情据说急剧恶化，来来往往进出中军帐的，都是杨仪、姜维、费祎这些人，居然没让人来找我魏延！

魏延很愤懑，他始终觉得诸葛亮对自己有偏见。之前子午谷奇谋的不采纳，第一次北伐时不用自己为先锋而用马谡，都深深刺激着魏延。先帝在时，我魏延就已经是汉中太守，独当一面，如今在你诸葛亮手下怎么反而不能得志？

诸葛亮所信任的人，在魏延看来都是碌碌之辈。姜维是降人，费祎是书生，尤其是那个杨仪更是可耻小人！全军上下，哪个不对我魏延敬畏三分？唯独杨仪，仗着丞相器重，对我爱搭不理。魏延有一次激动起来，拿着刀对着杨仪的脑袋，幸好头脑清醒没有酿成大祸。两人从此势同水火。

诸葛亮死了，姜维、杨仪传下丞相的遗令，让魏延断后。又是断后！自从先帝死后，我堂堂魏延尽给你们办些断后、诱敌之类不上台面的事！我可是堂堂南郑县侯，杨仪鼠辈居然敢对我颐指气使呼来喝去!

诸葛亮活着的时候,魏延不能按自己的想法行事,如今诸葛亮死了,难道我魏延还要唯杨仪之命是从?魏延不想给杨仪打下手,他决定按自己的想法来。

这时候,费祎跑来问:魏将军,现在丞相归天了,你是怎么个想法呀?

魏延见到费祎很激动,说:"丞相虽亡,我魏延还在。丞相府的属官们大可以自己发丧回成都,大军留下来由我率领破贼,怎能因为一个人的死而废弃国家大事?何况我魏延是什么样的人物,怎能给杨仪打下手,做断后工作?"

魏延越说越激动,当场想拉费祎入伙,跟自己一起联名要求蜀汉大军留下继续打仗。

费祎闪烁其词:"我想我还是回去为您劝说杨仪吧,杨仪是文官,不懂军事,肯定会同意您的看法。"

魏延说好。费祎飞快跑出魏延的营帐,上马飞奔而去。

魏延清醒过来一想,费祎和杨仪他们是一伙的呀,肯定是杨仪派来探我口风的。魏延派人打探杨仪军的情况,探子回来报告:他们已经按次序撤退,把咱们撂这儿了。

魏延勃然大怒,率领本部人马率先往回跑,一路烧毁栈道,想让杨仪回不来。同时,魏延派快马给朝廷上书,说杨仪反了。

杨仪那边,一看魏延想先下手为强,也不甘示弱,逢山开路遇水搭桥往回赶,同时派出快马往成都报告魏延已反。

成都方面同时收到两边的文书,都说对方已经反了,不知如何是好。后主刘禅询问众臣,大家一致保杨仪而怀疑魏延。

刘禅当机立断,派蒋琬率领驻守宫廷的宿卫营前往与杨仪合作消灭魏延。

魏延率先出斜谷,占据南谷口,率军攻击杨仪军。魏延、杨仪的私人恩怨终于激化为军事冲突。

杨仪派王平来打魏延,王平呵斥魏延军的士兵:"丞相身亡,尸骨未寒，汝辈就敢如此？"魏延军的士兵自知理亏，一哄而散。

魏延没了军队，带着儿子和几个亲信往汉中逃窜。杨仪派马岱追击，并把魏延的头带了回来。

杨仪得意扬扬地把魏延死不瞑目的脑袋扔在地上，用脚反复踩踏，嘴里骂骂咧咧："庸奴！你还能作恶吗？"

但杨仪也并不是胜利者。诸葛亮死前已经指定蒋琬为接班人。杨仪得知后倍感失落，口出怨言。又是费祎，把杨仪的怨言上报朝廷。刘禅下旨：革除杨仪一切职务，迁徙汉嘉郡为民。杨仪到了汉嘉郡，继续给朝廷上书，尖酸刻薄地攻击现任领导人，朝廷再次派人下来缉拿他。缉拿的人还没到，杨仪越想越害怕，竟自杀了。

诸葛亮的接班人蒋琬，执政风格相对温和。他主张休养生息，在事实上否定了诸葛亮的北伐战略。蜀汉一时不足以成为曹魏的心腹大患，两国边界迎来了难得的和平。

抵御蜀汉的最大功臣司马懿，也由大将军而荣升太尉。原本的大司马一职，由于曹仁、曹休、曹真上任不久就都挂了，让人觉得不吉利，所以基本废弃了。太尉已经是曹魏的最高军衔，司马懿成为曹魏军界头号人物。

但是司马懿谦虚谨慎，不邀功、不争宠，老老实实在西部防区总司令的位置上兢兢业业，以免功高震主。

然而，曹叡的心思却不在这上面。他的全副注意力现在都在养母郭太后身上。

郭太后，就是甄姬事件中的郭女王、曹丕宠爱的贵嫔。郭女王没有儿子，甄姬死后曹丕把曹叡交由郭女王抚养。

曹叡虽然隐隐知道郭女王与自己母亲的死有莫大关系，但苦于当时还没有成为太子，便把郭女王当作生母一样孝敬有加。郭女王见曹叡如此聪慧懂事，也就萌生出母性来，对他不再心存芥蒂，当亲儿子一样呵护疼爱。

但是这位史称精于算计、号为"女中之王"的郭女王，万万没有料到曹叡小小年纪居然隐藏着深沉的心机和复仇计划！

曹叡一即位，便对郭女王态度大变。他上台的第一年，追谥自己冤死的母亲为"文昭皇后"，这对于郭女王来讲显然是一个凶险的信号。更可怕的是，曹叡后来又将甄姬改葬朝阳陵。

一般来讲，曹魏皇帝与皇后合葬一陵。而曹叡居然给自己的生母另立陵庙，不与父亲曹丕合葬，表明他心中对于母亲之死耿耿于怀。郭女王没有办法，她不知道什么时候会轮到自己。她所能做的，唯有更加小心谨慎，严管自己的亲戚，不让他们飞扬跋扈以免落下话柄。

曹叡开始时时来询问甄姬的死因，郭女王无言以对。

有一次，郭女王被逼问得气急败坏，激动地说："先帝自己决定要杀甄姬的，为什么来责问我？何况你身为人子，难道要追仇死父，为前母枉杀后母吗？"

曹叡冷冷地盯了郭女王一眼，转身离去。

这件事情之后，郭女王被勒令从洛阳搬了出来，搬到许昌。然后在青龙三年（235年）的正月里，郭女王突然暴毙。死因不详。

据说，甄姬生前的一位好姐妹李夫人把甄姬的死况都告诉了曹叡，曹叡哀恨流泪，秘密命令殡殓人员在郭女王尸体的口中塞满糠秕，散开头发遮住面孔，一如她当年对甄姬所做的。

一报还一报。这场推后十四年的复仇结束之后，曹叡也开始走上了人生的下坡路。

太尉司马懿最近两年过得很惬意。诸葛亮死后，他已经不用再劳心劳力去对付蜀军。去年蜀将马岱有一次小规模的入寇，司马懿派宿将牛金去打，轻轻松松打了个大胜仗，斩首一千余级。

在这次军事胜利的震慑之下，两个氐王苻双、强端带了六千多族人来归顺。这一年，成国渠和临晋陂开始发挥效用，关中大丰收。而关东则粮食歉收、饥民遍野，司马懿下令把关中的五百万斛余粮给洛阳方向送去。

司马懿的六个老弟，在魏国皆官居显位，其中尤以三弟司马孚，做到了尚书令的位置。司马懿的两个儿子司马师、司马昭也已经崭露头角。事业上，这哥俩有了自己的交际圈，与何晏、夏侯玄等年轻一辈的优秀人才多有来往；生活上，司马懿替这哥俩安排了两门婚事。

政治人物的婚姻，不是私事，是公事。司马师的太太叫夏侯徽，夏侯徽的父亲是曹丕时代宗室三大将星之一的夏侯尚，母亲是曹丕时代宗室三大将星之一的曹真。司马昭的太太王元姬，出身东海王氏，祖父是曹魏老臣王朗，父亲是经学大师王肃。司马师的妻族是宗室新贵，司马昭的妻族是老牌世家。司马懿的安排，没有一步废棋，连儿子的婚事也作为壮大势力的绝好机会。

这一年，孙子司马炎出生。年近六十的司马懿抱着孙儿，心情大好。功成名就，弄孙膝头，人生如此，夫复何求？

别人祸不单行，司马懿福偏双至。顺风顺水的司马懿心情大好之际，去打猎，居然猎获了一只白鹿！白鹿乃是罕见的品种，当时人将之视为祥瑞之兆。司马懿赶紧派专业的饲养员精心照顾白鹿，一路送往洛阳给曹叡当献礼。

曹叡收到白鹿，鼓励司马懿："过去周公辅佐成王，献上了白色的雉；如今你为帝国掌管西边，献上了白鹿。你的忠心耿耿，与古人千载辉映，这难道不是上天派你来护卫我曹魏王朝直到千秋万代吗？"（岂非忠诚协符，千载同契，俾乂邦家，以永厥休邪？）

曹叡把司马懿比作周公，在当时人看来并非虚誉：这位老人辅佐曹家祖孙三代，多次在军事上获得巨大的胜利，保卫着帝国的安全，简直是一位救世主啊！

但有人并不这么认为。

太子四友中脑子最快、名声最臭的吴质，有一次在曹叡面前替司马懿说好话："司马懿忠智至公，社稷之臣也！至于陈群，不过是一介文臣罢了，比不上司马懿啊！"（陈群从容之士，非国相之才。）

曹叡当时把头转向尚书令陈矫："司马公忠正，可以算是社稷之臣吧？"

陈矫冷冷地回了一句："司马懿是朝廷之望，至于社稷，我不知道。"（朝廷之望。社稷，未知也。）

朝廷与社稷相比，朝廷是曹家的私产，社稷是天下之公利。陈矫对于司马懿是"社稷之臣"，持保留意见。在他心目中，司马懿不过是护卫了你们曹家而已，不必抬到那么高的位置。

言者既有意，听者亦用心。曹叡把陈矫这句话听进去了。他联想到了之前皇叔曹植的上疏。

没多久，陈群也死了。当年受命的三大辅政大臣中排名第三的司马懿，如今成了第一也是唯一的首辅元老，声望之隆，与日俱增。

司马懿十分清楚，自己的这一切是谁给予的。可以给你，自然也可以拿回去。司马懿勤勤恳恳，履行自己作为臣子的职责。

曹叡最近已经丧失了刚即位时明智果断的英气。他早先就热衷于大兴土木，如今更是对兴建宫殿着了魔。曹叡不仅把修建宫殿的预算大幅提高，而且还亲自穿了短衫拿着铁锹在建筑工地上挖土，与民同劳（帝乃躬自掘土以率之）。

司马懿进朝，见到此种情况，皱皱眉头，赶紧进谏："周公营造洛邑，萧何建设未央宫，宫室的建设一向都是臣子的职责。但是如今大河以北，百姓穷困，内有劳役，外有军役，不可能并行不悖。希望皇上暂停国内的施工，节省人力物力以支援打仗。"

曹叡听了很不耐烦。他冷冷地看了一眼司马懿，把铁锹扔下了。

进一步加深曹叡不信任的，是老臣高堂隆的遗书。

这年，曹魏的一名骨鲠老臣高堂隆病危。高堂隆对于曹魏的政局看得很通透，有很多话一直憋着没有讲。现在既然病危，这些话不能烂在肚子里，必须对得起自己的良心。临终上书，分量更重。于是他口述了一份上疏，让身边人记录下来呈给曹叡。

上疏之后，高堂隆就去世了。

上疏说："老臣记得先帝黄初年间，有一只怪鸟全身鲜红，诞生于宫殿的燕子窝里（黄初之际，天兆其戒，异类之鸟，育长燕巢，口爪胸赤）。这是上天发出的警告，要防止鹰扬之臣兴起于萧墙之内。老臣建议，最好让诸王在封地内建立军队，像棋子一样在全国星罗棋布，分布在全国重镇，拱卫皇室保护中央，维护首都所在的京畿。"

疏中所指何人，不言而喻。

曹叡细细翻读，字字揣摩，深受震动：高堂隆在生命的尽头才敢说出来的这番诤言，竟然与若干年前皇叔曹植的上疏如出一辙！再联系到陈矫对司马懿的评价，曹叡不禁开始重新审视这位被大家称之为"鹰扬之臣"的老太尉。

司马懿如今身为朝廷首辅，拥重兵于关中、雍、凉，与皇帝曹叡形成分陕而治的局面。如今关东的曹叡沉溺于享乐之中，而关西的司马懿则励精图治，两相对比，足以令有志者忧心。

曹叡产生了警惕之心。

恰好此时，三代割据辽东的公孙家族公然反叛。曹叡意识到，这是一个名正言顺地把司马懿调离他的势力范围——关中的大好时机。

抱持"告成归老"之心态，方能逢凶化吉

公孙家族，从董卓时代开始统治辽东，至今已经传到第三代，其现任掌门人是公孙渊。

第一代掌门人公孙度，凶悍而能干，刚上任就杀戮了当地上百户豪强，以血腥的镇压建立起了稳定的秩序。安内之后，公孙度开始攘外，把当时刚刚学会耕地的倭人、还处于石器时代的挹娄、实行分封制的三韩和能耕善战的高句丽，都治得服服帖帖。

汉王朝最衰弱混乱的时代，一个连中原逐鹿资格都没有的小军阀，就这样轻而易举建立起了在东北亚地区的霸权。这就是文明的威力。

第二代掌门人公孙康，是公孙度的儿子。当时，曹操刚刚扫平河北，袁绍的两个儿子袁尚、袁熙跑来投靠公孙康。公孙康自忖没有实力得罪曹操，就把二袁的脑袋砍下来送给曹操，表示臣服。曹操长途奔袭，也早已是强弩之末，对辽东鞭长莫及，索性做了个顺水人情，撤军。

公孙康在国内受了气，就跑到国外去撒气。他武力压服了三韩，

将宗女嫁给马韩中最有前途的百济。他还利用高句丽的内部矛盾，攻陷其都城，迫使高句丽王迁都。公孙康切断汉中央与东夷的一切往来，俨然以汉王朝的海外代理人自居，独霸东北，其"东北亚霸主"的霸业达到鼎盛。

第三代掌门人，按理应该是公孙渊，可惜公孙康死时，儿子公孙渊年纪还小，只好由弟弟公孙恭继任。公孙恭小时候患了一种病，丧失了作为男人的功能。反映到统治风格上，懦弱不能治国，对外向曹魏一味讨好，当时的皇帝曹丕自然投桃报李，封公孙恭为车骑将军，假节、封侯。

公孙渊性格强悍，能力出众。在他看来，叔叔的作为无异于卖国求荣。长大之后，他悍然发动政变，把无能的叔叔推下台去扔进监狱。公孙渊接过了辽东的最高权杖，誓要恢复祖父和父亲两代的无上荣光。

别看三国已然鼎立，我公孙渊偏要来分一杯羹。

公孙渊小心翼翼地把政变的情况报告给曹魏皇帝，以试探宗主国的反应。

曹叡对于辽东的内部纷争根本就懒得过问，只要你坚持一个魏国就好。他派使节封公孙渊为扬烈将军、辽东太守，等于承认了公孙渊统治的合法性。

公孙渊的野心得到了刺激，胆子变大。他决定放开手脚，干一票大的："远交近攻"——派人从海路前往江东联络孙权。

孙权一看，远在辽东的公孙渊居然主动向自己示好，非常高兴，也前后多次派使者前往辽东对公孙渊进行国事访问，顺便买一些辽东的战马回来建设东吴最薄弱的骑兵。

东吴与辽东打得火热，孙权高兴之下派两名高级官员张弥、许晏，一名武官贺达，带了一万军队和无数的金宝珍奇，前往辽东册封公孙渊为燕王。

公孙渊并没有真心与孙权交好，他惧怕近在咫尺的曹魏的军事威胁，便杀掉了张弥、许晏，把人头献给曹叡，同时侵吞了孙权的军队和财宝。

孙权被这事气得暴跳如雷，自认为这是有生以来吃的最大的亏。他指天发誓："我孙权如果不把公孙渊的人头砍下来扔到海里，就枉为人主！就算我死了，也不后悔！"（不自载鼠子头以掷于海，无颜复临万国。就令颠沛，不以为恨。）说完，就要建设海军，跨越重洋攻打辽东。幸好东吴的臣子们还是头脑清醒的，拽着孙权的大腿苦苦劝谏，才算平息了孙权的怒火。

曹叡收到公孙渊送来的东吴大使的人头，很高兴，封公孙渊为乐浪公、持节，并且把那个很不吉利的最高军衔大司马给了公孙渊，寄托了希望公孙渊早点翘辫子的美好期望。

"大司马"果然不愧曹魏时代第一杀手职位的美称。曹仁当上大司马，两年就病亡了；曹休当上大司马，两年也病亡了；曹真当上大司马，一年多就挂了。公孙渊年纪正轻，命比较硬。他担任大司马的这一年，还有五年时间可供他折腾。

公孙渊自以为雄才大略：既在与孙权的交往中吞并了财产和军队，又讨好了曹魏，可谓一石二鸟。公孙渊简直怅恨：可惜无缘早生五十年，否则当与曹操逐鹿中原，与刘备一较高下！

两边都占便宜了，当然也就把两边都得罪了。这个道理公孙渊不懂没有关系，有人教他懂。

派往洛阳献人头表忠的辽东使者，打探到绝密消息："曹叡将要派来封赏您为大司马、乐浪公的使者，都是精心挑选的武林高手，其中有个叫左骏伯的更是一等一的高手，要提防啊！"（使者左骏伯，使皆择勇力者，非凡人也。）

公孙渊大吃一惊。他本来就因与东吴暗中勾结而惴惴不安，生怕曹魏兴师问罪，如今更是畏惧恐被曹魏这个使者团一举颠覆自己的政权。他决心暗中安排，先下手为强。

曹魏使者傅容、聂夔手捧大司马、乐浪公的印章和委任状，带着使节团行进到辽东境内。辽东方面的接待人员把两位大使迎接到学馆。只见学馆周围刀枪林立，数千步兵骑兵顶盔掼甲高度戒备。傅容、聂夔战战兢兢，步入学馆，发现馆中更是军队、侍卫、保镖一应俱全。

辽东的独裁者公孙渊一身戎装高高端坐在宝座之上，表情阴鸷，目露凶光。

傅容壮着胆子请公孙渊下来领旨，公孙渊毫不客气，派一个手下把圣旨拿了，冷冰冰地说：有劳两位大使了。

傅容、聂夔迫不及待地逃出辽东回到洛阳，把情况一五一十回禀给了曹叡，曹叡震怒。

公孙渊，朕早就想收拾你了，苦无借口而已。天作孽，犹可违；自作孽，不可活！

天子一怒，流血漂橹。可惜，流的不是辽东兵的血，而是魏军的血。

幽州刺史毌丘俭奉命统率魏军和鲜卑、乌桓的军队，武力征讨公孙渊。公孙渊浑然不惧，决定御敌于国门之外。

公孙渊派出军队，屯驻在入辽东的咽喉要道——辽隧。

辽东有条大河叫作辽水，辽水的东面有支流小辽水。在辽水与小辽水的汇合处，就是辽隧。毌丘俭的雄兵来到这里，正好赶上大雨十几天，辽水泛滥。毌丘俭不熟悉地形，再加上这样的突发情况，与公孙渊的辽东兵接触之下，战局不利，就知趣地退兵了。

公孙渊跟孙权玩外交，跟曹叡玩政治，跟毌丘俭玩军事，全面完胜，野心急剧膨胀，竟公开反叛。他自立为燕王，设置百官，改元"绍汉"——翻译成白话也就是"继承汉朝"的意思。公孙渊利用祖孙三代在东北亚的霸主地位，发出诏书封鲜卑王为"单于"，联合周边的一些少数民族来骚扰曹魏。

这就是司马懿面临的敌人，东北亚头号军事强人公孙渊。

景初二年（238年）的正月里，司马懿得到诏书，紧急从长安赶往洛阳。他清楚，曹叡此番召他进京是想把消灭公孙渊割据势力的任务交给他。

司马懿最近几年闲得手痒痒，再加上之前与诸葛亮打仗一味坚守，心里也憋得慌，早就想找个机会好好打一场痛快淋漓的大仗了。公孙渊，是个够分量的对手。

司马懿赶到洛阳，面见曹叡。曹叡很客气地说："公孙渊造反了，本不足以劳动太尉大驾，但朕想一举解决公孙渊以永绝后患，所以只好麻烦你。你觉得我军出征，公孙渊如何应对？"（此不足以劳君，事欲必克，故以相烦耳。君度其行何计？）

司马懿略加思索，毕恭毕敬地回答："强弱悬殊，公孙渊的辽东兵不是我军的对手。他如果能事先弃城逃跑，这是上策。"（弃城预走，上计也。）

哦？曹叡大感意外：弃城逃跑已是败了，怎么会是上策？

司马懿回答：强弱悬殊之下，既已无胜算，则保留实力为上。公孙家族在辽东经营三代，倘若将辽东郡百姓、钱粮、兵员悉数带走，给我军留座空城，然后再利用地形之便不时骚扰我军在辽东的驻军，同时煽动周边的夷狄一起造反，则公孙渊于暗处神出鬼没，而我军在明处疲于奔命。不留重兵，则辽东得而复失；留有重兵，则泥足深陷。一旦吴、蜀再乘虚而入，则公孙渊可以收复辽东，逐我军出门。

曹叡点点头：果然是上策，凶险之极。那中下策又是什么呢？

司马懿接着说："像对付毌丘俭大军一样，据守辽水，御敌于国门之外，是为中策（据辽水以距大军，次计也）。固守辽东首府襄平，那就是坐以待毙了（坐守襄平，此成擒耳），这是下策。"

曹叡点点头，又问："以太尉之见，公孙渊会采用哪一策？"（其计将安出？）

司马懿胸有成竹："只有高明之人才能知己知彼，忍痛割爱放弃辽东，这不是公孙渊所能达到的境界。我曹魏大军千里出征，公孙渊一定认为我军不能持久，肯定会先据守辽东，而后坐守襄平，也就是先用中策，后用下策。"（必先距辽水而后守，此中下计也。）

曹叡明白，司马懿的上策已是炉火纯青、谋之巅峰，非极高明、极大胆之人所不能用，看来公孙渊休矣。他接着问："太尉估计此战，来回需要多久？"

司马懿斩钉截铁："往百日，还百日，战百日，休息六十日，一年足矣。"

曹叡终于拍板，认可了司马懿的战略构想，派出步兵、骑兵四万人。有臣下说，四万人太多了，千里远征，后勤和经费恐怕跟不上啊。曹叡摆摆手："辽东距洛阳四千里，如此远征虽然要出奇兵，但也要靠过硬的军事实力说话。不应该过多地计较经费问题。"（四千里征伐，虽云用奇，亦当任力，不当稍计役费。）

曹叡除拨予四万步骑之外，还下令驻扎幽州的毌丘俭军也受司马懿全权指挥。司马懿得到了曹叡的莫大支持与信任，四万雄兵盔明甲亮，战马嘶鸣、战旗招展，曹叡亲自送别。司马懿率领曹魏大军，从洛阳城西明门出发，前往四千里之外的辽东。

曹叡送走司马懿，松了一口气：这位当朝首辅、鹰扬之臣，终于被朕调离关中，送到辽东去了。等你归来之日，再予调防，不让你回关中，也就顺理成章。公孙渊，算是帮了朕的大忙。

司马懿对此并非一无所知。不过，他回忆自己的用兵生涯，大部分时间都在帝国的西南一带作战，如今却要用兵东北这个陌生的地方，人生年年有新鲜之事，不禁倍感兴奋。

曹叡特诏命令司马懿的三弟司马孚、长子司马师送司马懿取道河内温县老家，恩准停留数日。

少小离家老大回，乡音无改鬓毛衰。

已到花甲之年的司马懿骑在战马之上，望着道路两旁越来越熟悉的风物景观，感受到了家乡的气息。

叶落归根，终于要回家了。

河内温县，原本是个寂寂无闻的小地方。自从出了个司马懿，温县人每次出门跟人打招呼都底气十足：在下是温县的，与司马太尉是同乡。

温县有些年纪大的老人，还经常给孩子们讲司马懿年轻时候的故事：司马太尉可了不得，当年年纪轻轻就胸怀大志，慨然有忧天下之心！魏武帝两次派人登门来请，才请得动他出山！

年轻一辈的人们则更多是在魏、蜀战场的故事中听到这位本乡先贤，怎样用二十四天攻占上庸擒斩孟达，怎样让卧龙诸葛亮束手无策呕血而亡。在当地，司马懿就是个活着的传奇。

所以，当"老太尉要还乡了"的消息传遍大街小巷时，平静的温县沸腾了。大家争相打听老太尉回来的确切时间，想要一睹这位传奇人物的容貌。而温县乃至河内郡的大小官吏们则忙着接待事宜和安全保卫工作。司马懿还乡，成为这段时间温县居民茶余饭后的最大话题。

司马懿踏入温县，久违的亲切感涌上心头。他想起了动荡的童年，想起了隐士胡昭的师友情谊，想起了老父的威严和兄长司马朗手把手教自己读书识字的情景。

温县万人空巷，主干道上人头攒动，父老乡亲们拥堵在两边争相看着司马懿，远处有些顽皮的少年攀登在树上朝这边张望。行列最前面的是河内的郡守和典农中郎将，跟在后边的是各县的县令。官员们诚惶诚恐地一路小跑来到司马懿马前，搬过下马凳扶老太尉下马。

司马懿对于下级官员，从来不摆架子。但他更感兴趣的是满口温县话、吵吵嚷嚷的乡亲们。司马懿宣布：今天我司马懿奉旨讨贼，路过温县。陛下赐予温县父老牛肉、美酒、谷米、布帛，从今日起大摆筵席，我愿与父老乡亲同欢共醉！

万众欢腾，齐声叫好。

司马懿与父老故旧连饮数日酒，抚今思昔，感慨万千，兴致大发，当场吟诗一首：

  天地开辟，日月重光。
  遭遇际会，毕力遐方。
  将扫群秽，还过故乡。
  肃清万里，总齐八荒。

>　　告成归老，待罪舞阳。

　　吟罢，继续痛饮。父老们听到司马懿吟出"待罪舞阳"这样的不吉利句子来，都有点茫然无措。再看司马懿仍然谈笑自若，便放下心来继续吃喝。

　　你们都只见我司马懿人前显赫，谁能知道我几十年如一日在这个位置之上，是怎样的战战兢兢如临深渊如履薄冰啊。当今皇上曹叡雄才大略，政自己出，他要是想解散我的势力，简直易如反掌。这次调我出关中，远征辽东，不能说没有这一考虑。如此情势之下，我司马懿手握重兵，怎能不帖耳俯首，善处人臣之分呢？唯有时刻抱持"告成归老、待罪舞阳"之心态，方能逢凶化吉、转否为泰。

　　热闹是乡亲父老的，我什么也没有。一个人的孤独不是孤独，人群中的孤独，才是骨子里的孤独。

　　司马懿毕竟有军务在身，不敢在温县久留。痛饮数日之后，便与父老乡亲依依惜别，带兵起程。面对公孙渊这样的军事强人，司马懿表现出无比的自信。他优哉游哉地把原计划中的六十天假期提前透支掉了。

　　世间已无诸葛亮，公孙渊哪里是我的对手？

　　司马懿闲庭信步，公孙渊可不敢怠慢。他做了三手准备：第一，派人到洛阳向曹叡称臣，表示不敢有二心，愿意继续为曹魏镇守东北边陲，以为缓兵之计；第二，操练士卒，修整武备，加紧备战；第三，派人渡海到东吴，老着面皮向孙权称臣请援。

　　公孙渊的反应，确实迅速而老练。

　　求援的使者到了东吴，孙权幸灾乐祸：公孙渊啊公孙渊，你也有今天！往日，你杀我两位大使，侵吞我一万雄兵和无数珍宝，向曹魏摇尾效忠，把我孙权当猴耍。如今风水轮流转，轮到我孙权杀你的使者啦。

　　孙权兴致勃勃，要拿辽东的使者开刀。羊衜劝谏道："您这样做,是逗匹夫之怒而废王霸之计啊!不如答应他们的求援,派出一支海军远远地在辽东半岛海域观望,如果魏军战败,我们就趁势上岸帮忙,可以得到公孙渊的感激;如果公孙渊战败,我们就趁火打劫,上岸掳掠他几个郡,然后满载而归。这才是高级的报仇办法。"

孙权一听,很有道理,就把辽东的使者叫来,说:"你们放心,我孙权一定发兵与公孙老弟同仇敌忾!"说完,就当着使者的面派了一支海军出去,同时还让使者给公孙渊捎个口信:"这次魏军的主帅司马懿用兵变化若神,所向无前,我很替老弟担心哪!"(深为弟忧。)

洛阳方面,曹叡收到公孙渊的信,自然不予理会。但是探子报来孙权出兵海上要为公孙渊助拳的消息,却不能不引起曹叡的高度重视。倘若孙权果真派兵协助公孙渊,则司马懿的四万人马就显得有些单薄了。

曹叡询问群臣,孙权会否倾力协助公孙渊,蒋济表达了否定意见,他说:"孙权的海军,深入辽东打陆战,则力不能及;在岸边耀武扬威,又不能对我军构成实际威胁。孙权对此是深知的。所以即便现在辽东被困的是孙权的儿子,孙权这只老狐狸也绝不会倾力相救,何况还是个曾经令他受辱的公孙渊?他发兵海上,只不过是遥为声援,坐收渔利罢了。"曹叡点头称是,不复以东吴为忧。

六月,司马懿抵达辽东。公孙渊的大将卑衍、杨祚已经率领数万辽东兵,在大小辽水之间的辽隧驻防,自南至北挖战壕二十余里,严阵以待。司马懿的四万魏军,刚刚行军四个多月,跨越四千里地来到这里,便碰上了如此坚不可摧的一块硬骨头。毌丘俭之前就是受挫于此,殷鉴不远,令人头疼。

但是,自诸葛亮死后,司马懿便自觉天地间再无敌手。

这道辽隧附近占尽天时地利的坚固防线,在饱经战阵的司马懿眼里,不过是形同虚设而已。

集腋成裘，
学习他人的长处

对付远征军，常规的做法是坚壁清野，深沟高垒，建设一道牢不可破的防线。一般来讲，易守难攻。诸葛亮攻打陈仓就是一个最典型的例子。只要能够坚守，待入侵者兵疲势老，自然就会退却。此时再趁势追杀，可收完功。司马懿对付诸葛亮的进攻，就是采取的这个办法。

但这个常规做法有个前提：对战双方旗鼓相当。而易守难攻也并非铁律，下面这条才是铁律——

善守者，攻难；善攻者，守难。

司马懿毫无疑问就是位善守能攻之人。司马懿抵达前线，观察地形，心中已有胜算。

司马懿手下的诸将牛金、胡遵之辈纷纷请战，想要强攻辽隧，司马懿微微一笑："贼军之所以坚壁防守，是想拖垮我军；如果进攻，正中他们下怀。"

简单的强攻和硬守，都非智者所为。司马懿摸清楚了辽隧的全部情况，利用所能掌握的全部条件，构思出一局很大的棋。

辽水北段，防守虚弱。这不是人人都能看到的事实，只有司马懿这样的绝顶高手,才能一眼捕捉到辽东兵防守的命门所在。

司马懿留了少量兵力挥舞着大量旗帜,在南面佯装进攻辽隧,而他则亲率主力部队从辽水的北部偷偷渡河,然后悄悄绕行,神不知鬼不觉地出现在辽隧的后方。牛金、胡遵一看,太尉果然用兵如神。既然已经绕到敌军后方了,那就赶紧发动偷袭吧!

牛金、胡遵与司马懿水平的差距,就体现在这里。

司马懿根本不急着进攻,他压根不怕暴露行迹,甚至明目张胆地派出两支军队:

第一支军队,沿着辽水在辽隧守军的背后大模大样地修筑起长长的防御工事;

第二支军队,把我军用来渡河的船只和架在辽水上的桥梁全部凿沉烧毁。

一切办妥之后,司马懿带兵向公孙渊的大本营襄平杀去。

牛金、胡遵一头雾水:"我们已经成功渡河绕到敌军身后来了,现在不攻贼而造防御工事,算怎么一回事?"

司马懿说:"古人曰,敌虽高垒,不得不与我战者,攻其所必救也。贼军主力在辽隧,后方必然空虚。我军直指襄平,辽隧守军肯定害怕大本营失守,会主动回防求战。这时候我们再和他打,可以有十成胜算。"

辽隧的守将卑衍、杨祚对于防守很有信心。上次毌丘俭的大军就是顿挫于辽隧之下。这次通过积极备战,辽隧被修造得更加坚固,况且周边还有长达二十多里的战壕,司马懿即便插翅也难以飞越这铜墙铁壁、深沟高垒的辽隧防线。

辽东兵躲在战壕里嗑瓜子聊闲天,全然没有把魏军放在眼里。虽然辽水对岸的魏军整日价摇旗呐喊,却不敢真正进攻,卑衍、杨祚认定了他们只是虚张声势,等粮草一尽自然就退兵了。

然而,一连串的不利消息打破了两位守将的迷梦:

报!魏军出现在辽隧后方!

报！渡河的船只、桥梁都已经被魏军焚毁！

报！魏军在我军后方建造了防御工事，主力已经直扑襄平而去！

卑衍、杨祚大吃一惊。一天前，辽隧还是坚不可破的防线；一天后，辽隧就已经变成一道废防线了。更可怕的是，一天前，魏军是进攻方，辽东兵是防守方；一天后，魏军已经在身后修筑起防线，成为防守方，而辽东兵居然倒变成进攻方了！

一夜之间，攻守易势！

司马懿用兵，果然变幻莫测。卑衍、杨祚再也不敢懈怠，他们带领数万辽隧守军跳出战壕，尾追司马懿而去。卑衍、杨祚打定主意：你司马懿围困襄平城，肯定一时半会儿拿不下；我军作为援军赶到，与城里守军里应外合，定教你司马懿吃不了兜着走！

吃不了兜着走的，当然不是司马懿，而是卑衍、杨祚。

谁说我要去打襄平？司马懿杀了个回马枪。

司马懿虽然剑指襄平，其意却在辽隧。他深知辽隧守军不除，围困襄平只能使魏军陷于被动。之所以在辽隧后方毁船焚桥、建立防御工事，火速赶往襄平，都是为了引蛇出洞，好一网打尽。

探子报告：辽隧守军果然倾巢而出，尾追我军而来！

司马懿对牛金、胡遵说："之所以不进攻他们的大营，正是为了让他们来找咱们。这个时机要抓住啊。"牛金、胡遵恍然大悟，摩拳擦掌，待司马懿一声令下，调转枪头对辽隧军迎头痛击。

卑衍、杨祚大败，司马懿穷追不舍，三战三捷，把这支数万人的军队全部歼灭，这才挥军扑向襄平。

二战前，法国花费全法国一年的财政收入在法德、法意边境建造了一条坚不可摧的马其诺防线，自以为高枕无忧。没料到德国军队攀越阿登山区，从北边取道比利时绕开马其诺防线，迅速占领法国全境。

一千七百多年前，司马懿绕开辽隧防线的计谋，近似于此。然而两相比较，司马懿的谋略要复杂、高明得多。此战综合活用了声东击西、瞒天过海、围魏救赵、调虎离山等多项计谋，堪称战史上的经典范例。

公孙渊得知辽隧防线失守，心知情势不妙。公孙渊最近听闻了很多诡异的事情：有条狗戴着帽子穿着绛紫色的衣服爬上屋顶（犬冠帻绛衣上屋）；有户人家煮饭，打开蒸笼发现里面是一个蒸熟了的婴孩（炊有小儿蒸死甑中）；襄平的北边挖出来一块肉，没有手足但是能缓缓地动（襄平北市生肉，无手足而动摇），这估计就是"太岁"之类的东西。但是对于自然科学不发达的古人来讲，异象纷呈足以成为不祥的预兆。

公孙渊咬咬牙：自古以来，攻城最难。襄平城牢不可破，我重兵坚守，想必你司马懿也没有办法。何况，我还有一位帮手马上就要到。这帮手可是魏军的天敌，自从曹操时代起魏军就屡屡吃它的亏！

司马懿的大军试图完成对襄平的合围。公孙渊抱着最后一丝希望，死守襄平城。

司马懿四万大军围困襄平城，在城周围深挖战壕，打算把襄平城围得密不透风。公孙渊插翅难飞，除了缴枪不杀，别无出路。

时间进入七月。七月流火，正式进入秋季。一位魏军的老对手来了，在这位老对手的手中，无论是名将于禁、庞德还是曹真、司马懿，都没有占到过半点儿便宜，反而大栽跟头。这位老对手，在今年的七月又如期而至。

大霖雨，连绵不绝的大霖雨。

战无不胜的魏军天不怕、地不怕，偏偏有"大霖雨恐惧症"。当年，"五子良将"之一的于禁，与西凉猛将庞德所率大军，就是被这样一场大霖雨搞得全军覆没；而不久前，曹真的数路伐蜀的计划，也是在一场连绵不绝的大霖雨中泡了汤。

魏军对于大霖雨，心里有阴影。大雨下了一个多月还没有要停的迹象，河水暴涨，平地数尺大水。很多魏兵都是第一次离家这么远出来打仗，听老兵们讲以前水淹七军的故事，极其害怕。魏军军心恐慌，各种谣言和怨言丛生，有的说按照以往的惯例，估计不日就要撤军。再这样下去，很有可能要爆发可怕的"夜惊"甚至大规模逃兵事件。

也有的军官,建议司马懿迁徙营地,挑选一处干燥的高地重新驻扎。如果这样,那么现在对襄平形成的合围之势就要前功尽弃,襄平守军很有可能借机出逃或者向周边的少数民族搬救兵。

不止前线军中,洛阳方面也是人心惶惶。大臣们援引曹真伐蜀的先例,纷纷请求撤回军队。曹叡顶住压力,对司马懿抱有信心:"太尉临危制变,擒杀公孙渊指日可待。"

司马懿当然没有辜负曹叡的期望。他不是于禁,更不是曹真。他清楚,现在魏军营地驻扎的地方并非洼地,不可能被大水淹没。而一旦搬迁营地,对于军心士气是个打击,也会给对手以可乘之机。

既然大霖雨不可能造成实际的威胁,那么下面要解决的就是军心问题。

司马懿下令:军中胆敢有再提迁徙营地者,杀无赦!

都督令史张静犯颜直谏。他认为,这仗再打下去,恐怕三军将士都要成河鱼腹中之食。张静把生死置之度外,为三军将士请命。张静正气凛然,他的身后站着许多士兵,一起起哄。

司马懿毫不犹豫,把张静按照军法斩首示众。

也许你说得对,你的立场很正义,可是军人的天职是服从。军纪是军营的最高准则。

三军整肃,人心安定,没有人再想搬迁营地的问题了。司马懿下令,接着挖战壕,把襄平城围到水泄不通!

但是,这还只是解决了问题的第一步。襄平城里的辽东兵一看,发大水了。我们是出不去,可你们也过不来。他们兴致勃勃地跑到城外面来打柴、放牛,甚至互相嬉戏打闹,存心气魏军。

魏军哪里受得了:我们成天在苦水里泡着,战靴里都要长黄鳝了,你们就每天这么惬意着,这可不成。于是纷纷向司马懿请战。

司马懿一律不许,只是下令加紧挖战壕。

军中的司马陈圭看不过去了,向司马懿表达自己的疑惑:"同样是远征,为啥打孟达的时候速战速决,现在却不慌不忙?"

司马懿耐心地解释:"孟达人少而粮多,我军人多而粮少,所以要跟时间赛跑。现在敌众我寡，敌饥我饱，加之阴雨绵绵，想速战速决而不能。我只怕公孙渊跑，不怕他守；跑了难抓，坐守只能待毙。"

陈圭看到的，只是同为远征的表象；司马懿洞察的，则是形势迥异的实质。

老天没有办法，只好放晴了。最后几滴依依不舍的雨滴对襄平城中的公孙渊表示爱莫能助，我们不是司马懿的对手。

阳光普照，魏军心情大好，干起活来格外卖力，甩开膀子挖战壕建防御工事，终于对襄平城形成了合围。

公孙渊已经彻底绝望了，他觉得自己在坐以待毙。然而更让他绝望到崩溃的事情还在后头。

司马懿望着城头，抱歉地笑笑：当年诸葛亮对陈仓城使用的手段，我将悉数请君笑纳。

司马懿的一大优点，是擅于学习他人的长处。

你在司马懿身上，可以看到他的很多对手和朋友的影子：曹操的雄猜多疑，曹丕的谲诈善变，孙权的隐忍务实，贾诩的韬晦自保，甚至于诸葛亮的守战之具和行军阵法。

世无粹白之狐，集腋成裘。

这正是司马懿得以在群雄并起、猛人如云的三国时期立足不败之地的原因所在。

战壕和防御工事的合围完成，司马懿正式开始进攻襄平城。魏军在地面上堆起高高的土山，以便窥探城内的动向。城下有投石车，乃是当年曹操在官渡之战中对付袁绍用的，一颗颗石头砸击在襄平城头。

城下，司马懿派魏军挖掘地道，以使城墙塌陷，并伺机突进城中。云梯勾搭城头，战士们攀缘而上，用盾牌挡箭，斩杀城头的辽东兵；冲车轰击城门，数十丈高的楼车上，连弩兵的火力掩盖整个襄平城头。司马懿把四万大军分成两拨，昼夜轮番进攻，务必给城内营造一种天塌地陷的视听感受。

在这种强大的物理攻势和心理攻势的双重压迫之下，襄平城里的人已经受不了了，成批成批地翻城墙跑出来投降。之前辽隧的守将杨祚，就是其中一员。悲观情绪在襄平城中弥漫开来，粮食已经全部吃完，人们开始吃耕牛、吃战马、吃战友、吃邻居……

天公也来助兴。一颗雪白的流星拖着红色的尾巴划过天幕，落在襄平城东南方向的梁水附近。

公孙渊惶惶不可终日。他知道这场灾难是谁带来的，他觉得身边已经没有了可信任的人。时间进入到八月，公孙渊派出他的相国王建、御史大夫柳甫两位老头儿，前往司马懿的营中。

王建和柳甫请求司马懿解除包围、撤出军队，公孙渊君臣将会自缚谢罪。

这种缓兵之计，对于司马懿来讲简直是痴人说梦。司马懿冷笑一声，下令把这两个伪政权的伪官员杀头示众，然后派人给公孙渊捎信：

敬爱的公孙大司马：

你好！

春秋时期，楚国和郑国地位平等，郑国国君尚且亲自光着膀子出城谢罪。我司马懿乃是天子任命的高级官员，你的伪相国和伪御史大夫居然就妄想让我撤军解围，这符合礼节吗？

又及：对了，你派来的那两个人年纪太大，头脑发昏，我已经替你把他们杀掉了。你如果有诚意，可以派个年轻的会说话的过来。

司马懿

燕王公孙渊看了司马懿的信，气得浑身哆嗦。但是没有办法，只好派侍中卫演再到魏军营中。

卫演来到司马懿帐中，匍匐在地，说：敝主愿意把他的亲儿子公孙修送过来为人质。

司马懿一听，指着卫演的鼻子教训："现在你们有五个选项：第一，主动出击，一决胜负；第二，继续守；第三，跑；第四，投降；

第五，死。你们不肯投降，那就是选择死了。我司马懿的字典里，没有'人质'两个字。"

公孙渊彻底绝望了，襄平城一溃如崩。

司马懿终于打破襄平城，公孙渊父子带领数百骑兵突破包围，往东南方向逃跑。司马懿派出铁骑追杀。在梁水附近，曹魏铁骑追上公孙渊父子，犹如砍瓜切菜一般砍下这位东北王的头颅。公孙渊残缺的尸体倒下，死在前几天流星落下的那个位置。

司马懿领导的这次犀利的长途奔袭和精确的斩首行动，彻底终结了东北亚军事强人公孙渊的称霸美梦。

公孙渊死在不自量力，不能审时度势。三国早已经不是他祖父公孙度时代群雄并起，人人可分一杯羹的时代了。如今被淘汰剩下的三个国家，都是百炼成钢、精粹中的精粹。辽东能够祖孙三代相传五十年，自保至今，已经是莫大的幸运。公孙渊不能保境安民，为一方造福，却横挑强邻、妄图建立三国之外的第四国，实在是不自量力。他的败亡，早在他自称燕王的时候就已经注定。

公孙渊也是曹魏最后一位大司马。"大司马"这个受过诅咒的职位，至今已经克死了四个人，于是被曹魏永久地封存了起来。这样一来，司马懿担任的太尉，就成了实至名归的最高级别军衔。

公孙渊的一场春秋大梦结束了，襄平城的噩梦却刚刚开始。

司马懿打下襄平城，大开杀戒。他下令把襄平年十五岁以上的男性七千多人全部杀死，筑成"京观"。

所谓京观，是古代战争中把敌军尸体堆积之后，掩土夯实，高出地面筑造成金字塔形状的东西，以炫耀武力。这是一种带有巫术意义的远古陋习，后代评书小说中的所谓"铁丘坟"就是类似的东西。

司马懿下令，伪政权公卿以下所有官员一律处死，杀死将军毕盛等两千多人，威震辽东。

为司马懿作传，无须虚美，不必隐恶。屠城虽然是汉末三国时期战争中常有的事情，但是司马懿的这次规模较大的屠杀活动，毫无疑问是后人诟病他的一大人生污点。

一将功成万骨枯。在司马懿果决的杀戮之下，曹魏顺利收复辽东。自汉末延续五十多年的割据势力被彻底铲除。

辽东收复战，与司马懿预想的一样，历时近一年。从庙算到出兵到行军到围城，最后破城，整个过程一气呵成，堪称是一次教科书式的远征。

曹叡兴奋之余，派使者到以前公孙瓒的大本营蓟县犒劳三军，给司马懿嘉赏封地。

然而，辽东收复战也成了司马懿与曹叡最后一次亲密的合作。

时间已经是仲秋时节，天气渐寒。

年老的司马懿做了一个仲秋夜之梦，而这竟成为君臣永诀的征兆。

权力较量：
庙堂更胜战场

深夜，司马懿在襄平批阅文件，处理善后工作，不胜疲惫。他不禁慨叹，人生真是不服老不行啊！以前曹操在世的时候，为了博取曹操的信任，即使夜以继日，却不觉苦不觉累，浑身往外冒着劲儿。现在干的只是脑力活，居然已经疲惫到这个地步。

司马懿趴在案头，打算小憩一阵。

正睡到半梦半醒时分，忽然一阵阴惨惨的风吹来，司马懿觉得膝盖上格外沉重。他睁开眼睛，迷迷糊糊见到一个人仰躺在自己的膝盖上。司马懿大吃一惊，努力去看，却觉得眼前一片模糊，看不真切。只隐约看到这人龙袍加体，头戴冕旒，俨然是当今天子曹叡！

司马懿又惊又疑，赶紧要起身行大礼，却听到曹叡说："视吾面。"司马懿不敢违抗，朝曹叡的脸上看去，却见曹叡的脸逐渐扭曲变形，在幽幽的灯光映照下显出一种青白色的狰狞！（梦天子枕其膝，曰："视吾面。"俯视有异于常。）

司马懿"啊"的一声坐起身来，却是黄粱一梦。一些文书卷册落在自己腿上，可能是睡觉时不小心落下去的。司马懿一身虚汗淋漓，回味刚才的梦，觉得不是吉兆，决定早日班师回朝。

司马懿往回走到蓟县，天子曹叡派了特使来犒赏三军，还给司马懿封赏了新的封地。司马懿这才知道，那个仲秋夜之梦不过是自己多虑罢了。是呀，皇上今年才三十四岁，春秋正盛，怎么可能有大恙呢？司马懿放下心来，放慢速度往回走。

走了一程，使者带来曹叡的谕旨，命令司马懿可不必到洛阳见礼，直接回长安驻守。司马懿遵旨往回走。

刚走到河内境内的白屋时，忽然有洛阳的专使快马传来诏书，命令司马懿把军队交给部将，紧急赶回洛阳。司马懿觉得诧异：前后两份诏书，内容怎么是相反的？

不容司马懿多想，诏书又像催命一样纷至沓来。三天之内，连下五道紧急诏书。最后一份是曹叡的手诏："朕盼望你赶紧到，到了以后免去一切礼节和手续直接进宫，视吾面。"

司马懿这才大惊失措：原来那个仲秋夜之梦竟是一梦成谶！本还以为"视吾面"是曹叡叫他"看我的脸"，原来是"见我的面"的意思！朝廷的专使还为司马懿安排了"追锋车"。追锋车是魏晋时期一种经过改装的轻便驿车，行走速度飞快故名"追锋"。司马懿赶紧上车，一路风驰电掣，赶往洛阳。

洛阳到底发生了什么事？

曹叡快要死了。

曹叡继承了他的爷爷、父亲的好色传统，沉迷女色，以至于都生不出孩子来。曾有大臣就此事进谏，认为伤其十指不如断其一指，陛下您应该独宠一人，子嗣之事方可有望。这番话科学上有没有依据我不清楚，总之曹叡只生过一个孩子，而且转过年就死了。

前面说过，曹叡对于建筑行业有着特殊的爱好。他不仅大兴宫室，而且还亲自干活。这一点，成为后世史家对曹叡的最大诟病，以至于都足以掩盖他的其他优点。

曹叡既爱女色和建筑，同时还很勤政。他日理万机，在位时期把政权牢牢握在手中，所有大事都由自己决策。他还与尚书台抢活儿干，以至于引起尚书台官员的抵制。

这样一个好色狂、建筑狂和工作狂，又长期生活在宫殿之中，不怎么锻炼身体，得场急病死去乃是合情合理的事情。但是没有人料到，他会这么短命，毕竟他才三十四岁！

曹叡死前，伺候在他身边的，乃是刘放、孙资。

刘放、孙资是老臣，自从曹操时代起就担任秘书工作，是曹魏的"文胆"。刘放文笔出众，孙资智计过人，两人合作亲密无间，因此从曹操时代干到了曹丕时代，依旧能够屹立不倒。

曹丕时，出任中书，大权在握。二人分别担任中书监、中书令，掌握国家机要工作。曹叡即位，把大权牢牢抓在自己手里，外朝之臣譬如三公就完全形同虚设；而内臣则大大吃香。

刘放、孙资就是典型的内臣。

司马懿情知内臣不可怠慢，因此与刘放、孙资交情很好。刘放是冀州人，孙资是并州人，在曹魏政权中既非汝颍世家，又非谯沛集团，而是靠直属皇帝以取得地位。司马懿是河内人士，与二人都属于北方人，从乡里的关系上看也很密切。借着这层老乡的关系，司马懿已经把刘放、孙资变成了自己人。

曹叡病危，身边的重臣只有刘放、孙资两个笔杆子，随时听候曹叡的口谕，做好最后的记录。刘放、孙资伺候曹叡多年，对朝中形势摸得一清二楚。毫无疑问，按照当前曹叡对于司马懿的信任度以及司马懿的地位，司马懿必将成为首席托孤重臣。司马懿的上台，对于刘、孙二人无疑是利好消息。虽然他们二人已经快要退休了，但是他们还有儿孙，需要司马懿的照顾。

他们拿着笔，摆好简册，预备记录。

曹叡张开嘴，吃力地作最后的人事安排："以燕王曹宇为大将军，与领军将军夏侯献、武卫将军曹爽、屯骑校尉曹肇、骁骑将军秦朗，共同辅政。"

刘放、孙资面面相觑：没有司马懿！

曹叡开出的这个名单，都是曹魏宗亲。

一号：曹宇

曹操的儿子，少年天才曹冲一母同胞的兄弟。他虽然是皇叔，但比曹叡大不了几岁，自小与曹叡交好。曹宇为人谦恭识大体，得到曹叡的赏识，因此被封为大将军。

二号：夏侯献

夏侯家族的后裔，具体是哪位的骨肉并不清楚。

三号：曹爽

前任大司马曹真的儿子。

四号：曹肇

前任大司马曹休的儿子，也是和曹叡从小玩大的伙伴。

五号：秦朗

曹操的养子。他的父亲秦宜禄可算是三国版的陈世美。他本来在吕布手下做事，出使袁术时，袁术把一位汉朝的公主许配给了他。秦宜禄的发妻被抛弃在了徐州。当时刘备哥仨在曹操手下混饭吃，秦宜禄的妻子杜氏是关羽的梦中情人，关羽向曹操请求城破之后把杜氏许配给自己。曹操答应了。但是关羽隔几天就来请求一次，曹操被勾起了兴趣：莫非这杜氏是绝色美女？徐州城破，曹操把杜氏带到自己府中先验货。一看，果然不错，就留下自个儿享用了。秦宜禄的儿子秦朗，就被曹操收为干儿子，所以秦朗虽然是外姓，但与魏室宗亲无异。秦朗与曹叡的关系，也不是一般的好。

曹叡拟定的这个辅政名单，绝非病昏了头，心血来潮，他是经过深思熟虑的。的确，按照常规思路，首席辅政非资格最老、功劳最高的司马懿莫属。即便不是首席，最起码司马懿也应该列席辅政名单之中。

但是，曹魏毕竟姓曹，不姓司马。

曹植的上疏、高堂隆的绝笔、陈矫的暗示，都逼着曹叡不得不面对一个现实的问题：如何处理司马懿这个功高盖主的大权臣？本来，曹叡的想法是先调司马懿离开他的老巢关中，再逐步削弱他的兵权。

但是，病情突然恶化，使得曹叡没有足够的时间完成这个温水煮青蛙的计划了。大限将至，逼迫曹叡必须快刀斩乱麻。

于是曹叡拟定了这个纯粹由曹氏、夏侯氏的宗亲所组成的辅政名单，以最干脆利落的动作，将司马懿的权势一刀截断在曹叡时代，使之不至于蔓延到下一个时代。

不可否认，由于事出突然，这个辅政名单没有进行过仔细的推敲。但是，政权落入自己人手，好歹强于落入外姓人手。

这就是生命垂危的曹叡所考虑的问题。

刘放、孙资没有办法，虽然一万个不情愿，还是不得不老实记录、对外公布，请五位辅政大臣即日起入朝主持大局。曹叡强撑着不死，这位具有超强意志力的皇帝要在生命的最后关头，监督着政权的平稳过渡。

燕王曹宇被请进朝，担任大将军的职位，开府治事。其他四位辅宰，也都一齐上位，开始办公。

曹宇憋屈在自己的领地多年，对朝政的得失了然于心。他上任第一天，就向曹叡请示：司马太尉已经平定了公孙渊，就让他回驻地吧，不必入朝述职了。曹宇知道司马懿的能耐，不想在这关键时刻让他横插一脚。

曹叡首肯。

曹氏宗亲得势，极度郁闷的不是还蒙在鼓里的司马懿，而是刘放、孙资。

刘放、孙资执掌机密这么多年，一直是曹魏苛待宗室政策的强力支持者。他们清楚，所谓疏不间亲，一旦宗室得势，执掌机密的工作肯定轮不到他们这些外人。刘放、孙资狡兔三窟，他们早就与司马懿内通外达，打成一片，不仅是为自己安享晚年找好退路，也是为子孙营建进身之阶。

辛辛苦苦几十年，一夜回到解放前。曹叡的不按理出牌，使他们二人数十年苦心经营的心血毁于一旦！

不能坐以待毙，刘放、孙资决定做点儿什么。事情的导火索，是一只鸡。

刘放、孙资有次进宫，路上遇见夏侯献、曹肇。刘放、孙资赶紧满脸堆笑，点头哈腰地跟这两个小自己几十岁的年轻人打招呼，不料夏侯献冷哼一声，扭过头去，把二人晾在当场，气氛异常尴尬。

恰好，宫外一只鸡扑闪着翅膀飞到树上，宫人急急忙忙驱赶那只鸡，鸡就是不下来，反而在树上耀武扬威、不可一世。曹肇指着鸡笑着对夏侯献说："鸡虽然待在树上很久了，还能再待下去吗？"说完，用眼睛瞅瞅刘放、孙资，夏侯献大笑，两人扬长而去。

刘放、孙资的脸都绿了。

机会也来了。

机会出现在曹宇担任大将军的第四天。

当时，曹宇、刘放、孙资、曹爽四人服侍在曹叡的病榻边，询问一些事情。曹叡突然气息微弱，只有出的气没有进的气了。曹宇见大事不好，跑下殿去喊曹肇。

说来也怪，曹宇一跑开，曹叡的病情就缓和了一些。

机敏过人的刘放，自然不会放过这转瞬即逝的千载良机。他拉拉孙资的袖子，使了个眼色。孙资明白刘放的意思，但他老成持重，觉得不能轻易冒险。孙资微微摆了摆手。

刘放急了，轻轻在孙资耳边说："咱俩就快一块儿下油锅了，还有什么不行的？"（俱入鼎镬，何不可之有？）孙资闻言惊悚，便以常人不易察觉的幅度点了点头。

两人计议已定，一起膝行到曹叡跟前，痛哭流涕。曹叡被哭得心烦：我还没死呢，你们哭个什么劲儿？两人对曹叡说："如果陛下驾崩，天下可以托付给谁？"

曹叡很不耐烦，凝聚起气力，以极其微弱的声音回答："你们没听到我说要托付给燕王曹宇吗？"（卿不闻用燕王耶？）

刘放说："第一，先帝遗命不能让诸侯王辅政！第二，陛下您病重期间，曹肇、秦朗每天调戏那些服侍您的爱妾，燕王以重兵封锁宫殿内外的消息,不让臣下进来看您。您才病了几天,就已经内外阻隔、社稷堪忧了,所以我和孙资冒死进谏!"

刘放说完,孙资也配合大哭起来。他们出演如此之大的一场戏,完全没有回避在场的第三人——曹爽。

他们要把曹爽也拉入伙。

曹爽不是傻瓜。他在一边默默听着,心路历程也在悄然发生变化:如果曹宇、夏侯献、曹肇、秦朗下台,我的朝堂排名可能一下子由第三而跃居第一,何乐不为?他心里暗暗盘算,究竟是跟刘放、孙资一起玩风险极大的政治赌博来博取朝堂排名第一的位置,还是安安稳稳跟在曹宇的屁股后面做三把手。

刘放、孙资、曹爽三人心有默契,一起演戏,曹叡已经受不了了。他万万料不到自己所亲宠的几位宗亲居然都是这等人物。我曹叡还活着,你们就已经无法无天了;我一旦驾崩,你们眼中哪里还会有皇帝?

曹叡病入膏肓。他之所以能够支撑到现在,全是凭借顽强的意志,其实神智已经不清,丧失了往日卓绝的判断力。在三人的串联之下,曹叡勃然大怒,问:"谁可以代替曹宇之流?"

刘放、孙资赶紧把曹爽推到台前:"曹爽将军可以担当大任。"

曹叡瞥了曹爽一眼,质疑:"你能担当这么重的担子?"

根本没有时间给曹爽思考。一把手还是三把手,决定必须在一瞬间做出。曹爽一下子被推到台前,心里紧张,汗流满面说不出话来。刘放轻轻踩了曹爽一脚,贴在他耳边教他说:"你就说臣以死奉社稷。"曹爽这才连声说:"臣以死奉社稷!"

刘放这才透露真实想法,试探着对曹叡说:"司马太尉,可以协助曹爽。应该紧急下诏请他回来。"

曹叡点头。

刘放、孙资见大事已定,兴致勃勃出去宣布最新消息。他们犯了一个致命的错误:既然刘放、孙资能忽悠曹叡改变圣旨,曹氏、夏侯氏一样能劝说皇上收回成命。

果不其然。曹肇听到消息跑进来，赶紧跪在病榻之前痛哭，请求曹叡收回成命。

曹叡这个时候一阵清醒一阵糊涂，已经全然没有了主见，又答应了曹肇的要求，让曹肇出去宣布刚才的圣旨作废。曹肇喜滋滋地跑出去宣布修正版圣旨。他犯了与刘放、孙资一样的致命错误。

最高层的政治斗争进行到这样白热化的程度，拼的就是谁犯的错误少了。

刘放、孙资听到情势又有变更，赶紧一溜儿小跑面见曹叡，一齐劝说。曹叡只想耳边清静一点儿，又答应了刘放、孙资。刘放、孙资这次吸取教训，口说无凭，立字为据，要皇上写手诏。曹叡连抬手的力气都没有，喘着气说："我病重，写不了字。"（我困笃，不能。）

刘放、孙资哪管这个，把笔硬塞在曹叡手里，一人平端简册，一人把着曹叡的手，强行写下了手诏。写完手诏，刘放、孙资扔下奄奄一息的曹叡，跑出宫去，宣布戒严，罢免曹宇、夏侯献、曹肇、秦朗四人的辅政之职，责令他们立即返回原岗位，严禁逗留洛阳！

曹肇等人要进宫门再劝说，哪里还有机会！没有办法，只能哭着离开。

刘放、孙资担心夜长梦多，赶紧派人前往河内紧急召回司马懿。

司马懿乘坐追锋车，四百里的路途一天就到了。司马懿翻身下车，被刘放、孙资接着，一路往宫里跑去。刘放、孙资边跑边把最近的事情简要地汇报给司马懿。

司马懿跑进宫里跪倒在病榻前，曹叡已经气息奄奄，朝不虑夕，他听到响动，忽然伸出一只手，问：是太尉来了吗？

司马懿赶紧握住曹叡的手，手上没有一点儿血色和热度。这分明已经是一个死人的手了啊，眼前这个人，除了还有残存的意识以外，已经和死人无异了！曹叡静静躺着，面容坚毅，大家看得出来，他正在凝聚最后的力量。

过了许久，曹叡开口："朕为了以后事相托，连死都忍下来了。

朕忍死等你，得以相见，没有遗憾。你要和曹爽一起，好好辅政。"司马懿纵使铁石心肠，听到这番掏心掏肺的话也不免泣不成声。

曹叡缓了缓，又吃力地转动眼球指示方位，说："这孩子就是太子，你好好看看，别认错了。"（此是也，君谛视之，勿误也。）

司马懿这才注意到，床榻边还跪着两个孩子，一个是齐王曹芳，一个是秦王曹询。曹叡没有子嗣，这两个都是宗室的子弟，被曹叡认领为养子。其中一个七八岁的孩子，从服色上看正是太子曹芳。

曹叡聚起最后的力气，对曹芳说："快，抱抱老太尉！"（又教齐王令前抱宣王颈。）曹芳听了，怯生生地走到司马懿面前，伸出双手搂住了司马懿的脖子。

司马懿抱起曹芳，拉着曹叡的手，不禁想起当年曹丕托孤之时，痛哭道："陛下应该还记得，当年先帝不也是这样把陛下托付给老臣的吗？"（陛下不见先帝属臣以陛下乎？）

这样温情的画面，令人不胜欷歔，不知内情者纷纷流下泪来。然而，谁又能料想到，在这温馨之前，曾是多么惊心动魄的政治斗争呢？

曹叡听到司马懿的话，再无遗憾。也许他也梦回了父皇托孤的那一年。当时，他还是一个多么生涩而满怀抱负的少年啊！

死去元知万事空，但悲不见三国同。

这位小秦始皇，恋恋不舍地结束了他在人世间三十四年的短暂旅程。他来过了，他看到了。他胜利了吗？

天知道。

总之，随着曹叡的离世，朝廷顿时演变成了曹爽、司马懿分庭抗礼的格局。司马懿回到了久违的战场——朝堂之上。

一番无比血腥、比沙场更加残酷百倍的新较量正在等待着这位六十一岁的老人。

你能应付得来吗，司马懿？

06 飞龙在天：
朝堂之争，离不开枪杆子

不可将客气当福气，
同床异梦才是真相

到目前为止，司马懿对曹爽没有任何不良印象。这位身为当朝首辅的皇室宗亲，丝毫没有骄横跋扈的纨绔习气。他以恭谨谦逊的后辈身份，时时向司马懿请教。朝中事无大小，如果不先向司马懿请示，曹爽绝不自作主张。

司马懿一向谦卑以自牧。得到曹爽的如此敬重，司马懿更是人敬一尺，我还一丈。曹爽既是曹魏首辅，又是皇室宗亲，能如此礼敬自己，实属难能可贵，万万不可将客气视为理所当然，颐指气使。因此，司马懿总是把曹爽推在台前，自谦老朽无能，后生可畏。

当朝宰辅曹爽与司马懿这一少一老就这样同心同德，通力合作，使朝政清明，时人传为美谈。

然而，这只是表面。同床异梦，各怀鬼胎，才是真相。

曹爽依靠刘放、孙资的帮助，排挤了燕王曹宇等其他宗室竞争对手，政治投机成功。但他清楚，真正的较量才刚刚开始。

曹爽不是等闲之辈。他能够突然在曹叡死后迅速崛起为曹魏政坛的超新星，也绝非撞大运那么简单。

曹爽的父亲，是司马懿以前的同僚曹真。曹真的军事才华虽然不是一流水准，但他善待部下，身先士卒，为人豪爽，赢得了司马懿的尊重。曹爽一定程度上继承了父亲的优点。他自小就以谨慎稳重而在宗亲中有较好的口碑，又因和曹叡关系铁，从而由散骑侍郎做到武卫将军的位置，更在曹叡临终托孤之际，抓住刘放、孙资与曹宇等人的矛盾，一跃成为当朝第一人。

曹爽虽然贵为首辅，官居大将军，假节钺，加侍中、录尚书事、都督中外诸军事，赐爵武安侯，食邑一万两千户，但是他十分清楚，自己名字前面那一长串的官位和爵位并不代表真实的实力与权力。老太尉司马懿年高德劭，长期活跃于战场，被朝野上下看作"朝廷之望"。最重要的是，司马懿在政界、军界摸爬滚打数十年，积累的崇高威望和深厚人脉都远非曹爽所能望其项背。

曹爽何尝不想一朝权在手，便把令来行？可是刚刚获得的官职，其实只是空头支票，并不代表账户上的现有资金。满朝官员买不买账，关键还要取决于自己的实力和表现。

所以，曹爽谨慎处事，小心翼翼地避免在刚上台时就引起司马懿的敌意。他卑躬屈膝，对司马懿执子弟礼，以此来赢得司马懿的信任和朝廷上下的口碑。在不引起司马懿敌意的情况下，曹爽还要加紧建功立业以赢取政治资本。直到终有一日，首辅之名实至名归，那才可以与司马懿分庭抗礼。

不当头、不称霸，韬光养晦，有所作为，这就是曹爽在执政初期的基本方针。

曹爽的小九九，哪能逃出韬光养晦的祖师爷司马懿的法眼？

但是，司马懿一贯奉行敌不动我不动。曹爽对自己甚为谦恭，司马懿并没有理由打压曹爽。而且，司马懿也不确定曹爽下一步究竟想干什么。如果曹爽的所作所为并未侵犯自己的利益，司马懿完全可以睁一只眼闭一只眼，放任自由。当前最重要的，是潜心军政事务，以博取更大的声名和实际利益。

曹爽根基尚浅，司马懿时机未到，两人当面和和气气，背后各自积蓄力量，应对随时可能到来的发难。

第一个动作来自曹爽。曹爽主动上书皇帝，请求给司马懿加官。

司马懿当前的官职是太尉，已经是三公之一，位极人臣，怎么还能再加？曹爽自有办法。他搬出了两个更牛的官职，奏请皇上恩准。

第一个官职，是封存已久的"大司马"，第二个则是传说中的"太傅"。

太傅，是《周官》里面的官职，仅次于传说中的"太师"，职责是辅导太子。太傅这个官职，汉朝曾经启用过，但不常设，乃是荣誉性的官职。

史书上说，曹爽请求为司马懿加官太傅，是明尊暗贬，架空司马懿的做法。这个记载大概是曹魏或西晋的史官为了给曹爽抹黑而捏造的罪状之一，把曹爽严重弱智化了。

反驳理由可以有这样几个：

一、曹爽试图为司马懿加的官，乃是大司马和太傅两个，太傅固然可能是虚职，但大司马在曹魏乃是响当当的头号军衔，握有实权。

二、司马懿在与曹爽共同执政后的第八年才告老回家。难道司马懿反应这么慢，第八年才突然醒悟：原来加我为太傅是夺权？

三、史书上明确记载了司马懿除太尉外，还有侍中、持节、都督中外诸军事、录尚书事等一系列官职和特权，难道也因为加了一个太傅而一起剥夺了？

四、司马懿在曹芳在位初期，还有过两次中等规模的军事活动。如果他已经无权无责，这两次用兵如何解释？

总而言之，说曹爽此时就已经把司马懿架空，为时过早。这一方面污辱了曹爽的人格，另一方面也贬低了曹爽的智商。曹爽对于中国官场的规矩摸得很清楚：永远不要简单认为权力一定会随着官职而升降。汉武帝朝的宰相，权力远远小于得宠的内官。

什么样的人，就办什么样的事；多大的事，就有多大的权。权随事走，事在人为。

朝廷方面，因为大司马这个职位已经克死过好几任大司马，太不吉利，所以给司马懿加官太傅。

司马懿欣然接受。有些人，容易被捧杀，一旦身居高位，简直不知所措，开始膨胀甚至胡作非为以加速自己的灭亡，比如吴质。司马懿不是这样的人，他明白解决"高处不胜寒"的最佳诀窍：踏踏实实地办最关切民生的实事，以积累良好的政治声誉。

曹叡时代最大的弊政，就是大兴土木，工程繁多，百姓不堪其苦。司马太傅新官上任三把火，为民请命，罢除现役的民工上万人，使百姓得以安居乐业。司马懿的次子司马昭这时候也已经担任洛阳的典农中郎将。他秉承父亲的精神，废除一些小规模的工程，不影响老百姓耕作和收获的时间，赢得百姓的交口称赞。

在司马懿父子踏踏实实积累政治声誉的时候，曹爽也没有闲着。

曹爽面对司马懿，最大的劣势在于孤身一人，没有形成自己的党羽和政治集团。

曹爽仔细分析可以拉拢的势力：

朝中老臣，大体倾向司马懿，不好拉拢；新进官员，人微言轻，还在观望形势，不会死心塌地跟着自己；曹氏宗亲，经过夺权事件后，继续被牢牢禁锢在各自的封地。何况，曹爽在宗亲之中，资格既非最老，关系也非最亲；上次夺曹宇的权，等于已经把宗室得罪过了，如今起用宗室，乃是杀敌一千、自损八百的蠢事，曹爽当然不会去干。

要想在短期内迅速建立起一支忠诚可靠，政治素质过硬，足以与司马懿相抗衡的政治团队，难度非常高。

但是这难不住曹爽。他决定用非常之策，非常之人。

曹爽想起了曹叡时代在全国范围内有重要影响的一宗大案要案。他要起用的人，正是当年那批政治犯。

曹爽取出了尘封已久的绝密卷宗，掸去灰尘，细细翻看。随着灰尘的簌簌掉落，八年前一桩扑朔迷离的政治大案逐渐浮出水面。

当时还是曹叡时期，太平日久。虽然边疆还时有战事，但帝国的心脏地带早已远离了刀光剑影，远去了鼓角争鸣。在这太平安逸的环境中成长起来的新一代的年轻人，渴望刺激和不平凡。

这代年轻人中，最杰出的人物有三个：何晏、邓飏和夏侯玄。

何晏，是汉末最有权势的人物大将军何进的孙子。何进死后，曹操照例把何进的儿媳妇笑纳进自己的后宫，收何晏当了干儿子。有了这样的出身，何晏自然不把太子曹丕放在眼里。太子穿什么样的衣服，何晏也穿什么样的衣服，以至于两人老在公共场合撞衫，曹丕恨得咬牙切齿，暗骂何晏是"假子"。

何晏出身高贵，又是寂寞的青年哲学家、曹魏第一帅哥，在中国帅哥史和思想史上都很有地位。在魏晋思想界万马齐喑的时代，何晏犹如一颗启明星，前承汉末经学之余绪，后启魏晋清谈之先风，著作有《论语集解》《道德论》等，都是非常有分量的作品。

高贵而寂寞的帅哥思想家何晏，和另一位天才曹植一样，遭到了腹黑之王曹丕的羡慕嫉妒恨。曹丕即位之后，何晏郁郁不得志，只好在寂寞的香气里顾影自怜。

曹丕死后，曹叡立即宣召何晏进宫。何晏非常激动，以为将迎来政治上的春天，大展拳脚。然而，曹叡看中的只是他的文学才华。曹叡让何晏为自己新盖的大楼写一篇赋。在这位雄才伟略的皇帝眼中，何晏不过是个高级文学侍从罢了。

我何晏天纵英才、满腔热忱，难道就要以此终老？心有不甘，无可奈何。

邓飏的来头更猛：他的祖上是东汉开国第一功臣邓禹。但是邓飏的仕途更坎坷：他曾担任尚书郎，接着外放洛阳令。洛阳是曹魏的首都，世家势力盘根错节，人事关系异常复杂，洛阳令根本就算不了什么官，顶多就是个打杂的管家。邓飏不知道得罪了什么人，惨遭免官。辉煌的仕途戛然而止。不久，邓飏又被起用为小小的中郎官，才智不得充分发挥。他对现实政治一肚皮牢骚。

夏侯玄，出身为缔造曹魏帝国而立下汗马功劳的军功世家夏侯家族。祖辈夏侯惇、夏侯渊，都是杰出的军事统帅；父亲夏侯尚，在曹丕时代也是军界三大将星之一。夏侯尚死后，年仅十七岁的夏侯玄继承父亲的爵位，不到二十岁就担任散骑侍郎。散骑侍郎，只有曹魏帝国最杰出的青年才俊才能担任，乃是无上的荣耀。然而，这种荣耀却遭到了裙带关系的玷污。

曹叡宠爱的毛皇后，有个弟弟毛曾，粗鄙不堪，居然也被任命为散骑侍郎。有一次，曹叡令毛曾与夏侯玄同坐，时人调侃之为"芦苇靠在玉树上"（蒹葭倚玉树）。夏侯玄愤愤不平，怒形于色。曹叡恼怒之下，贬了夏侯玄的官。

朗朗如日月入怀的夏侯玄，如今只好独酌邀明月，试问今夕何夕。

何晏是最负盛名的思想家，邓飏是八面玲珑的社交达人，夏侯玄则具有非凡的人格魅力。他们满怀理想与抱负，带着年轻的偏激与青春的张扬，憧憬汉末士人们指点江山激扬文字、以天下为己任的情怀，模仿他们玩起了人物品评。他们掌握了曹魏的民间舆论，把政坛的人物重新评过。这三个怀才不遇的青年才俊终于走到了一起，这注定是一场时代盛会。

他们激烈抨击不合理的用人制度：凭什么官二代能通过九品官人法平步青云，而穷人家的人才却湮没不彰？

他们极其不满当前的权力分配：为什么国家的最高权力要掌握在一群暮气沉沉的老年人手里，却不能任用最有激情的青年政治家锐意革新？

以夏侯玄为领袖，以何晏、邓飏为核心的政治沙龙越玩越大，吸引了更多不甘平庸的年轻人的加入。其中有诸葛亮的族弟诸葛诞、司马懿的长子司马师、旧臣李休的儿子李胜、刘放的儿子刘熙、孙资的儿子孙密……

事态的扩大、舆论的激化，终于引起了朝廷的不安。建安时代的老臣董昭出面，要求朝廷取缔这个非法社团，处罚有关人员。

几乎所有的参与者，都受到了相应的处罚：他们被定了个"浮华"的罪名，贬为庶人；他们的档案中有相关记录，从此政治前途一片黯淡无光；这简直是一次汉末党锢的翻版。

我说的是"几乎所有的参与者",也就是说,有例外。例外者,正是司马懿的大公子——司马师。

浮华案发的时候,司马懿正在西部对蜀作战的第一线与诸葛亮斗智斗勇,他万万没料到年少气盛的司马师居然会卷入这样的是非之中。事情是怎样摆平的,史书并没有记载。我们只知道,司马师完全没有受到浮华案的影响。

从此之后,司马师与他曾经的朋友们分道扬镳。他通过父亲的手腕和关系网,顺利成为一名公务员。司马师要靠继承自父亲的血统与权谋,在仕途之上稳步攀升。

而他曾经的朋友们——何晏、邓飏、夏侯玄,则只好沉潜水底,忍耐寂寞,等待着出头的时机,期待着实现抱负的机会。在他们眼里,曹魏政权目前虽然还运行得四平八稳,但早已经老朽腐败,有待新鲜血液的注入和制度的改弦更张。而司马懿这种上了年纪的老官僚显然没有改革的魄力,他们期待着能有一位年轻执政者出现,成为他们的领袖。

曹爽合上案卷,闭目沉思。踏破铁鞋无觅处,得来全不费工夫。哪里还能寻找到如此完美的合作伙伴?

曹爽这次没有向司马懿请示。他自行其是,进行了一系列人事任免与调动:

邓飏,起用为颍川太守,入为大将军长史。

何晏,起用为散骑侍郎。

夏侯玄,起用为中护军。

李胜,起用为洛阳令。

几个大刀阔斧的动作,将浮华案的政治要犯都收入自己麾下,一个代表新势力的政治集团初见雏形。

曹爽建立政治集团的动作,并没有逃过一个政治投机客敏锐的眼睛。此人智商高绝、权谋满腹,堪称翻版的小司马懿,主动上门找曹爽求官。

朝堂之争，离不开枪杆子

此人叫丁谧，他有四个特点：

第一，丁谧是曹魏元老兼曹操老乡丁斐的儿子，不折不扣的官二代。

第二，丁谧智谋深沉，是玩权谋的高手。

第三，丁谧为人孤僻自傲，不与外人交往。

第四，丁谧眼界极高，野心极大，一心想要位极人臣。

丁谧有足够的野心和能力，却没有配套的运气。他曾在邺城与一位王爷发生冲突，结果胳膊拧不过大腿，坐牢。是金子，在牢房里也会发光的。曹叡听说丁谧颇有才干，就把他请出狱来，拜为度支郎中。丁谧并不推辞，权且干起来。

丁谧岂是池中之物？小小度支郎中当然并不能满足他。

曹爽得势，积极着手组建政治集团的行动，被政治敏感度极高的丁谧尽收眼底。他本能地察觉到：机会来了。丁谧大摇大摆找曹爽要官，曹爽破格提拔他为散骑侍郎，让他与何晏、邓飏等人通力合作。丁谧根本不把这两个搭档放在眼里，他一心想做曹爽的"帝王师"。

另有一位年纪稍长的毕轨，是曹操时代一位典农校尉的儿子，也投在曹爽麾下。曹爽任命他为司隶校尉。

何晏、邓飏、丁谧、夏侯玄、李胜、毕轨，这批人各怀其才，为了不同的目的投到了到曹爽麾下。曹爽的政治集团基本成型。

司马懿却没有采取任何举措。他不需要采取任何举措，因为曹爽已经帮他做了一切。

曹爽热火朝天地拉帮结派，迅速提拔了何晏、邓飏等一批人，等于昭告满朝文武：这是我的政治集团！这是我的小圈圈！

但是，如果从反面来理解，曹爽划定小圈圈的同时，等于把绝大多数人排斥在圈圈之外。排挤出去的人，需要寻找新的靠山，自然就会自发地向司马懿靠拢。

所以，从表面上看，是曹爽在积极主动地建立自己的小圈子，从深层来理解，则曹爽建立完成小圈子的同时，司马懿也拥有了自己的派系。而且，曹爽的圈子在明处，司马懿的派系在暗处。古代君王，最忌讳的就是臣下拉帮结派、党同伐异。从这一点来看，司马懿的处境无疑比曹爽更安全，日后给曹爽加罪也更有借口。

但是，从曹爽的角度来考虑，这也是无可奈何之举：要想在政坛崛起，必须拥有自己的嫡系。有了嫡系，下一步才是考虑怎样扩大力量的问题。对此曹爽有个五步走的计划：

第一步，建立嫡系班底。这个班底，人员一定要少而精，每一个人都能够独当一面。这一步已经完成，夏侯玄、何晏、丁谧、邓飏……每一个都是曹魏帝国新一代的天之骄子，万里挑一的人中龙凤。

第二步，控制人事部门，从而将选拔权与任免权牢牢掌握在手中，以此来逐渐改变朝中的实力对比。这是曹爽眼下要做的事情。

占据曹魏帝国人事部门一把手位置的，是吏部尚书卢毓。

卢毓是汉末大儒卢植的儿子，此时任职吏部尚书，职位虽然并不高，但掌握人事任免大权，一定程度上足以影响朝廷官员的组成成分，可以说是决定朝廷势力消长的一个枢纽。卢毓是世家大族的代表，又是老臣，自然对年轻而出身寒族的曹爽集团不利。

曹爽决定首先拿卢毓开刀，杀鸡给猴看。

他升迁卢毓为尚书仆射，把吏部尚书的职位空缺出来让何晏担任。轻巧的一个动作，就使朝廷的人事任免大权易主了。

但是，尚书仆射乃是尚书台的副官，属于核心要职。曹爽并不愿意让卢毓在这个要职上久留，故而不久就转任卢毓为负责执法的廷尉。接着，曹爽授意毕轨弹劾卢毓。毕轨现为司隶校尉，有权弹劾京师百官。

毕轨一弹劾，朝中沸腾了。眼看卢毓要被免职，身为世家大族的老官僚们察觉到这是一个危险的信号，人人自危。

现在他们对卢毓下手，我不说话；将来他们对我下手，谁还会为我说话？

世家大族群起反对，议论汹汹。曹爽见势不妙，便顺手把卢毓安插在光禄勋的位置上，以堵天下人之口。光禄勋乃是九卿之一，尽管近乎是个闲职，但品位很高，百官暂时无话可说。

曹氏与司马氏两派的势力平衡终于被打破了，天平逐渐开始向曹爽一边倾斜。

"卢毓事件"使曹爽清醒地认识到一个问题：朝中守旧势力很强大，要想推行新政，必须改变朝中的势力对比。这也使他意识到，夺下吏部尚书这个职位，实在是明智的选择。

第二步计划完成，曹爽有条不紊地启动第三步计划：夺取京师和宫廷的禁军力量。他任弟弟曹羲为中领军、曹训为武卫将军、夏侯玄为中护军，把宫廷的武装力量牢牢抓在了自己人手里。他又任命弟弟曹彦为散骑常侍、侍讲，试图通过对小皇帝曹芳潜移默化的教育来使其认可本集团的做法。

司马懿当年抓住曹丕，终于实现了仕途三级跳，跃居众多建安老臣之上；曹爽现在也要牢牢抓住曹芳，赢得未来。良好的开端，等于成功的一半。曹爽的五步走战略已经顺利实现了前三步，但心中没有任何成功的快感。因为，对手司马懿还没有采取任何行动。

只要司马懿不动，曹爽就难免心里发虚：老狐狸，你的闷葫芦里究竟装着什么灵丹妙药？

但司马懿已经不敢再对曹爽有半分低估与怠慢。这个年轻人的表现，已经充分证明了一点：我够资格做你司马懿的对手。

但是，真正先下手为强的，不是曹爽，而是司马懿。

早在司马懿升为太傅之时，他就推荐老同僚蒋济担任空缺出来的太尉一职，等于在朝中安插了一个强有力的内应。

对于小皇帝的影响力，司马懿也没有忽略。他的两位公子司马师与司马昭，都被安插在散骑常侍的位置上，时刻关注皇帝身边的动静。

唯独让司马懿没辙的是禁军。曹魏不成文的规矩规定只有曹氏、夏侯氏的宗亲，方可担任中领军、中护军。如今，中领军已经被曹爽的弟弟曹羲攫取，而中护军的位置上则坐着夏侯玄。司马懿只好继续静待时机。

曹爽抓牢了人事、军事两项大权，才放下心来，进行第四步计划。

曹爽集团，最大的一个问题在于太年轻；而中国的政治，一向是"老人政治"。年轻是资本，但不是资历。曹爽要打造、包装一位与司马懿资历相近的老人，作为本集团的有力外援，以与司马懿抗衡。

他找到的这个人，是"智囊"桓范。

桓范，是曹爽乡里的前辈，为人刚毅不屈，但智略绝人，江湖人送外号"智囊"。他是曹操时代的老臣，替曹丕编纂过百科全书《皇览》，替曹叡总督过青、徐二州的军事，可谓文武全才。但是他官运一直不佳，总督青徐军事的时候犯了错误，罢官了事。

极其抑郁的桓范不久又被起用为冀州牧。当时冀州牧归镇北将军管辖，而现任镇北将军以前是桓范的下属。桓范气鼓鼓对他正在怀孕的老婆发牢骚："我宁可做九卿，向三公跪拜，也不能屈为这种人的部下。"桓太太对桓范屡屡丢官很没有好气，现在见他放着大好的冀州牧不干，反而宁可做九卿，就讽刺桓范："你以前总督青、徐，别人难以做你的下属；如今让你做冀州牧，你又要别人难以当你的上司。"桓范恼羞成怒，竟把妻子打到流产而死。

桓范现在遂了心愿，官居九卿之一的大司农。曹爽时常来拜见这位乡里前辈，试图拉拢桓范。桓范表面对曹爽的年轻人团伙并不亲热甚至有些排斥，但却暗中接受了曹爽的拉拢。

司马懿对此一无所知。他根本没有想到，同为四朝元老的桓范，居然会被曹爽拉拢。这个疏忽，差点儿导致他满盘皆输。

曹爽的五步计划已经完成了四步，万事俱备，实现第五步计划的时机已经成熟。

第五步计划很简单，只有两个字：夺权，夺司马懿的权。

具体如何操作，曹爽还没有头绪。但是，没有关系，高人来点拨了。高人就是曹爽帐下的权谋专家丁谧。通过史料，我们可以推测丁谧与曹爽之间发生过如下的对话：

丁谧：您对太傅司马懿，似乎敬重得有些过了吧？

曹爽：没办法，谁叫他是老人家呢。

丁谧：他是老人家，当然应该对他有礼貌，甚至更礼貌一些——比如，他既然这么老了，有些琐事就不必去麻烦老人家了吧？

曹爽一点就通。他转身知会尚书台的尚书：以后奏报事情，只要来找我就好了，没必要再去找太傅。他是老人家，不要多麻烦他。我解决不了的事情，自然会亲自去讨教他。

尚书领命。

权随事走，事在人为。我不让你做事，哪怕你有无上权力，照样等于赋闲在家。

最近尚书不怎么来找司马懿奏事了，太傅府门可罗雀。先是组建嫡系班底，接着夺取人事大权，然后把触角伸入禁军，现在终于要对我司马懿下手了吗？

自"卢毓事件"起，司马懿就知道曹爽要夺权。但是，曹爽夺的不是我司马懿的权，而是世家大族的权。

世家大族之所以任曹爽宰割，命门在于——没有领袖人物！

曹操时代，世家大族的领袖是荀彧；荀彧死后，陈群继其后成为新一代的领袖。然而自从陈群死后，世家大族群龙无首，成为一盘散沙。

司马懿当然不能自己站出来说：我代表世家大族的利益。一来，河内司马氏乃是一个后起的小世家，比起荀氏、陈氏不足以服众；二来，自古枪打出头鸟，我司马懿要是站出来，无疑将会成为炮灰。

不过，如今世家大族的这个致命缺陷，看来却在由你曹爽慢慢弥补啊。

世家大族之所以没有领袖，是因为太强大，强大到在朝中没有任何对手，自然也就没有危机感了。"卢毓事件"毫无疑问是个危险的信号，只有在共同的利益面前，世家大族才会感受到联盟的存在。随着越来越多的世族官员被曹爽排挤出枢要位置，他们自然会慢慢团聚起来，寻找一位新的领袖。而在这生死存亡的危急关头，他们寻找的领袖自然不会是名声大、牌子老但却只会坐地清谈的汝颍世家，而只能是在政界、军界都有影响力的人物。

那么，舍我司马懿其谁？

唯一的苦恼是，如今司马懿已经快要被架空了。如果不能重获权力，即便被世家大族拥戴为领袖，也不过是个光杆司令，死路一条而已。

不过幸好，在这个节骨眼上，老对手孙权来帮忙了。

曹叡新亡，曹芳年幼，曹魏朝中新老势力又矛盾重重，哪还有比这更好的机会？投机分子孙权，自然不会放过这个机会。他立志，要把占便宜进行到底。

吴国的零陵太守殷礼给孙权提意见了："皇上，咱们老这么占人便宜没意思呀。魏国的皇帝一个接一个死了，曹爽、司马懿内斗，新皇帝又是幼童，这是千载难逢的大好机会。咱别占小便宜了，玩一票大的吧！咱们发动全国力量，联合蜀汉一起把魏国灭了得了！"

孙权一贯以见风使舵、投机倒把为能，哪里肯让蜀汉分一杯羹，他没理睬殷礼。他派出东吴军界的四号人物卫将军全琮入侵淮南的芍陂，三号人物车骑将军朱然包围樊城，政界新星、诸葛瑾长子威北将军诸葛恪进攻六安，头号人物大将军诸葛瑾、二号人物骠骑将军步骘兵出柤中。

东吴四大军界巨头外加政坛新星倾巢出动，声势不可谓不浩大。

全琮率领军队来到芍陂。芍陂是春秋时期楚国的孙叔敖在淮河流域修建的一项引水灌溉工程，之后近三千年直到今天依旧在造福百姓。曹操时代，曾经两次重修芍陂，为保证粮食的充足和地方的稳定起到了莫大的作用。

全琮的眼睛就盯到了这样一个伟大的工程上。他们的目的是搞破坏，让你曹魏没有粮食吃。全琮下令三军，拿着镐头、锤子，玩命砸毁芍陂，将里面的蓄水放出来淹没农田和村落。

扬州战区的最高统帅王凌得知消息后，不敢怠慢，一方面把战报送往京师洛阳，一方面亲自带着部下孙礼来救援芍陂。

孙礼是徒手打死过老虎的猛男，他发扬打虎精神与东吴的老兵油子们近身肉搏，暂时阻挡住了全琮的进攻。但是前线战事依然吃紧，总体兵力对比上，曹魏寡不敌众。一封封求援文书发送到朝廷。

荆州防区，以前的负责人正是司马懿。

战争时期，最容易集权。刚刚被夺权的司马懿，比任何时候都更需要一场战争来帮他重新夺回属于自己的一切。他立即主动请缨，南下杀敌。

曹爽心里一千个不愿意让司马懿重新带兵，他授意党羽站出来反对："当年关羽围樊城都久攻不下，如今孙权也别想轻易打下来。吴军顿挫于坚城之下，打着打着自个就玩完了，哪里用劳驾太傅亲自出兵呢？"

司马懿明白这是曹爽的意思。玩政治，也许老夫让你一头；玩军事，你就不要出来丢人现眼了。这是我司马懿的专属领域。司马懿大义凛然地驳斥："边城受敌而安坐庙堂，疆场骚动，众心疑惑，是社稷之大忧也！"

打狗当然看主人，这话就是骂给你曹爽听的，你看着办吧。

曹爽没有办法，只好让司马懿前往征战。老头子六十好几的人了，征战沙场肯定力不从心，就此打个败仗或者劳病成灾，对我来说，何尝不是好事？

曹爽完全估计错误。司马懿不是曹真，更不是曹休。司马懿信奉儒家，从小便注重修养身心，体格岂是纨绔子弟曹爽所能比的？司马懿心理素质极好，胜不骄，败不馁，面对诸葛亮的百般羞辱照样言笑自若，即便吃了败仗又岂会像曹真、曹休一样一蹶不振、一命呜呼？

更何况，司马懿打仗，何时战败过？

司马懿统领大军出征。他骑上战马，立即找到了久违的感觉。鲜亮的盔甲、招展的战旗、三军的鼓噪，耳闻目睹这些熟悉的场景和声音，无论多少次，都足以令司马懿神清气爽，恢复年轻！

司马懿，鱼也；战场，水也。如鱼得水，又岂会有劳病之说？

司马懿享受着这久违了的感受，勒兵赶赴前线，应对东吴四大军界巨头的联合挑战。

司马懿清楚，在南方打仗，不比关中、陇西。南方作战，最需要克服的乃是水土不服和气候问题。当年曹操赤壁之战，就是因为水土不服而致使瘟疫横行，被疾病打败了，从而使孙权、周瑜成就大名。司马懿当然不能重蹈覆辙，他决定不打持久战。

司马懿在樊城，首先遭遇了东吴军界第三巨头——朱然。

司马懿首先要试探一下，吴军此次进攻究竟是大举北伐还是照例占便宜来了。他派出轻骑兵，挑逗围困樊城的朱然。朱然继续闷着头默默围困樊城，对司马懿的挑逗不作任何回应。

司马懿摸清楚了吴军并没有战意，那事情就好办了。他让士兵就地休整，大张旗鼓地选拔其中的精锐，公开招募敢死队员，申饬军中号令，提升士气。全军群情汹涌，誓要保家卫国，痛打东吴侵略者。司马懿要给吴军传递一个错误信息：魏军要找吴军拼命。

朱然果然产生了错觉：看来司马老儿要动真格的了。皇上是让我们来占便宜的，不是让我们来拼老命的。你司马懿活够了，我还没活够呢。打得过就打，打不过就跑，拜拜了您哪！

朱然率领大军如一阵旋风般溜之大吉。司马懿见计谋得逞，便挥军大进痛打落水狗。追到荆、豫、扬三州交界处，终于追上了朱然的大军。吴军根本没有战意，哪里是魏军的对手？一阵厮杀过后，扔下了所有战船和一万具尸体，落荒而逃。

大巨头诸葛瑾和新星诸葛恪一看，朱然、全琮都退了，那咱也别待着了，撤吧。打虎亲兄弟，逃跑父子兵，一起撤退。

司马太傅老当益壮，再次向全国展示了自己的军事才华，也让曹爽发现他的集团有个致命的漏洞——不懂军事。枪杆子里出政权，如果不懂军事，不能掌控军界，一切都是白搭。

明白了弱点，曹爽便动起了新的脑筋。

权力永远与事务挂钩，
有事才有权

打退了东吴侵略者，曹爽论功行赏。司马懿官职已经加无可加，便又增加了两个县做封地，可以说是厚赏了。王凌指挥有功，曹爽对他刻意拉拢，把他连升数级提拔到车骑将军的位置上，授开府仪同三司。这就是蜀汉的李严所朝思暮想的"开府"，王凌轻轻松松就得到了这样的待遇。曹爽之所以肯下如此血本褒奖王凌，正是为了在军界培植势力，制衡司马懿。

孙礼作战神勇，却只得到了一封诏书的口头慰劳，外加七百匹绢的物质奖励。孙礼很清楚原因所在。

当年曹叡托孤，孙礼被任命为大将军长史，辅佐曹爽。孙礼这人性格耿直，心直口快，多次得罪了曹爽。曹爽把这个刺儿头从身边赶走，放了扬州刺史的外任。如今人事赏罚、任免的大权掌握在曹爽手里，他自然抓紧这个机会给孙礼穿小鞋。

孙礼虽然十分恼怒，但却无可奈何；司马懿窃喜，又一个勇将被推到了我方阵营。

司马懿重掌军权，决定借此机会进一步扩充权力。权力这个东西不是别人赋予了，你就拥有了。权力，永远与事务挂钩，有事才有权，否则权力只能是一纸空文。司马懿现在就要找事做。

事情就在眼皮底下。司马懿向朝廷请示：芍陂已经被吴贼破坏，请求恩准我主管此事，兴修水利。曹爽正好借此机会让司马懿在外边做事，以独占权力中枢，何乐而不为呢？于是忙不迭地答应了。曹爽还请求曹芳追封司马懿的父亲司马防为舞阳成侯，曹芳十岁的小孩子懂什么，当然唯曹爽之命是从。

司马懿并不推辞曹爽的讨好。他向朝廷谢恩，便开始着手兴修水利。

司马懿当年在关中，兴修水利可谓熟门熟路；如今重拾老本行，按理说问题不大。可是，司马懿对淮南一带的情况确实不大熟悉，而任务又迫在眉睫。兴修水利的老手司马懿，也不禁挠头不已。

身边一位下属结结巴巴地发言了：艾、艾、艾以为应该先、先考察陈、项以东，至、至寿春。

严肃而沉闷的气氛被一扫而空，将士哄堂大笑。司马懿也不禁莞尔，转头看向此人，只见他虽然被憋得满面通红，却依然神态平静。

这个人，叫邓艾。

邓艾，荆州人，出身贫寒，且是孤儿。他天生有口吃的毛病，因此在郡里不受重用，担任一些看守稻田之类的低级工作。邓艾不以为意，常常在高山大川之处观察形势，讲论排兵布阵之法，不被同僚所理解。后来，郡里任用他为上计吏，到洛阳汇报本郡的年度工作情况。

在洛阳，他邂逅了司马懿——他的命运从此开始悄然转折。

司马懿从上计吏的位置上起步，他对这个结巴却满腹才华的小上计吏很有好感，留在身边。今天，邓艾跟从司马懿兴修水利，大胆进言。他平素所积累的地理知识，终于牛刀小试，派上了用场。

司马懿当即拍板，派邓艾从陈、项出发，到寿春一带考察。邓艾回来，提出："田都是好田，就是缺水。请开渠引水灌溉，既能囤积军粮，又有利于漕运。"邓艾说完，还拿出了自己的考察报告和建议书——《济河论》。这些建议被司马懿全盘采纳，并委任邓艾修整、扩建芍陂。

这种活儿对邓艾而言，实在太简单不过。他在芍陂附近修建大小陂塘五十多个，大大增强了芍陂的蓄水能力和灌溉面积。

邓艾在兴修水利时所表现出的组织才能与对地理的熟悉，引起了司马懿的高度关注。不久之后，他调任邓艾参与征西军事，到对蜀作战的第一线考察其军事才能。

二十年后，邓艾在司马昭的授意下，策划领导了灭蜀的作战。凭借这一战，邓艾成为三国末期最杰出的名将，并且跻身中国第一流的将星之列。

司马懿兴修水利干得有声有色，朝廷之中也早已经风生水起，曹爽正式开始推行政治改革。

曹爽的目的很明确，他反对以世族论英雄。他想要一扫九品官人法的颓风，恢复曹操时代的任人唯才与昔日荣光，使逐渐老朽的国家机器重上轨道，让逐渐衰微的曹魏重振雄风。曹爽任用夏侯玄为中护军，让他来选拔武官；任用何晏担任吏部尚书，让他进黜朝廷中的文员。

夏侯玄果然不负所托。夏侯玄本来就以看人精准著称，他所选拔的武官，都有方面之才。无论是宫廷守卫，还是州郡长官，都人称其职，职尽其才。

何晏亦是颇有才干，他与邓飏合作，内外众职各得其才，史称"粲然为美"。

一个萝卜一个坑。新人的上台，必会将一批老人替换掉。随着曹爽新党的崛起，王观、高柔、蒋济、孙资、钟毓等一班老臣都逐渐被排挤出权力中枢。

当然会有失意的老臣上门找司马懿抱怨发牢骚，司马懿每次都以"今天天气不错"的方式，不接对方的茬儿。司马懿送走来客之后，关起大门，暗暗祈求：就让曹爽的改革来得更猛烈些吧。

改革越猛，怨气越重；干柴烈火，一点即燃。点火人，当然是司马懿。

不过火候尚未到，司马懿现在要做的，就是既要远离权力中枢不蹚这浑水，又要保证自己大权在握。他祭出了老办法：军事出征。

这一次，司马懿请缨攻打东吴军政两界的超新星——诸葛恪。

诸葛恪的父亲诸葛瑾，字子瑜，是诸葛亮的兄长，东吴现任大将军。

诸葛恪从小就表现出了极其敏捷的才思。有一次，孙权大宴群臣，牵出一头驴来，在驴面上写了"诸葛子瑜"四个字，以取笑诸葛瑾的长脸。

年幼的诸葛恪向孙权请求："让我添两个字。"

孙权正笑得前仰后合，挥挥手，让属下给诸葛恪笔墨。

诸葛恪拿起笔来，在"诸葛子瑜"下面添了两个字：之驴。满座皆惊，孙权下令：把驴赏赐给诸葛瑾。

诸葛恪弱冠而为骑都尉，成为太子孙登的侍讲，实际上是太子的老师。诸葛恪在军政界的成名作，是收服了令无数东吴名将头痛了很多年的山越。他不仅把山越民族在东吴的祸害连根拔除，而且还使山越人成为东吴最优秀、最充足的兵源，同时大量采获山越所居山岭的矿藏，使国用富足。

孙权大喜之下，封诸葛恪为威北将军、都乡侯。诸葛恪率领军队屯驻皖城、庐江一带搞屯田，把皖城建设成对魏作战前线的一个桥头堡。诸葛恪在兵精粮足之余，不断派人骚扰魏国，掠夺人口。

诸葛恪还有更大的野心，他派出大量的间谍和侦察兵，潜伏进魏国打探地理形势，试图把魏国南部的重镇寿春一举拿下。

皖城诸葛恪势力的存在，成为曹魏帝国的心腹隐患。司马懿决定拔掉皖城这个肉刺，曹爽势力再度予以阻挠。他们提出："吴贼据守坚城，兵精粮足。他们屯驻皖城，就是为了引诱我军前去进攻。如今我们孤军前往进攻，他们的救援肯定会及时赶到的，对我军不利。"

司马懿再度对这种书生之见表达了鄙夷："吴贼的长处，在于水战。我攻城，正是为了试探他的反应。他如果采用水战，就会弃城逃跑，那我军就不战而胜了；他如果固守，那东吴援军就只能弃船上岸前来救援。敌军弃长用短，更不是我军对手。"

曹爽集团再也不敢说话了。他们已经明白，跟太傅谈军事，完全是自取其辱。

司马懿率领大军抵达前线时，只见皖城上空浓烟滚滚。原来诸葛恪得知司马懿率领大军来攻，自忖不是对手，只好烧毁积聚，弃城逃遁。连叔叔诸葛亮都被你缠死了，我诸葛恪还有大好青春，可没有工夫陪你这个糟老头子玩。

司马懿不战而胜，下令就地驻扎。他兴修水利上瘾，奏请在淮北开淮阳渠、百尺渠，又命令邓艾在颍水南北广修陂塘，灌溉面积达到一万多顷。司马懿又采纳了邓艾的建议，在这里搞军屯。在司马懿的努力下，粮仓米库在淮北遍地开花，从前线到洛阳，一路都设有典农的官员和屯田的士兵。

朝廷里面纷纷传言：司马懿变成老农了。这老家伙，年纪大了，对土地有感情，成天玩种田，修水利，完全不接曹爽的招。曹爽也纳闷：司马懿这老狐狸到底在搞什么鬼名堂？

对这些传言，司马懿一笑置之。

政治斗争的风浪，司马懿见得多了。从来都是咄咄逼人者亡，楚楚可怜者昌。与其巧骗谲诈、机关算尽，不如拙诚质朴、不离其宗。当年曹丕得到贾诩教导，老老实实修炼为子之道，就化解了来自曹植的一切花哨的招数，一举而登上太子之位。

如今我司马懿也并没有什么诈术，不过是谨修为臣之道、为人之道而已。为臣之道、为人之道，说起来也很简单，八个字：低调做人，高调做事。

做人越张扬，便如木秀于林，风必摧之。实事干得少，则根基不稳，容易毁折。曹爽那批年轻人，的确很有想法，我老朽不及，但是他们也有着致命的弱点。他们锐意冒进，而不知适时变通；轻于实干，而急于成功。他们把朝中老臣得罪完了，而不自知。而且，他们不检点个人的私生活和品德修养，传出很多丑闻来。俗话说：好事不出门，恶事行千里。你们的丑闻，足以掩盖你们推行改革的一切成效。

司马懿不仅自己低调，而且还如此要求家人。常林是河内温县人，是司马懿乡里的前辈。他常常登门拜访司马懿，而司马懿对常林无比谦恭，每次见面都要行大礼。

司马师和司马昭很纳闷，问：父亲乃是当朝太傅，而常林只不过是太常而已，您这么拜他，是不是有点儿于礼不合？

司马懿正色道：太常虽然官阶没有为父高，但他年纪比为父大，乃是乡里的前辈贤人，难道不应该行大礼吗？

司马师和司马昭仍然有点儿摸不着头脑。司马懿见状，告诫这对兄弟："道家最忌气势太盛，为人自满。一年四季，尚且轮着来，我有何德何能常据高位？不断地自谦自损，再自谦自损，也许才可以免祸吧。"

司马师、司马昭一点即通。司马懿点点头：孺子可教，看来这两个孩子大有可为，不在老夫之下。

不过，司马懿有一点儿看不穿长子司马师。司马师为人豪爽，花钱如流水。据说结交朋友很多，但是从来不见他的朋友。司马师以前也赶时髦，跟何晏、夏侯玄他们混在一起，据说何晏还夸赞司马师"唯几也，故能成天下之务"，算是相当高的评价了。司马懿与曹爽之间已经矛盾重重，虽然隐而未发，但明眼人都看得出来。而司马师居然并不因此而回避与何晏、夏侯玄之间的关系，仍大大咧咧地言笑自若有如平常。

这孩子，心机真深啊。

司马懿继续低调做人、高调做事，但曹爽实在坐不住了。他知道，只要一日有仗可打，司马懿就一日不可能被完全架空。在军事上压过司马懿，才是釜底抽薪的办法。

他召集属下玩头脑风暴，想办法在军事上压倒司马懿。李胜和邓飏建议：蜀汉自从诸葛亮死后一直悄无声息，不如柿子捡软的捏，兴兵讨伐蜀汉，一举灭其国，以成大功。

曹爽思量之后，发现这的确是个好机会。司马太傅，很抱歉，即便是军事领域，在下也不会轻易让给你的；你在沙场上的活跃，到此为止了。

曹爽毅然决定讨伐蜀汉。他提拔夏侯玄为征西将军、假节，都督雍、凉州诸军事，也就是身居抗蜀第一线的总指挥。曹爽再任命李胜为将军长史，以随在军中出谋划策。

曹爽继承其先父曹真的遗志，开始了他伐蜀的处女战。

敌不动我不动，积蓄力量后发制人

司马懿非常清楚，曹爽发动这次战争的敌人有两个。军事上，是冲着蜀汉去的；政治上，是冲着我司马懿来的。

曹操时代，非宗亲不能掌握兵权。三十年河东，三十年河西。司马懿自从曹丕后期以来初入军界，征战沙场，建立了无上功勋，再加上曹魏皇室宗亲的军界巨头夏侯尚、曹休、曹真先后辞世，军权早就风水轮流转到了司马懿的手里。曹爽这次伐蜀，除了树立自己在朝中的威名之外，逐步将军权收归宗室，也当是目的之一。

司马懿当然不能同意。司马懿如今已经几乎被架空，尚书奏事从来不经由自己而是直接向曹爽负责。军权已经成为司马懿唯一的制胜法宝，最后的救命稻草。一旦失军权，司马懿就像拔了牙的老虎，连病猫都不如。

政治权力失去，军权再失去，下一步可能连身家性命都难保。司马懿并不是不愿意淡出军界，只是人在江湖身不由己。对手的步步紧逼，逼着自己采取正当防卫。

司马懿极力反对曹爽的伐蜀计划。他认为，蜀汉数年不主动进攻，如今正当兵精粮足。况且入蜀的道路险隘无比，气候变幻无常，当年大司马曹真就栽了跟头，前车之鉴后事之师啊。

曹爽不听取司马懿的意见。尚书台在曹爽手里，曹爽就是决策者。他自己提交策划，自己拍板，自己出征，根本无须你司马懿的同意。

曹爽唯一需要司马懿同意的是，他想带上司马昭一起出征。司马昭回来问老爹：父亲，你说我去不去？

司马懿笑笑：大将军有令，你敢不从？何须问老夫？

司马昭不大明白父亲的意思，不作声。

司马懿继续说：大将军用你，一来是希望你能够劝服为父，同意伐蜀；二来是希望利用我司氏在关中军的威望，来调动军队。

司马昭心中大致明白了，但他依旧低眉顺目，等待父亲训示。

司马懿眯起眼来：既然已经知道了大将军的用意，那你就反其道而行之，好好协助大将军吧。另外，为父虽然不能参与决策，但毕竟沙场多年有些经验。前方战事，不妨时时报知为父。

司马昭心领神会，领命而去。

既然曹爽伐蜀已是箭在弦上，不得不发，司马懿只好退而求其次，向曹爽提出一项新的人事调动：夏侯玄刚刚调任征西将军，中护军一职空缺；我儿司马师担任散骑侍郎日久，希望大将军能考虑提拔。

毫无疑问，这是司马懿开出的交换条件：你不让我儿子担任中护军，我就绝不会让你顺利伐蜀！

曹爽犯不着在这个小问题上跟司马懿纠缠不清，一口答应。司马师担任中护军，禁军终于由原来曹氏一家独大变为双雄对峙的格局。

曹爽带着心腹李胜、邓飏，统领重兵从洛阳出发，到长安和夏侯玄的关中军会合，总兵力达到十万以上。曹爽命令司马懿的旧部、关中名将郭淮为先锋，率领本部兵马先行；夏侯玄另率一军，司马昭副之；邓飏、李胜随在自己营中为参谋，十万大军浩浩荡荡从骆谷鱼贯而入，直扑汉中。

司马懿之所以极力阻止此次伐蜀，并不是因为他觉得曹爽要输——恰恰相反，现在的确是个伐蜀的大好时机，曹爽极有可能一举成功。

首先，诸葛亮、魏延死后，蜀汉再无名将可用。

其次，近来蜀汉蛮夷叛服不定，有数万蜀兵在南中泥足深陷。

第三，蒋琬上任后，企图改变诸葛亮的北伐路线，率大军改驻涪陵，汉中空虚。

第四，孙刘联盟最近略有松动，蜀汉在巴丘驻兵防备东吴。

就这样估算，汉中应该已经没有诸葛亮时期的十万雄兵，顶多也就三五万人；即便仗着兵力优势强攻，也极有可能成功。我司马懿对蜀作战多年，没有遇上这等好时机；曹爽这瞎猫，倒是很能碰上死耗子。

果然，待王平得到魏军大举来犯的消息时，汉中只有不到三万士兵，而曹魏前锋郭淮已经从骆谷一路杀来了。

蜀军人心惶惶。有部下提议："我军寡不敌众，战则必败。丞相当年不是造了乐城、汉城两个堡垒吗？我们不如据守，敌军进来的话就放他们过去，让他们攻打关城。估计蒋琬大人的援军，能赶得及救援关城。"

王平军事经验何等老到，当年曹魏名将张郃都奈何不了他，岂是区区曹爽所能吓住的？王平略加思考，予以否定："不行。汉中到涪陵，差不多有一千里。魏军完全有充裕的时间打下关城。关城一旦失守，通往成都的门户洞开，局势就危险了。"

诸将仍然议论纷纷，狐疑未决，王平并不理睬。人力不足，就要借助天地之力，他开始把地形纳入考虑。骆谷出口，直面险绝天下的兴势山，蜀军在此设有一个据点，叫"兴势围"，上次曹真伐蜀，夏侯霸就是在这里受挫的；兴势围东面，有个黄金围，亦是盘折而上的艰难蜀道。这两个军事据点，虽不足以御敌于国门之外，但起码能够起到拖延时间的作用。

王平立即做出部署："魏军出骆谷后所面对的据点便是兴势围。护军刘敏、参军杜祺，率领精兵扼守兴势围，我为后继；如果魏军攻兴势围不下，东向攻击黄金围，则我自率数千兵马驰援黄金围。估计通过这一阻挠，涪陵的救兵也就可以赶到了。"

护军刘敏对于王平的建议深表认同,率领兵马迅速赶到兴势围,在山岭之上绵延数百里遍插旗帜,以为疑兵。王平向后方发去告急文书,请求成都和涪陵发送救兵。

蜀军形势无比严峻,王平也并没有必胜之策。三万人面对十万大军,必然会失守。他所能做的,只是利用有限的兵力多布几道防线,尽量拖延时间,使得成都和涪陵方面的援兵能够在他失守之前赶到。

如此而已。

反观曹爽,则吸取了他父亲的教训,避开秋季可能到来的大霖雨,改在春季出发。他还发动了关中、陇西的羌、氐部族运输兵粮,从而省去了魏军的劳役。可谓天时地利人和,志在必得!

名将曹真之子曹爽,能否打好这场处女战,一举击败蜀汉与司马懿两个超级对手?

天下拭目以待。

只有内行才能看出来:曹爽的军队貌似强大无比,实则不安定因素实在太多。

头一个不安定因素就是关中兵。伐蜀大军的主力是关中兵,关中兵现在名义上的统帅是夏侯玄,但实则夏侯玄到任没几个月,板凳还没坐热。在陇西、关中混迹数十年的郭淮,才是他们真正的主心骨。

郭淮是司马懿的旧部。在与诸葛亮的对战中,司马懿最信任郭淮,而郭淮也对司马懿佩服得五体投地。郭淮不是一介武夫,他智勇双全,完全明白曹爽策划的这场伐蜀之役的政治意义。但是由于司马懿的二公子司马昭也在军中,所以他暂时还不清楚老上司司马懿对于此战的态度,只好采取观望态度。

第二个不安定因素,是带兵主帅。曹爽集团此次出征的人员有曹爽、夏侯玄、邓飏以及李胜。曹爽和夏侯玄虽然是名将之子,但之前并没有过任何领兵作战的军事经验。邓飏、李胜更是书生秀才,难以参赞军事。这样的将领,不遇到困难则罢,一旦战场形势突变或陷入僵局则必将不知所措。

第三个不安定因素，就是曹爽自作聪明带上的司马昭。曹爽带司马昭的本意，是想减少出兵的阻力，且有借重司马氏威望以镇服军心的意思。但是司马昭何等人也，岂是你曹爽能用的？司马昭一门心思琢磨着怎样实现父亲的意图，在曹爽军中大肆破坏。

第一步，当然是找郭淮。

司马昭秘密联系郭淮，透露了父亲的意思。郭淮对于老上司的话自然言听计从，立即受命而去。

司马昭除了找郭淮，还找了曹爽的参军杨伟。找郭淮，是动之以情，找杨伟只能晓之以理。杨伟此人与司马懿政见相同，头脑很清醒，当年曹叡在位时曾多次劝谏皇帝不要大兴土木。司马昭对杨伟陈说不宜伐蜀的利害，杨伟也深以为然。

司马昭一切办妥，便托属下给父亲时时送信，把军中的情况和自己搞的破坏，事无巨细汇报给司马懿。

司马懿收到儿子来信，深感欣慰。现在需要他做的，就是坐等曹爽军队在汉中受挫。虽然世间已无诸葛亮，但蜀汉其他将领想必也不是省油的灯吧？

成都，蜀汉后主刘禅得到消息，决定支援前线。诸葛亮临终前指定的头号接班人蒋琬，正驻扎涪陵；刘禅便派出二号替补费祎，让他带领军队前往汉中支援。费祎领命，亲自点兵，整肃三军，正要出发，远远地一个老头儿高喊：等等！

费祎一看，是八十多岁的来敏。来敏这老头子，有点儿神神道道，很不受诸葛亮待见。但因为是本地先贤的缘故，只好尊崇之。不知道这老头子今天跑来有什么事情？

来敏跑到跟前，上气不接下气。待喘匀气儿，他拿出一副围棋，拉着费祎的手：来来来，玩一局。

前方情势万分危急，三军将士整军待发，求援文书犹如雪片儿一般飞来，救命如救火，这老头子居然要下棋？而且是要下围棋，那几个小时不就废了？

费祎居然哈哈一笑：好，玩一局。

两个人居然当着三军将士的面，坐下对弈。偏偏来敏老头子年纪大了，反应还慢，一步棋想半天。但费祎气定神闲，稳坐军前，毫无焦躁倦怠的神色。催援军出发的使者来回跑了好几趟，连战马都不耐烦地打着响鼻。两人继续对弈，仿佛置身无人之境。

不久，来敏一推棋盘，哈哈大笑，向费祎拱了拱手："老朽不过是试探一下你，看来你很稳得住，肯定可以旗开得胜！"费祎也笑着拱拱手，下令三军出发，驰援汉中。

曹爽的军队已经陆续走出骆谷，这时候，地形的限制就凸显出来了：十万魏军从骆谷出来，乃是呈一字长蛇阵，人数优势被消解殆尽。而前锋直面兴势围，易守难攻。

郭淮来到兴势围前，发现兴势山上绵亘数百里都是蜀军的旌旗，深沟高垒严阵以待。郭淮本来就没有战意，哪里还管他是疑兵还是真兵，立即下令：拔营起寨，撤退。第一个不安定因素成功引爆。

曹爽得到郭淮擅自撤退的消息，没有办法。他虽然是名义上的统帅，然而面对骄兵悍将根本无法节制，只能发动本部兵马试图攻打兴势围。但是，曹爽也被漫山遍野的蜀汉军旗给吓住了。按照这旗帜的数量来看，估计对方有接近十万的兵力吧？

曹爽一时不敢轻举妄动，只好先扎下大营再说。

祸不单行。在这节骨眼上，偏偏后勤线也出现了问题。负责运输粮草的关中兵消极怠工，羌、氐部族又不堪其苦。再加上骆谷过于险恶，坠落山崖而死的牛、马、骡、驴等牲畜不计其数。饱受劳役之苦的百姓和羌氐人怨声载道。

蜀道之难难于上青天，嗟尔远道之人胡为乎来哉？

曹爽面对兴势围，没有把握进攻，而后勤线上又非战斗减员严重，便请求朝廷增兵。

朝廷的兵，主要有两块：第一，西防蜀汉的关中战区；第二，东防孙吴的荆扬战区。东边的军队，现在掌握在司马懿手里。司马懿岂会拿出自己的军队去玉成曹爽的好事？他借口诸葛恪对边境虎视眈眈，调不出兵来。

司马懿不但不出兵，还给曹爽兜头泼了一瓢冷水。他暗中授意世族代表钟繇的长子钟毓给曹爽写了封信，劝他索性退兵。朝廷之中，众多老臣得了司马懿的暗示，也一起唱衰调。

曹爽进无可进，退无可退，不知如何是好。王平也很纳闷，即便带队将领是个草包，也不至于窝囊成这样呀？我还等着打硬仗呢。王平并不知道，魏军根本不是被蜀汉的区区三万人给挡住的，而是被远在东方的老破坏之王司马懿和现在军中的小破坏之王司马昭给撂进了泥潭。

王平当然也不会闲着。你们畏畏缩缩，疑神疑鬼，那我再给你们加点儿猛料，坚定你们退兵的决心。王平决定搞一次夜袭，他选中了一处营地。

这处营地的主将，正是司马昭。

夜深了，司马昭还不想睡。他在营帐之中辗转反侧，思量父亲与曹爽之间的这场斗争。他发现，尽管父亲似乎一直消极退让，按兵不动，但局面却对曹爽越来越不利。他渐渐觉得，这简直好像当年诸葛亮与父亲的军事较量一般——一方反复寻觅战机、不断挑衅，另一方任尔风吹浪打，我自岿然不动。官场如战场，此言不虚啊。再这样下去，曹爽无机可乘，要么放弃敌对，要么使用强硬手段，而后者无疑是招臭棋，只会授父亲以解决曹爽的口实而已。

更要命的是，一旦曹爽黔驴技穷，招式用老，就是司马懿开始发力的时候了。

司马昭想到这里，有点儿领悟父亲的哲学了：首先要修炼好内功，不给敌人以可乘之机；其次要知己知彼，摸清对手的能耐和动向；第三敌不动我不动，积蓄力量，后发制人。

司马昭越想越兴奋，忽然听到帐外警报：蜀军夜袭！

司马昭哈哈一笑：来得好，一来让我实践一下刚领悟出来的道理，二来给魏军制造恐慌，我好劝服曹爽退兵。

司马昭下令：全军将士坚守不动，严禁肆意喧哗，严禁擅自出战，严禁弃营逃跑，违令者杀无赦！

来夜袭的正是王平。他带了几千个兵，想给魏军制造点儿恐慌，并不想也没有能力造成大规模的杀伤。王平强攻了一阵子，看看没有什么成效，就撤退了。司马昭起来清点人马，并没有损失。

次日清晨，司马昭赶紧找到上司夏侯玄，建议："敌军据险固守，我军进不获战，攻之不可，不如赶紧撤军，再作长远打算。"

夏侯玄也拿不定主意，来找曹爽。曹爽正为了这事儿头大，他帐下邓飏、李胜叫嚣着要打，参军杨伟极力劝谏撤退，曹爽不知道该听谁的好。这时候又来了一个自己都拿不定主意的夏侯玄，曹爽感觉头都要炸了。

打仗原来这么难！司马懿这老不死的，几十年的沙场生涯是怎么捱过来的呀？

邓飏、李胜和杨伟三个人还在争吵不休，杨伟吵得脾气爆发，冲着曹爽吼道："邓飏、李胜要败坏国家的大事，应该处死！"曹爽很不高兴，挥挥手让三个人都出去了。

曹爽已经接到心腹密报，满朝文武都在唱衰，反战的浪潮一浪高过一浪。而蜀军那边，来自成都和涪陵的援军据说都已经在汉中陆续集结了。曹爽内心开始动摇。

第二个不安定因素也被引爆了。

司马懿从司马昭最近的来信中得知，伐蜀前线陷入了僵局，进退不得。司马懿心中暗笑：看来和你老子当年是一个下场呀。老夫再给你加把柴火，促你退兵吧。

司马懿给夏侯玄修书一封："《春秋》之义，责大德重。当年武皇帝曹操用兵如神，但两次入汉中，都差点大败而归，这您是知道的；如今兴势围最险要，而蜀军已经抢先占据了，如果进不获战，退路又遭断绝，必然全军覆没，那还怎么承担起你们在朝廷中的责任呢？"

司马懿暗示：打仗你不行，政治我不行。回来吧，洛阳才是你们的舞台。

这封书信毫无疑问是枚重磅炸弹。夏侯玄接到书信，赶紧转给曹爽看。曹爽看后，长叹一声，下令撤军以尽早结束眼前的尴尬境况。

费祎带领成都的援军，跑到魏军后方的几处山岭要道，截击退路。魏军归心似箭，一路苦战，才勉强逃回关中，然而已是损失惨重。

司马昭走出骆谷，意味深长地回望一眼：看来蜀军的防御能力已经比诸葛亮时代差了许多，倘若有良将带兵，此次应该可以直取成都，全灭蜀汉吧？

后来，司马昭命令名将钟会、邓艾再一次伐蜀，刘禅出降，蜀汉灭亡。这是近二十年后的事情。

曹爽回到洛阳，郁闷不已。没有办法，军事上的确不是司马老儿的对手。曹爽决定收缩战场，在自己所擅长的政治领域大展拳脚。古来无数名将，在外沙场得意，最后还不是身死为天下笑？我就好好利用政治这把杀人不见血的刀，对付你司马懿吧。

当然，枪杆子里出政权的道理曹爽很清楚。他有了一个新思路：你司马懿即便手握天下兵马，麾下何止百万，但这百万雄师你总不可能天天带在身上，带进朝中吧？我只要牢牢掌握住京师和宫廷的武装力量，就退足以自卫，进足以杀贼了。

但是，在伐蜀之前曹爽走了一步臭棋：把禁军的一半权力——中护军的宝座，拱手送给了司马师。

没关系，拿了我的给我还回来，吃了我的给我吐出来。曹爽思路打开，计上心头。

他终于找到了置司马懿于死地的绝妙好计。

要使其灭亡，
必先使其疯狂

正始六年（245年），曹爽坐在曹魏首辅的位置上，已经是第六个年头了。他已经没有刚上位时的青涩与怯生生，而是甩开膀子大干特干。

他首先下令：废除中垒营、中坚营。中垒、中坚是曹叡时期设置的宫廷武装力量，隶属于中护军。现任中护军，正是司马师。曹爽把这两营的禁军调到中领军的手下，中领军是曹爽的弟弟曹羲。

这明显是冲着司马懿来的。

司马懿当然极力反对，称："此乃先帝旧制，不可更改。"但是司马懿的话，如今对曹爽来讲就是耳旁风。我尊敬你，管你叫声太傅；你要是过于絮叨，我可以直接把你扫地出门。曹爽早已经一扫刚执政时的唯唯诺诺，对司马懿毫不客气，当场回绝。

现在权力中枢尚书台在曹爽手里，名义上曹爽又是全国最高军事统帅，人事任免大权亦是曹爽一伙的囊中之物，司马懿除了屈从，别无办法。他所能做的，无非就是"严正抗议"而已。

曹爽见司马懿无能为力，便开始进一步插手司马懿所主管的东南防务。插手的起因，是一起移民事件。

当时吴国入寇柤中，数万户百姓渡过沔水，跑到沔北来避难。这对司马懿来讲，是再寻常不过的事情了，他当即要着手给这些百姓分配住房，进行赈济，登记造册。

但是，曹爽来过问了。

曹爽问：太傅，你觉得这些百姓，让他们回沔南还是留在沔北呀？

司马懿心里纳闷：你怎么居然有闲心管这事儿？但表面依然不动声色：沔南近贼，如果把百姓赶回去，无异于驱羊入虎口，不如让他们权且留在沔北。

曹爽哈哈一笑："太傅，你没有搞好沔南的防御工作，让他们安居乐业，却让他们肆意留在沔北，终究不是长远之计呀。"

司马懿明白了，这是找茬来了。他秉公直言："不对。置之安地则安，置之危地则危。兵书有云，'成败，形也；安危，势也。'形势是御众之要，不可以不审。如果吴军以两万人断沔水，三万人与沔南诸军相持，万人横行柤中，怎么办？"

曹爽一听，老头子谈到具体的军事问题了，我又听不懂！便不再讲道理，撂下一句：总之让他们回沔南去！说完，拂袖而去。

司马懿只好老实照办。他明白，现在还没到能够跟曹爽翻脸的时候。自己唯一能做的，就是让大家知道：这个不靠谱的决策是大将军曹爽下的；决策失误的后果，自然要由曹爽本人负责。

司马懿派人到沔北喊话：大将军有令，所有沔南居民，一律就地返回，不许逗留！

沔南流民哗然，怨声载道。大家骂骂咧咧，把曹爽的祖宗十八代在自己心里默默骂了个遍，不情不愿回了沔南。吴军果然攻破柤中，掳掠走一万多户魏国居民。

曹爽听不到底层的骂声，他只想在洛阳城放开手脚大干一番。皇帝曹芳还小，而且很不懂事，大有成长为不良少年的潜质；但是郭太后时时掣肘，曹爽觉得她很碍事。

权谋家丁谧又适时地出现了：何不把太后搬去永宁宫？

曹爽大吃一惊：这样做太冒险了吧？激起朝臣的反对怎么办？

丁谧阴阴一笑：大将军您上位已经八年了，还惧怕谁反对？更何况，这正是一个机会，验一验咱们在朝中的势力分布啊。

这是指鹿为马的升级版。

曹爽一听，有理，赶紧安排把郭太后请出宫廷，别居永宁宫。这样一来，曹爽在朝中便彻底一家独大了。

司马懿清楚，朝廷之上待不得了，必须找个机会退休避祸，但是又苦于没有理由。毕竟我是堂堂太傅，轻易辞职必将引起朝野轰动，曹爽岂能答应？他一定会苦心挽留，以让我在朝堂之上给他装点门面，以向天下示意他曹爽并非排斥异己。

司马懿苦心思索之际，突然一个坏消息也可以说是好消息传来：夫人张春华病逝。司马懿当即以此为由，称自己过于哀痛，不能理事，向朝廷递交辞呈要求退休。

曹爽看到司马懿辞职的理由，觉得乃是人情所在，于是顺水推舟，欢送司马懿光荣退休。

曹爽批准了司马懿的辞呈，长舒一口气。司马懿这个老家伙，终于下台了。曹爽兴奋地恨不得来个潇洒的吻别：再见，司马懿！

正始八年（247年），曹爽上位的第八个年头，司马懿光荣退休。曹爽终于成功排挤掉了最大的政敌，从此肆无忌惮地推行新政。这年，司马懿六十九岁，远远高出了当时人的平均寿命，几乎是曹丕、曹叡两人寿命之和。

这样一位行将就木的老人，彻底退出政治界和军事界，丧失了苦心经营四十年的一切资源。他还能有血气和力量，与年富力强、占尽优势的曹爽一争高下吗？

奋斗了一辈子，司马懿又回到了起点：一无所有。

不，何止是回到起点？与当年出仕时相比，自己还虚度了三十多年。

司马懿静静坐着，看着老伴张春华的灵位发愣。

毕竟，利用长相厮守的老伴之死作为政治斗争的工具，即便是司马懿，内心深处也难免愧疚。

我这辈子一直都在忙于宫廷的钩心斗角，忙于沙场的运筹帷幄，好像还从来没有像现在这样，悠闲地陪伴在你身边。可惜你已经离我而去，渐行渐远，追也不及。也许只有在失去的时候，才知道自己曾经拥有过什么吧？

司马懿继续干坐。相守了一辈子的老伴就此离去，司马懿心里并不好受。朝堂之上的激烈斗争，又以全面退出而告终，等于向外界宣告了自己的失败。司马家现在面临着最困难的处境。

但是，如果不退出朝堂，那显然就已经输了。

太后被迁往永宁宫，正是曹爽要独断朝纲的信号。身为太傅，必须给出足够激烈的反应，否则等于向曹爽屈服，必将令群臣失望。一旦气势已屈，那么其他曹爽的潜在反对派就不会找到我司马懿，充当他们的领袖和靠山。如今我虽然在野不在朝，但凭着我司马懿为官数十年的积威，足以对朝政施加影响。

何况，朝堂之上曹爽的眼线众多，一旦稍有不慎，便会有性命之忧；而退休在家，则要自由得多。我虽然退休，但司马师还在朝中充当中护军，司马昭还在朝中充当议郎，足以成为我的左膀右臂。

想要你灭亡，必先使你疯狂。我司马懿全面撤出，你曹爽自然可以放手大干。你干的事情越多，闹的动静越大，朝臣的积怨就越深，我的机会也就来了。

好好折腾吧，下面就看你的了。老夫且冷眼旁观，看尔横行到几时。

果然，曹爽已经把持不住自己了。司马懿一退，曹爽顿时感觉浑身轻飘飘的。这样看来，司马老儿给我施加了多么大的压力啊。

曹爽之前推行的新政，主要着眼于人事任用标准的改革。他想逐步废除九品官人法，恢复当年曹操的以才为先、不问品行的用人政策。这项改革，主要是由何晏、邓飏在主管其事。

夏侯玄提出过一些改革措施：一是限制中正官干预朝廷用人之权，二是改州、郡、县三级政府为州、县两级政府，三是改革服制。

这些措施因之前遭到司马懿的反对而胎死腹中，现在也在考虑拿出来实行。

李胜在河南尹的位置上，也对地方制度多有变革，取得了良好的政声。

现在，司马懿的离去，使得曹爽集团开始肆意妄为，缺点开始一一暴露。

邓飏贪财好色。以前臧霸的儿子臧艾找到他，用臧霸的一个小妾"贿赂"邓飏，邓飏答应给臧艾当大官。司马懿退休，邓飏的本性又显露出来，他选拔人物，多任人唯亲，或收受贿赂，大大影响了人才的质量，也加深了他与何晏之间的矛盾。

因为，曹爽集团中最有思想的何晏还是想干一番事业的。

副手邓飏的品行实在不堪，何晏能忍；然而来自丁谧方面的阻挠，却让何晏不胜其烦。

事情是这样的。当时黄门侍郎的位置空缺，何晏选拔了贾充、裴秀、朱整等未来西晋的大牛人，还有一个缺，何晏打算交给自己的忘年交王弼。

王弼是魏晋年间的天才少年、玄学的奠基人，对《老子》《周易》均有独到见解，形成了博大精深的思想体系。而他死的时候，还不足二十四岁。何晏与王弼是学术上的好友，何晏深知王弼之能，因此有意将最后一个黄门侍郎的位置留给他。

但是丁谧却想用一个叫王黎的熟人。丁谧根本不问何晏，他直接找到曹爽：我有个哥们想要黄门侍郎的位置，希望您能想想办法。曹爽一口答应，命令何晏把黄门侍郎的位置留给王黎。

故而，何晏与丁谧结下了梁子。

不只是何晏。丁谧的人际关系极差，几乎得罪了曹爽集团的所有人。

曹爽集团的核心三人组既然四分五裂，下面的喽啰自然更是离心离德。

曹爽的长史应璩，并不看好曹爽的改革，写了整整一百〇一首诗歌来讽刺曹爽的政治改革，合称《百一诗》。既然你的下属能写一百〇一首诗来讽刺你，那说明起码他是很认真地在讽刺你，你也应该报之以同样认真的态度来对待。可惜曹爽并不在意。他有度量容忍应璩的行为，却没有智商欣赏应璩的诗篇。

唯一头脑清醒的人是何晏。他把《百一诗》拿来细细读了。曹爽只看到了满纸荒唐言，何晏却读出了应璩的一把辛酸泪。奈何举世皆醉何晏独醒，唯有长叹息以掩涕。

曹爽的参军阮籍，未来的竹林七贤之一，原本是冲着曹爽集团锐意改革的干劲来的；如今一看，曹爽这哪里是干劲，完全是瞎折腾，连忙退隐山林。

朝中的老臣，在司马懿退休的下一年，也学着司马懿纷纷退休。中书令孙资、中书监刘放、司徒卫臻、司空徐邈……元老重臣们先后提交了辞呈。曹爽巴不得你们这些老不死的全部滚蛋，很爽快地一律批准。

退下来的老臣们，纷纷来找司马懿叙旧聊天，很快便在司马懿周围团聚起一个集团。

司马懿出言很谨慎，聊天不及政事。不过他心中明白得很：局势果然照着我的计划在发展。

这一切，还要感谢曹爽啊，是你使我不费吹灰之力就建立了一个集团。

下一步，我也当"投桃报李"。

何晏发现，自从司马懿退休之后，京师各种针对曹爽集团的古怪歌谣就如雨后春笋般冒了出来。

什么"以官易妇邓玄茂"，这是讽刺邓飏用官职换臧艾老爸的小妾的；什么"何邓丁，乱京城"，这是说何晏、邓飏、丁谧推行新政，扰乱京城的；什么"台中有三狗，二狗崖柴不可当，一狗凭默作疽囊"，这是把何晏、邓飏、丁谧骂为"台中三狗"的……

何晏忧心忡忡。这么多歌谣突然大规模地冒出来，背后肯定有主使；而主使是谁，很容易猜到。但苦于并无证据，何晏没有办法把主使揪出来。他所能做的，只能是希望自己的同伴们有所收敛，以改变形象，赢得良好的口碑。

然而，谈何容易？

当年那群为了天下大义不避刑戮的有理想的年轻人，如今早已经四分五裂，放纵着自己的嗜欲，炫耀着自己的官威。何晏突然冒出一个奇怪的想法：要是司马懿没有退休就好了，饿狼的存在起码还能逼迫群羊团结一致，不敢松懈。

另一个清醒的人，是"智囊"桓范。他对这一切洞若观火，他比何晏看得更宏观、更透彻。

桓范从来不与曹爽集团的人有密切来往。一来，他是老臣，并不愿意主动屈尊去结识一班年轻人，留人以趋炎附势的话柄；二来，他也并不赞成何晏等人的人事改革。桓范乃是郡里的世家大族，他对曹爽的人事改革没有好感。

而这两点原因，也使得司马懿误以为桓范也是曹爽集团的受害者。

而真相并非如此。桓范对于曹爽的登门造访，对自己这个过气了的老头子礼敬有加，心存感激。士为知己者死。曹爽待我以国士，我当以国士报之。

因此，桓范和司马懿一样，静静观察着曹爽集团有没有什么致命的漏洞。不同的是，司马懿想利用这漏洞致曹爽于死地，而桓范则想挽狂澜于既倒，报曹爽的知遇之恩。

曹爽越来越贪图享乐。他当年讨人喜欢的恭谨和谦逊早已经荡然无存。权力滋生腐败，绝对的权力滋生绝对的腐败。圣贤尚不能免，何况曹爽资质并不超人？曹爽的饮食衣服，都学着皇上的来；又联络宫里的太监张当，把曹叡的一些爱妾领出来带回家里淫乐。曹爽的弟弟曹羲出于朴素的道德，觉得这样折腾下去迟早完蛋，苦苦劝谏，希望曹爽有所收敛。曹爽正在兴头上，哪里肯听？照玩不误。

桓范对曹羲的劝谏不以为然：小儿之见。领袖人物的个人私德败坏，纵然会引起舆论的不满，但毕竟不可能成为败亡的原因，顶多只能成为败亡之后仇家罗织罪名的借口。欲加之罪，何患无辞？这些小问题，都不足虑。

桓范继续观察。

曹爽好出游，他经常带着三个弟弟一起到洛阳郊外游玩、打猎。桓范敏锐地察觉到这是个死穴。

桓范悄悄找到曹爽，语重心长地告诫："大将军总理万机，您的几位兄弟掌管禁军，不应该一起出洛阳。如果有人关闭城门，谁在里面为内应、放你们进去？"

曹爽瞪大眼睛，惊讶地问："谁敢这么做？"

桓范鄙夷地看看曹爽：你的智商最近几年下降明显呀。还能有谁？司马老儿呗。

曹爽听了觉得有理，从此兄弟四人不再同时外出。司马懿唯一的可乘之机，就这样被堵死了。

司马懿最近足不出户，却对外界了如指掌。歌谣攻势已然奏效，现在满城都对曹爽一伙深恶痛绝，甚至于把一些别人办的弊政、破事都推到曹爽的身上，简直把曹爽看成了一切腐败的根源。

司马懿已经把解决曹爽一伙的办法想好了——武装政变，唯有武装政变才能奏效。被曹爽推到自己一边来的，有诸位元老重臣，以及太后。天下人都知道，皇帝只是小孩子，太后才是无上的权威。如果能够得到太后的懿旨，就可以名正言顺地消灭曹爽了。

司马懿盘算了一遍，如今只差两个问题：一是时机，这个只要有耐心，总能等来；第二嘛，就很麻烦了——武装力量。

曹爽已经把京师和宫廷的禁军几乎全部掌握在自己手中，司马懿无兵无卒，巧妇难为无米之炊，挠白了头发也没有办法。

这天，即将赴任并州刺史的孙礼来找司马懿辞行，同时也是来表达自己对于曹爽的愤懑之情。

孙礼与曹爽私人关系不好，曹爽屡次给孙礼穿小鞋，孙礼憋了一肚子火，实在无处发泄，只好来找司马懿倾诉情感。

司马懿静静听完孙礼的痛诉，不说话。

在这关键时刻，谁能保证孙礼不是曹爽派来探口风的？

过了半晌，司马懿慢悠悠地说："您嫌弃并州刺史的官位太小了吗？"

孙礼勃然大怒：你这不是揣着明白装糊涂吗？他索性打开天窗说亮话："明公这话太没道理！我孙礼虽然没有德行，但也不至于为了区区官位介怀。我是看到如今社稷将危，您却闭门不问，因此生气！"孙礼说完，痛哭流涕。

司马懿明白孙礼在掏心窝了，于是也不再多说，只轻轻点了一句："先打住，忍不可忍。"

孙礼听了这句话，放心地往并州赴任去了。他虽然不知道司马懿究竟有什么办法，但他相信，这是一位可以创造奇迹的老人。

但是令司马懿头痛的武装问题依然没有解决。

事实上，赋闲在家的司马懿根本没有可能解决这个问题，解决问题的人是司马师。

司马懿的计划，从头到尾都只是在脑海里盘算、演习，再推敲、再演习，从来没有透露给第二个人知道，包括两个儿子。但是，退休老人司马懿现在遇到了死结，他意识到这是一个不可能独立完成的计划。

司马懿慎重考虑之后，终于决定：让儿子加入协助。

司马懿找来司马师，把自己已有的想法一点一点掏出来讲给司马师听。他边讲边偷眼观察司马师。司马师既没有一点儿惊讶的表情，仿佛早就知道了父亲的全盘计划；又似乎对父亲讲的东西充满新鲜感，极其认真地听着。听到司马懿讲出最大的难处——没有武装力量的时候，司马师哈哈大笑："父亲，三千死士，可够用否？"

司马懿听了司马师的话，大吃一惊。他不禁眯起眼来，重新打量自己的儿子。司马师依旧一脸笑眯眯的样子，没有半点儿心事，仿佛刚才的话不是他说的一样。

司马懿不再多问死士从哪儿来。他太了解自己的儿子了：虽然司马师平时大大咧咧，但从不信口开河。司马懿让司马师立即着手联络这批死士。

何晏最近右眼皮老跳。他昨晚又做了个奇怪的梦，梦见几十个青蝇聚在自己鼻子上，怎么赶都赶不走。何晏心里惴惴不安。他听说易学大家管辂最近来到了洛阳，便请管辂来家作客。

何晏叫上了邓飏一起，邓飏不肯，说：怪、力、乱、神，圣人不语，你还信这些？何晏坚持，邓飏只好来了。

何晏精于易理，管辂通晓术数，两人畅谈，极为欢畅。邓飏是半吊子，在旁边插不上话，很郁闷。他听了一会儿，发现管辂聊这么多，一句都不涉及《易经》，心头暗喜：看我戳穿这个半仙！

邓飏问管辂："你自称精通《易经》，却一句话都没引用《易经》的文辞义理，是怎么一回事呀？"

管辂看都不看邓飏，回了句："善《易》者不言《易》。"

何晏一听，果然是高手高手高高手！含笑称赞："先生这句话，可谓是要言不烦。我请先生算一卦，我能位至三公否？"

管辂说："古代圣贤辅佐天子，都和惠谦恭。如今您位尊势重，却怀德者少，畏威者多，这可不是小心求福之道啊。"

何晏听了，心下忧愁，又问："我前日梦见青蝇聚鼻，挥之不去，是什么征兆？"

管辂说："鼻子是天中之山，'高而不危，所以长守贵'。青蝇喜欢臭味，却聚在你鼻子上，表示位高者颠，轻豪者亡，不可不深思。总之希望您一切谨慎小心，不要违背礼数，这样三公自然可以做到，青蝇也可以赶走了。"

邓飏听得不耐烦：我还以为你有什么神机妙算，说了半天既不见你拿八卦算筹出来演算，也不见你手掐要诀口中念念有词，看来完全是个糊弄人的家伙罢了。邓飏出言不逊："你这是老生常谈罢了。"

管辂看看邓飏，意味深长地说："老生见不生，常谈见不谈。"

何晏觉得管辂的话里大有玄机，又无从猜透，心头怏怏不乐。管辂回家，把今天的事情都给舅舅讲了一遍。舅舅责怪管辂说话太刻薄，管辂轻蔑地说："跟两个死人说话，有什么好顾忌的？"

管辂是三国时期的一代预测大师，有很多半真半假的传说流传下来。但细看管辂对何晏、邓飏的这番说话，可以发现，他并非装神弄鬼之徒。他所说的"善《易》者不言《易》"，在他的算命生涯中也几乎算是亲自实践了。

《周易》预测有无科学性，至今都很难讲清楚，或者这本身就不能以"科学"的标准来衡量。但是《周易》有个最基本的原则：势在天设，事在人为。管辂对于何晏"三公""青蝇"二问，都没有给出极其肯定的结论。他暗示何晏，如果愿意修明道德、谨言慎行，一切不好的机运都可以扭转。

这才是真正的易学高手。

何晏也深通易理，他对管辂的预测始终耿耿于怀，但又无法可想。他似乎预见到了本集团的末日和自身不可避免的悲剧性结局，但如今曹爽一伙要风得风要雨得雨，他又实在想不到可能会在哪里出岔子。

何晏怀着这种极其矛盾而抑郁的心情，借诗消愁：

鸿鹄比翼游，群飞戏太清。常恐天罗网，忧祸一旦并。
岂若集五湖，顺流唼浮萍。逍遥放志意，何为怵惕惊？

何晏隐隐发觉，令他心神不宁的源头可能正是那位在野的七十岁的老太傅。他建议曹爽：司马太傅称病有一段日子了，咱们是不是派人探望一下太傅，看看他的病情？

曹爽一听，大有道理。正好李胜刚得了荆州刺史的位置，要去上任。曹爽令李胜以拜别司马懿为由，前往太傅府上打探情况。

此时，司马懿正在家里暗中谋划得如火如荼，丝毫不知道有一位不速之客正悄然造访……

装病再奏奇效，彻底骗过曹爽

司马懿正在家中与司马师秘密策划，忽然得知：李胜前来拜访。司马懿拍手大笑：成事正在此人身上！赶紧下令府中准备。

李胜在太傅府客厅等候，老仆前来通报：老太傅病重，不能出来，请李大人直接前往太傅的卧室见面吧。

李胜吃惊：哦？一年不见，太傅的病情已经这么严重了？

老仆回话：去年老夫人去世之后，太傅哀痛成疾；加上往日军中旧伤复发，躺在床上好几个月了。老仆顿了顿，附在李胜耳边说：估计也就这一两个月的事情了。

李胜还想细问，已经到了司马懿的寝室。李胜推门进去，大吃一惊。

眼前的司马懿老态龙钟，眼皮耷拉，目光涣散，嘴微微半张着。往日高大的身躯，早就佝偻成了一团。司马懿身边两个侍女，一左一右紧紧扶持着。司马师在身后垂手而立，见李胜进来了，赶紧到司马懿耳边说：李大人来了。

司马懿"啊"了一声，目光有点迷茫。司马师又强调了一遍：是李大人来了！

司马懿这才似乎有点儿明白了，把眼睛转向李胜，勉强想要把身子挺一挺，却挺不起来。司马懿把头向前探着，眯起眼睛来盯着李胜，盯了一会儿，似乎老眼昏花看不真切，只好放弃了这种努力，冲着李胜的方向说：李大人坐。

　　李胜行过礼，坐下了。司马懿突然喉咙发出"呜呜"的闷响，用一只手哆哆嗦嗦地指着自己的嘴，眼睛冲侍女看去。一个侍女赶紧端起床边的粥碗，向司马懿递去。

　　司马懿缓缓张开嘴，闭起眼睛。侍女用一把瓷调羹舀了一小勺粥，吹过之后往司马懿口中送去。侍女微微倾斜调羹，使粥缓缓流进司马懿的嘴里。司马懿的嘴也并不闭上，仍然半开半合，粥的残液顺着嘴角往下流，流得满胸口都是。侍女赶紧放下粥碗，拿起手绢给司马懿擦拭。司马懿仿佛泥胎木雕一样，呆呆坐着，任凭侍女摆布。

　　李胜万万料不到司马懿已经神志糊涂到这种地步了，他向司马师投去惊讶的目光，司马师表情沉痛，向李胜轻轻摇了摇头。

　　李胜大声对司马懿说："大家都以为太傅您只是风痹复发，谁想到尊体已经这样了呀！"（众情谓明公旧风发动，何意尊体乃尔。）

　　司马懿刚蠕动着嘴，解决嘴里的粥。就这么一个小小的动作，已经搞得司马懿上气不接下气。他听到李胜的话，急着想要回答，却接不上气来，胸膛急促地起伏着。侍女赶紧给司马懿揉胸捶背。司马懿平复了一下，气顺了些，才回答："年纪大了，老毛病了，死在旦夕。听说你要去并州，并州靠近胡人，要妥善做好防备工作啊。"（年老沉疾，死在旦夕。君当屈并州，并州近胡，好善为之。）说完，又是一阵急喘。

　　李胜说："老太傅听错了，是去荆州，不是并州！"

　　司马懿有点儿茫然："哦，你刚到并州？"

　　李胜对着司马懿的耳朵大声说："要去荆州！"司马师也在旁边帮着李胜向司马懿解释。

　　司马懿这才恍然大悟似的明白，然后又摇了摇头："老朽年老意荒，听不懂你的话。既然是去荆州，那要好好建立功勋。估计这一别就见不到了，司马师、司马昭兄弟以后还要李大人多多关照啊！"司马懿说完，老泪不自觉地就从浑浊的眼睛里流下来了，混着鼻涕一起肆意流淌。

李胜看到当年叱咤风云的司马懿年老退休之后也竟只是个普通的老人，不禁顿生怜悯之心，不胜欷歔。

李胜见司马懿不能长久坐着，便起身告辞。司马师送出门来，李胜关照司马师：老太傅还是要安心静养，你们兄弟俩有什么事，尽管找我。我能帮上忙的，一定帮忙。

司马师见李胜眼眶都红了，看来是动了真感情了。他忙不迭谢过李胜，依依送别。

李胜一路回来，心情很低落，并没有一种得胜的快感。他突然发现，自己这伙年轻人，居然与这样一位势孤力单的老人为敌多年，实在胜之不武。李胜又想：等我老了，不知道会不会有人来怜悯我？

李胜胡思乱想着来到曹爽的府第。曹爽他们正在这里等候李胜的消息，一见面立即围上来问：怎么样？老家伙的病怎么样了？

李胜对曹爽他们投之以鄙视的目光，说："太傅言语混乱，手不能拿碗，指南为北。他以为我要去并州，我解释了半天他才明白。他已经只比死尸多口气了，不足为虑。"（司马公尸居余气，形神已离，不足虑矣。）

曹爽他们听了，欢呼雀跃。李胜却黯然神伤，独自喃喃道："太傅的病看来是没救了，令人怆然。"（太傅患不可复济，令人怆然。）说完，潸然泪下。

李胜走后，司马懿一跃而起。他感到，这次演戏比起当年欺骗曹操来，要容易得多了。甚至可以说，自己根本就没有在演戏，因为我现在本就是一个七十岁的老人了呀。

万事俱备，就等曹爽出岔子。但是让司马懿头痛的是，不知为何，最近曹爽兄弟从来不同时出洛阳，总要留人在内部守应。这样一来，机会就不好寻觅了。

就在司马懿头痛之际，已经完全放松警惕的曹爽很快就自己把机会送上门来了。

司马昭下班，无意间向司马懿透露：明年正月初三，天子要拜谒先帝曹叡的高平陵，曹爽兄弟会随行陪同。

司马懿听到这个消息，明白这是千载难逢的好机会，机不可失，时不再来。他赶紧找到司马师，父子二人谋划至深夜，直到拿出一套基本可靠的方案来。司马师问父亲：此事要不要二弟参与？

司马懿斩钉截铁：要。我们人手不足，如果没有昭儿参与，恐怕难成大事。

从这天开始，政变正式进入倒计时。

除夕。距离政变还剩三天。

司马家和其他各家一样，阖家团聚。祭祀过祖先，喝大酒，吃环饼，玩"藏钩"的游戏：司马师一手藏金钩，让司马昭猜，猜不中就罚酒。一家人玩得非常尽兴，大醉而罢。这，也许是最后的年夜饭。

正月初一，元日。距离政变还剩两天。

司马家早上起来，由家人安排好了，在门口"爆竹"，门首插芦苇，门鼻子挂桃木。这些事情，对司马昭而言只不过是过年的习俗，例行公事而已；司马师却认认真真地在内心祈祷：希望能够祛邪避秽，保我阖家平安。正月初一，按照规矩，司马师和司马昭早早地来到朝中。这天，小皇帝曹芳受百官庆贺，百官受皇上赏赐，尔后钟鼓齐鸣、百戏腾跃，热闹非常。司马师暗暗观察，见曹爽、邓飏等人满脸欢快，连何晏在这节日气氛的感染下也不复往日的忧愁。这天，大家尽欢而散。尔后，太傅府上少不了门庭若市，官员上门拜年，一律由司马兄弟负责迎来送往。

正月初二。距离政变只剩一天。

司马懿把司马师、司马昭叫到一起，召开紧急家庭会议。同时列席的，还有司马懿的弟弟司马孚。司马懿这时候不再有所隐瞒，毫无保留地把明天发动政变，全歼曹爽一伙的计划全盘托出。司马懿安排：首先由司马师召集他的三千死士，占据武库夺取兵器，主力由司马师、司马孚率领，与自己一起前往宫廷，屯驻在司马门，全城戒严，严禁擅自出入；另一部分由司马昭率领，保卫太后的永宁宫。

司马懿边说，边观察司马昭的表情。虽然司马昭是刚刚得知这些计划，但他并没有表现出过多的惊讶，而是认真听记。司马昭表情凝重地把明天的计划一个字一个字烙进自己脑海里，他清楚，一旦一步走错，全家性命休矣。

司马懿交代完两个儿子的任务，又把自己所要做的事情也说出来，让儿子们参与讨论。司马懿决定，明天自己与司马师率领死士直入宫省召集在京高官，宣布太后的懿旨罢免曹爽一伙的官职，然后让高柔假节代理曹爽的大将军职务，占据曹爽的营地夺取他的武装力量；让桓范代理曹羲的中领军职务，占据曹羲的营地夺取他的武装力量。夺取武装力量之后，截断洛水浮桥，再见机行事。

司马师、司马昭听完，没有意见。司马懿顿了顿，又提出：如果高柔、桓范不肯跟随我们行事，那再以王观等人为候选。总之，明日之前，此事只有我父子三人知道，千万不可再有第四人知晓。

司马兄弟点头应诺。夜已深，三人分头睡觉。

散后，司马懿叫来老仆：你去观察一下这兄弟俩的情况。老仆领命而去。

过了许久，老仆来报：大少爷沾着枕头就睡着了，还打呼噜；二少爷辗转反侧，到现在还很清醒，没有睡意。

司马懿点点头，老仆退下。司马懿心中明白，哪个孩子可以继承自己的事业。

司马懿躺在被窝里，闭着眼睛继续盘算。他知道，这次政变是他这辈子最大的一次冒险。实际上，成功的把握并不超过三成。毕竟天子与曹爽在一起，一旦曹爽能够镇定下来，借用天子诏书号召天下兵马勤王，围困洛阳城，则我司马氏将死无葬身之地。无论如何，太后的懿旨从效力上来讲是远远不及天子诏书的。

这次政变，说到底，不过是希望打曹爽一个措手不及，然后再发动强大的心理攻势，希望曹爽能够缴械投降。也就是说，明日政变效果如何，关键并不在我司马懿如何行动，而取决于曹爽如何决断。

其实，过完年我已经七十一岁，完全可以就此退休，不必行此凶险。司马师、司马昭兄弟的前途，可以靠他们自己去闯，犯不着让我这将死之人拼了老命来为他们玩这惊天赌局。

不过，我司马懿乃是天底下最不能忍耐之人。别人说我能忍，是见其表而不见其里。我司马懿能忍人所不能忍，挑衅辱骂打压都不能奈我何；但我司马懿并不能忍人之所能忍，让一黄口孺子骑在头上作威作福，尊严尽失一败涂地，是可忍孰不可忍？

无尊严，毋宁死。

况且，这场豪赌毕竟很刺激啊。老夫久已冷静的热血，也有点儿沸腾起来了。

司马懿不知道自己是什么时候睡着的，但醒来时，已经是正月初三的凌晨。

倒计时结束，战斗开始。

一切都回到了本书的开头，公元249年。

这一年，姜维一筹莫展，孙权老迈颠顶，曹爽志得意满，司马懿卧薪尝胆。

司马懿在内室之中站起身来，穿上戎装，会合家兵，推开大门，走到门口。冬日阳光无比和煦，但仍让司马懿感到耀眼。

久违了，太阳。

阳光之下，司马师的三千死士，早已如乌云般会集于此。

司马懿看到精神饱满的司马师和眼睛布满血丝的司马昭，笑了笑。司马兄弟都知道父亲这一笑的分量。

司马懿不再多说，一切该说的，昨夜都已说完。父子三人并肩赶赴洛阳城的武库，占据武库给死士们分发兵器。

全副武装之后，司马懿一挥手：按计划行事！

司马昭带领部分人直接往太后的永宁宫而去，而司马懿、司马师直扑朝堂。

父子三人这一别，可能就是永诀。他们现在心中都只有一个小小的愿望：今晚能像昨晚一样，父子三人一起坐在灯下共进晚餐。

这个愿望对于普通人来讲，再朴素不过；但对于这位权倾天下的老太傅而言，却是如此奢侈。

司马昭率兵围困永宁宫，名为保护，实则挟太后以令群臣。郭太后与司马家关系一向不错，对于曹爽等人自是深恶痛绝。但她万万没有料到，司马懿居然敢擅自发动政变，这可是夷三族的死罪！郭太后在犹豫，要不要与司马懿合作。但无论郭太后怎么抉择，都不影响结果。因为，郭太后并没有选择权。

司马懿下令关闭洛阳各大城门，实行全城紧急戒严，严禁任何人出入。然后他让司马师分兵屯驻司马门，自己直入朝堂，召集百官，宣布："曹爽兄弟试图篡夺帝位，现废除曹爽兄弟一切职务，百官由本太傅全权指挥。"

朝中众臣大惊，但看到司马氏的武装力量都很畏惧，何况大部分人早就对曹爽兄弟心怀不满，纷纷表示接受太傅的领导。

司马懿命令老臣高柔假节代理大将军，占领曹爽营。司马懿拍拍高柔的肩膀说："你就是周勃了。"周勃当年平定吕后之乱，安定汉室天下。高柔成了司马懿的周勃，知道自己责任重大，领命而去。

司马懿发现计划中代理中领军的桓范没有来，只好更换候选人，启用备用方案，命令王观代理中领军占领曹羲营。

王观也是之前受到曹爽排挤的老臣，与司马懿关系不错，此时欣然受命。高柔、王观赶赴两营，宣布接管所有武装力量。此时军营群龙无首，战士们没有主心骨，而前来的这两位又都是元老重臣，立即改易旗号成了司马一派的武装。

司马懿见朝堂之上已经搞定，这才前往永宁宫找郭太后请旨。司马懿罗列了曹爽若干条不臣、不法的行为，桩桩都是死罪。郭太后不再犹豫，授权司马懿全权行动，查处曹爽。

司马懿得到太后支持，胆气更壮。他与太尉蒋济一起率领两营士兵再赴武库领取兵器，以便出洛阳占据洛水浮桥。从朝堂前往武库，要路过曹爽家门口。司马懿手下这两营士兵人马战车众多，恰巧在曹爽家门口发生了严重的交通堵塞，吵吵嚷嚷难以通过。

在这关键时刻，时间就是生命，必须与时间赛跑！司马懿心急如焚，赶紧指挥疏导交通。他并不知道，曹爽家的楼层之上，有双狙击手的冷峻眼睛，正在向他瞄准。

这个狙击手叫严世，曹爽的帐下督。他端着一架弩机，瞄准了正在忙着指挥交通的司马懿，就要扣动扳机。

曹爽自从上位之后，怕有人暗算他的家属，所以派了一些部下将领和士卒，在他家中负责安全保卫工作。严世就是其中之一，今天轮到他和孙谦两个在这里值班。

司马懿大军在曹爽府第前堵塞的时候，曹爽的太太刘夫人吓坏了。她顾不上礼节，跑出房来对聚集在大厅里负责保安工作的严世、孙谦说："曹爽在外，司马懿搞兵变，怎么办？"

严世沉着冷静地说："夫人勿忧。"说完，提起一架弩机直上门楼。孙谦知道严世要干什么，连忙抛下惊慌失措的刘夫人，赶紧尾随严世上楼。

孙谦来到楼上，发现严世已经架起弩机，正在瞄准司马懿，眼看就要射出这改变历史的一箭。孙谦赶紧跑上来，拉开严世正要扣动扳机的右手。严世被孙谦这一捣乱，恼怒而不解地瞪着孙谦。孙谦说："天下大事，还未可知！"

严世想了想，觉得曹爽平素对自己恩重如山，毅然再度瞄准。孙谦又急忙拉开严世的手。严世急了，抓住最后的机会第三次架起弩机，孙谦又是奋力一拉干扰了射击（三注三止，皆引其肘不得发）。严世又气又急，一脚踹开孙谦，再行瞄准，司马懿的大军已经疏通，迅速地从门前跑过去了。

孙谦见状，心中暗喜。严世扔下弩机，长叹一声：大将军危矣！

可以改变中国历史的一箭，终于留在弩中，没有射出。

司马懿对曹府门楼上发生的这一幕毫不知情。他赶到武库，给将士们分发兵器，直到此时，才总算基本控制了洛阳城。下一步，他打算出城占据洛水浮桥，然后对曹爽一伙展开心理攻势。

但是，一个简直可以说是致命的坏消息传来。这个坏消息，是司马懿始料未及的，也是曹爽可以扭转局势的枢纽。

部下来报：大司农桓范诈称得到旨意，跑出城门，投奔曹爽去了！

司马懿、蒋济这两个曹魏帝国硕果仅存的顶级谋士，犹如被一记惊雷劈中，愣在当场！

司马懿一直不知道桓范居然是曹爽集团的人。

的确，首先，曹爽与桓范是老乡，曹爽上位以来也一直对桓范礼敬有加。但是，桓范一身傲骨，对于曹爽并没有亲近的意思；同时，桓范对于曹爽集团的邓飏、丁谧之流也颇有微词。

其次，桓氏是老牌的世家大族，与作为寒族新贵的曹爽集团没有共同的利益可言。

第三，桓范是建安时代入曹操丞相府的老臣，从年龄上看也与曹爽集团格格不入。要说这样一位骨鲠老臣，居然是曹爽集团的成员，司马懿一百个不相信。

他只知道，桓范谋略过人，人送外号"智囊"，且与自己年纪相仿，只不过由于脾气过于刚烈，不得皇上和同僚欢心，所以至今只做到大司农。其实，以桓范真正的实力，完全可以位至三公。

所以，这次行动司马懿才经过慎重考虑，决定拉拢桓范为己方的骨干分子，让他代理中领军的职务，占据曹羲的军营。

潜伏大师司马懿万万没有料到，居然还有一位比自己潜得还要深的人！

蒋济知道此事后，信心动摇。他无奈地对司马懿叹息道："智囊去了。"

司马懿虽然内心大为震惊，但是面不改色。他故作轻松地笑笑，说："曹爽和桓范其实关系并不亲密，而且曹爽智略不及桓范，无法领略桓范计谋的精妙处。曹爽就像一匹劣等马，眼中只有食槽里那点儿食料罢了，看不到长远之处，肯定不能用桓范的计谋。"（爽与范内疏而智不及，驽马恋栈豆，必不能用也。）

实际上，司马懿心里在打鼓。他现在所能做的事情，基本都已经做完了。现在，他只能祈求上苍保佑曹爽头脑发昏，不听桓范的计谋。

如此而已。

这是司马懿生平第一次把自己的命运交付到别人手中。

桓范这天和往日一样起床，梳洗。正月初三的早上，该拜年的都已经拜过了，皇上今天去高平陵拜谒，所以不用朝会。这对桓范来说，实在是个慵懒的上午。桓范在庭院里活动活动筋骨，想一些事情。

忽然，有人砰砰砸门。桓范骂骂咧咧：哪个兔崽子大清早砸我门？催命吗？

老门房慌慌张张来报：太傅司马大人派人催老爷前往宫中！

桓范大吃一惊，心下已经知道事情不妙。他请来人进来，来人见面就说：曹爽兄弟谋反案发，已经被免去一切职务。太傅请大司农前往宫中，代理中领军，占据曹羲军营，共襄大事，扶持社稷！

桓范听了，说：好，你先回吧，我随后赶到。来人心急火燎地走了。

桓范陷入了抉择的痛苦之中。司马懿老奸巨猾，如今又占了先手，曹爽兄弟恐怕不是他对手。司马懿许我以中领军之职，说明他非但对我毫无提防，而且还颇为看重，事成之后肯定还会大有封赏，看来可去。

抉择已定，桓范想要前往宫中见司马懿，儿子从旁阻拦：父亲欲何往？

桓范说：往太傅处。

儿子劝谏：皇上在外，不如往大将军处。况且父亲平素与大将军暗中交往密切，一旦事后被司马懿知道，恐怕性命难保。

桓范听到这话迟疑了。他沉吟再三，最后决定把自己的前途交托给曹爽。因为桓范知道，司马懿虽然占了先手，但是从长远来看，其实司马懿一党困守洛阳城，乃是一局死棋。

倘若让我桓范为棋手，与司马懿对下这局惊天大棋，一定可以挫司马懿几十年威名，让他完败吧！年老的桓范燃烧起争雄好胜之心，热血开始沸腾。

桓范思量已定，取了大司农印章，骑马直往平昌门而去。

这一去，桓氏家族的命运就此一百八十度转弯。

他跑到平昌门时，城门已经关闭。桓范并不着急。桓范思维缜密得很，他之所以选择平昌门，乃是因为看门的将官司蕃是自己过去提拔的吏员。司蕃几乎将桓范当作老师看待，前几天还刚给桓范拜过年送过礼。

桓范跑到平昌门前，远远看见司蕃朝这边张望，便举起手中一块空白的木版，大声吆喝："我奉诏出城见皇上，快开门！"（有诏召我，卿促开门！）

看门官司蕃觉得今天格外异常：大早上太傅司马懿就宣布了太后的旨意，全城紧闭城门戒严；快到中午时分，老恩公桓范又自称有圣旨，要开门。司蕃知道，肯定出大事了。在这样的非常时刻，还是谨慎为上。

司蕃对桓范行了一礼，说：请让在下看看诏书。

桓范手里哪有诏书？眼看要露馅了，桓范大发雷霆："你不是我提拔的吗？胆敢怀疑我？"（卿非我故吏邪，何以敢尔？）

司蕃没有办法，只好下令开门。桓范纵马疾驰而去，回头对司蕃喊："太傅造反，你跟我走！"（太傅图逆，卿从我去。）

司蕃听了，想也不想，跟着桓范跑去。然而桓范骑马，司蕃徒步，哪里跟得上？眼看桓范跑得没影了，司蕃只好自个儿躲起来，看局势怎么发展。（蕃徒行不能及，遂避侧。）

桓范跑到高平陵时，曹爽兄弟已然如热锅上的蚂蚁，急得团团乱转。曹爽一见桓范，顿时像见了救星一般，眼睛都亮了。他赶紧把桓范接到帐中商议大事。

桓范喘息未定，兴奋地对曹爽说：老夫有一步绝妙好棋，管教司马懿父子败亡，太傅府人头滚滚！

大棒加萝卜，才是最有效的

正月初三一大早，曹爽陪同皇帝曹芳，前往曹叡的墓地高平陵拜谒祭奠。典礼非常隆重，所以曹爽把他的弟弟曹羲、曹训、曹彦都带上了。

曹爽这个年，过得太舒心了。政敌司马懿经过李胜的鉴定，只比尸体多口气了。朝中大事，事无大小都由自己决断，曹爽终于感受到了握有权力的快感。他回忆起当年曹叡托孤之时，自己面对曹叡所授予的权力，居然战战兢兢、大汗淋漓，就不禁觉得好笑。当时只觉得自己没有这么大的能力承当如此重任，所以不免胆战心惊。现在看来，权力真是个好东西啊。

曹芳已经拜谒完高平陵，车驾即将回城。曹爽懒洋洋地打了个哈欠。昨天晚上和邓飏他们喝酒喝得有点儿晚，今天又一大早起床，还真招架不住呢。曹爽决定，待会儿回去好好睡个午觉。

车驾仪仗正在往回走，曹爽忽然见从洛阳方向远远地奔过来一队骑兵，为首一匹马上驮着的人高声大喊：太傅造反了！

众人大吃一惊，曹爽连忙看向来人，原来是大将军府的司马鲁芝！

原来，鲁芝本来留在大将军府办公，听到外面喧嚷，得知是司马懿奉太后诏书要处置曹爽，鲁芝连忙率领留守大将军府的几个骑兵一起冲到津门，杀出一条血路出来报告曹爽。

曹爽如遭五雷轰顶！

直到这时，他才明白，李胜被司马懿骗了！老头子根本没病，他隐匿府中近两年，就是为了对付我曹爽！

紧接着，对岸司马懿派使者给天子送来一封上书，曹爽打开一看，内容是罗列曹爽兄弟的若干条大罪；从罪名来看，都是死罪。曹爽哪里敢把这封上书给天子看？连忙藏匿起来。

曹爽和自己的三个弟弟商量对策，讨论了半天也没有主意。小皇帝曹芳还在问车驾怎么不走了，曹爽只好禀报：司马懿造反了。曹芳被吓到了，怯怯地问：不会吧？会不会是奸人谗言？把曹爽气得差点吐血。

曹爽四兄弟讨论了半天，决定先发动洛阳附近的屯田兵护驾，又派兵砍伐附近的树木制作成鹿角，在伊水南面暂且驻扎下来，观察司马懿进一步的动向。营地刚建立好，桓范远远地骑马来了。

曹爽一见桓范，仿佛吃了一颗定心丸。他把桓范接进营中，问：桓老，方今之计，如何是好？

桓范喘息未定，急着说：你们看，当今的局势，洛阳城已经被司马懿控制了。我们在洛阳与司马懿斗，无疑是以卵击石。

曹爽点头，心生绝望。

桓范又说：但是，如果把眼光从洛阳挪开，来看整个天下，那就未必了。如今司马懿控制的只有一个洛阳而已，其他地方都是天子的势力，而天子则在我们手中……

曹爽眼睛一亮：那桓老的意思是？

桓范环顾了一下曹爽四兄弟，见他们都眼巴巴地望着自己。桓范顿了顿，压低声音说："为今之计，我们唯有带着天子前往许昌，然后向天下发诏书勤王，等四方援兵聚集，那就可以解决困守洛阳孤城的司马懿了。"（以天子诣许昌，征四方以自辅。）

桓范说完，很是得意，抬起头来欣赏曹爽兄弟崇拜得五体投地的表情。

然而，他抬起头来并没有看到佩服的表情，只看到曹爽满面狐疑，曹羲低头无语，其他两人更是面面相觑。桓范的心顿时拔凉拔凉的。他已经知道自己押宝押错人了。

但是桓范更知道，此事可是关系到自己阖家老小性命的事情，不可不力争。他觉得曹爽兄弟中只有曹羲脑子最清楚，便心急火燎地喝问曹羲："局势已经很清楚了，还犹豫什么？你平时读的书都读到哪里去了？就在今天，你们曹家的门户要倒闭了！"（事昭然，卿用读书何为邪！于今日卿等门户倒矣。）

曹羲愣愣的，不说话。尽管曹羲是曹氏兄弟中头脑最清楚的一个，但这么大的事情，已经超出了这个青年的思考范围。曹羲把目光移向曹爽，发现曹爽也正在看他。

我没说清楚？

桓范看看这几个兄弟，稳了稳情绪，换了比较平和的语气接着争取曹羲："你在城南还别有一营人马，洛阳的典农中郎将也在附近，召唤军队很容易。许昌也有武库，兵器容易得；你担心的可能是粮食问题，但我已经把大司农印章带出来了，调遣天下粮草是很容易的事情。怎么样？"

桓范用期待的目光看曹羲，他清楚，这兄弟四个都是没有主见的人。只要争取过来一个人，另外三个也就很容易搞定了。

但偏偏这兄弟四个谁都不愿意表明态度。毕竟这事情太大了，是他们从未遇到过的。他们不像桓范一样见多识广，天下如棋局。他们现在无比希望，能有人替自己拍板。

桓范现在终于明白了，不怕遇到神一样的对手，就怕遇到猪一样的队友。我已经把话讲得这么清楚了，而出的主意也万无一失，你们居然还在犹豫不决，究竟在想什么啊？

桓范抓狂。但其实曹爽所想的，司马懿已经料到了。这匹劣等马，不过是在想他食槽里的食料罢了。我如果听桓范的话，家里的妻儿老小会不会被杀？我辛苦积聚的财宝，会被全部抄走吧？何晏、邓飏、丁谧他们不知道会不会有事？我毕竟在洛阳城是个大将军，一旦跑去许昌，岂非丧家之犬？跑到许昌以后，那种流离颠沛的生活，我挺得过去吗？

曹爽继续踌躇。这时候，司马懿适时地向他伸出了友好的橄榄枝。

司马懿明白，洛阳城已经彻底搞定，接下来的事情只有一件：打一场与桓范争取曹爽的拉锯战。

曹爽肯定不会一下子就听从桓范的话，但是难保他不被桓范花言巧语所蛊惑。要把他拉回洛阳城，办法只有一个：让这匹劣等马看到食槽里有足够的食料。如果我司马懿把事情做得太绝，曹爽看不到一丝希望，自然就破罐子破摔，跟着桓范去了；但如果我让他看到足够的希望，那就好办了。

天罗地网，不如网开一面。

司马懿不禁有点儿后悔，当初不应该派人给天子送去那封揭露曹爽罪行的上书。这封上书天子是肯定看不到的，只会让曹爽兄弟看到而加深他们的恐慌。是时候安抚他们一下了。

大棒加萝卜，才是最有效的。

时间已经是傍晚了，司马懿叫来弟弟司马孚，说："天气寒冷，不能让天子露宿野外。你替我去送些帐篷等御寒用具和食物给天子吧。"司马孚领命而去。

司马懿又找来许允、陈泰二人，说：你们二人去劝劝曹爽，让他回来吧。我保证不会拿他怎么样。

许允、陈泰走后，司马懿想了想，问蒋济：知不知道曹爽平时比较信任谁？

蒋济说：殿中校尉尹大目。

司马懿传来尹大目，说：你替我给曹爽带个话，我们已经查清楚他的罪状了，最多不过是免官而已。我司马懿可以指着洛水发誓，倘若有违誓言，必遭恶报！

蒋济跟曹爽的老爹曹真关系不错,并不愿意看到曹真绝后。他听到司马懿的许诺,觉得曹爽没有必要一错再错,负隅顽抗了,便也叫住尹大目,写了一封手书让他带给曹爽。

谁也不曾料到,正是这封信,要了两个人的命:一是曹爽,二是蒋济。

冬天的夜来得早,暮色渐浓。天子曹芳冻得牙齿格格打战,身边的侍者给他添加衣物。曹爽兄弟根本顾不上寒冷,仍然在争论不休。桓范遍引古往今来的典故向曹爽论证如果回洛阳城根本就是死路一条,可惜曹爽连一个字都听不进去,急得桓范直跳脚。

这时候,司马孚带了一批人过来送温暖了。曹爽像一只受伤的野兽,警惕地派士兵上前拦截,进行检查,确定他们没带武器,才放进来。司马孚带来了太傅司马懿对天子和广大官兵的问候,并且给大家分发了帐篷和食物。

司马孚走后,许允、陈泰接着来了。他们劝曹爽回洛阳,司马太傅已经拍胸脯保证不会把你们兄弟怎么样。

曹爽狐疑,桓范跳脚。

接着,尹大目也跑来了,他对曹爽说:太傅说了,你们兄弟的罪状已经查清楚了,只不过处以免除职务的行政处分而已,爵位和财产均维持原样。太傅还指着洛水发誓,绝不动你们兄弟一根毫毛。

曹爽两眼放光,问:太傅发誓,可是你亲眼所见?

尹大目指天发誓:绝对是在下亲眼所见。哦,对了,蒋太尉还托我带给你一封书信。

曹爽连忙拿过书信拆开一看,上面写着:太傅已经发誓,你兄弟数人唯免职而已;我亦愿以名誉保你兄弟平安无事。我一向与你父亲交好,愿你及早回头,免得失足成恨。切记切记。

曹爽一向信赖尹大目,而蒋济又是朝中的忠厚长者,曹爽的内心的天平渐渐倾斜了。

桓范见此情景,跑过来死死抓住曹爽的手,哀求道:大将军,万万不可听信司马懿的假话啊!

许允、陈泰、尹大目则在另一边力劝曹爽回头是岸。曹爽被他们吵得头都要炸了,推开众人大喊:让我一个人好好想一想!

说完,曹爽转身跑进了自己的营帐,不允许任何人进来。

桓范已经没有办法了。他自恨枉称"智囊",却无法改变曹爽的心意。他知道,曹爽出营帐之后说的第一句话将决定他桓家老小的性命。

曹羲、曹训、曹彦等待着大哥,他们把自己的选择权全部让渡给了大哥。

曹芳已经回营休息去了。他完全不知道,他的未来和曹魏帝国的国运,将取决于曹爽在营帐中的纠结。

司马懿望着满天星斗,紧了紧皮裘。从凌晨到现在完全没合眼,但他丝毫不困。他知道,自己父子三人包括司马家满门老小的性命,都牵系在对岸那位大将军的手上。

洛阳城里,何晏、丁谧、邓飏,都默默地祈求曹爽能够有个英明的决策,以扶大厦之将倾、挽狂澜于既倒。

这一夜,无数人的性命,甚至中国的国运,都要由曹爽来决定。

而曹爽却以为,他的命运,早已经掌握在司马懿的手中。

这一夜,对于曹爽来讲无疑是他人生中最漫长的一夜。他在先帝陵墓前的营帐里,想了很多很多。

这一夜,对于司马懿、桓范、何晏乃至整个洛阳城来讲,都是最长的一夜。

夜凉如水,今夜无人入睡。

五更时分,曹爽的营帐撩开了。麻木的众人立马像复活了一般,把头别向曹爽,一起看着他。

曹爽手里提着一把刀,面无表情地走了出来。他走到帐外,站住了。他环顾了一眼四周期待的眼神,把刀扔在了地上。

静谧的凌晨,宝刀铮然落地。

桓范闭上了眼睛。他已经知道曹爽的决定。大势去矣!

曹爽开口:"我揣度太傅的意思,不过是要我兄弟向他屈从罢了。我这就请示陛下,免去我兄弟官职。再不济,我也能保住侯爵,回家做个富家翁。"（我不失作富家翁。）

桓范心中绝望，撕心裂肺地哭骂道："曹真多好的一个人啊，生你们这几个兄弟，都是牛犊子！老子今天全家都要死在你们兄弟手上了！"（曹子丹佳人，生汝兄弟，犊耳！何图今日坐汝等族灭矣。）

司马鲁芝和主簿杨综也含泪苦苦劝谏，做最后的努力："您身居首辅，挟天子以号令天下，谁敢不从？您放弃这一切而往菜市口去，岂不令人痛心！"

然而，没有人再理会这三个危言耸听的人。曹爽一行默默地向洛水行进。司马懿在洛水浮桥上望着曹爽垂头丧气向自己走来，心中终于舒了一口气。直到此刻，紧绷的神经彻底松弛下来，司马懿才感到深深的后怕：如果你听从了桓范的计谋，那可能现在失败的就是我了啊。

七十一岁，能够活到这个年纪的人，在三国时代少之又少；即便有，也早已经是风烛残年、油尽灯枯。

七十一岁，对于现代人来讲已经不是什么高龄，但是大多数这个岁数的老人也不过是打打麻将、晒晒太阳而已。

而司马懿在七十一岁时，以超乎常人的坚忍斗志和傲视群伦的无敌智谋，度过了人生最凶险的一关，击败年富力强的政敌曹爽，再次向世人证明了自己的强大。

七十一岁，老人创造了奇迹。

07 亢龙有悔：
有些事情，只能留给子孙做

以毒攻毒，
让对手退无可退

曹爽兄弟回到洛水北岸，老老实实束手就缚。至此，政变已经没有任何悬念。桓范见到司马懿，心存侥幸，下车跪在司马懿面前，一句话都不说，只顾砰砰叩头（下车叩头而无言）。

司马懿笑笑："桓大夫何必如此？"（桓大夫何为尔邪？）

桓范回到城中，车驾入宫，有诏书命令桓范官居原职。桓范摸不着头脑。但他现在已经方寸大乱，竟然信以为真，便来到宫阙之下向司马懿谢恩。这时候，鸿胪寺的人来报告司马懿：平昌门守将司蕃自首，称桓范矫诏出城，大喊"太傅造反"。

司马懿大怒，问法官："诬告别人造反，依法应判何罪？"

法官回答："按照法律，诬告者反受其罪。"

司马懿喝令武士：那还不给我拿下？

猫逮住了耗子，并不急于弄死，而是要欣赏耗子惊恐的表情。桓范这才明白，司马懿只是在调戏自己。

两边的武士立即如狼似虎，将桓范提溜起来捆作一团，押解下狱。桓范此时最后的侥幸心破灭，面对死亡反而从容起来。他对捆绑押解他的武士说:"轻一点儿,我也是个义士啊。"(徐之,我亦义士耳。)

一百多年后,桓范的后裔桓温将司马懿的后裔——当时东晋的皇帝玩弄于股掌之中,也算为祖先报仇雪耻。这是后话了。

曹爽兄弟被罢免官职,只保有了侯爵。他回到家,家门立即被人从外面封上了。他爬上门楼,发现自己家已经被八百多个民兵团团围困住了,而且曹府四角还有人在修筑高高的瞭望塔。

曹爽这才发现,自己已经被软禁了。

曹爽在家穷极无聊,拿着弹弓到后花园里打鸟解闷。他一只脚刚迈进后花园,便听到头顶上炸雷似的一声大喊:"前任大将军在往东南边去了!"曹爽大吃一惊,抬头看去,原来府外瞭望塔里时刻有人在盯着自己的一举一动。曹爽哪里还有打鸟的兴致,只好回到家中。

曹爽家的存粮吃完了,断炊了。曹爽和兄弟们商量,琢磨不透司马懿到底是个什么意思。商量来商量去没个结果,曹爽索性决定问问司马懿。他写了一封信,委托门口监视居住的守卫带给司马懿。

司马懿拿到曹爽的信,打开一看,上面写道:"贱子曹爽哀惶恐怖,招惹祸端,应受灭族之刑;之前派家人出去领取口粮,至今没有回来,数日断炊。希望恩赐粮食!"

司马懿一看:这也太狠了,哪能不给他粮食呢?于是吩咐属下给曹府送去米一百斛,肉脯、盐豉、大豆若干。

曹爽一看,司马懿送来这么多吃的,那估计是不打算弄死我了,很高兴。

其实,司马懿何尝不想弄死你?但是司马懿不是曹操,脾气发作起来就乱杀人;他要走法律程序,以免给后世留下骂名。

司马懿把因为曹爽集团排挤迫害而丢官的卢毓请出来,让他担任司隶校尉,请他成立专案组,调查曹爽集团谋反案件。卢毓明白,仅曹爽那些贪污腐败、强占宫女的事情不足以取他性命。他顺藤摸瓜找到太监张当,严刑拷打之下,张当供出曹爽、毕轨、邓飏、何晏、丁谧、李胜等人相约今年三月份起事篡位的"事实"。卢毓把结果告诉司马懿，司马懿命令将曹爽等人都抓起来送进大牢，留下何晏，另有用处。

何晏也已经被软禁在家里了。他虽然早就预感到会有这么一天，但当这一天真正到来的时候还是无比的恐惧。他恐惧死亡，他不想带着满腹的经纶就此死去，他想让他的哲学造福世界，惠泽后代。

曹爽、邓飏、丁谧等人都已经被抓起来了，何晏以为下一个就是自己。没想到，司马懿只不过是请何晏到太傅府喝茶。

司马懿笑眯眯地对何晏说：我们已经查出曹爽一伙的谋反事件了，但证据还不充足，又怕有漏网之鱼。你跟他们比较熟，所以我希望你能够加入卢毓的专案组，协助调查曹爽。

何晏一听，心中惴惴：难道太傅以为我和他们没有瓜葛？何晏在这关节，哪里还能想得清楚？只好心存侥幸，一口应承下来。他决心以出卖曹爽为代价，保住性命，保住自己的哲学。留得青山在，不愁没柴烧；只要我的哲学能够造福世间，管他曹家还是司马家执政？

何晏调查曹爽案，格外卖力。司马昭纳闷，问父亲：何晏明明是和曹爽一伙的，父亲为什么偏偏放过他，还让他协助调查？

司马懿一笑：除了他，还有谁对曹爽的底细了解得更清楚？这叫以毒攻毒。

何晏查处结束，将厚厚一沓翔实的证据交到司马懿手里。司马懿一张一张地慢慢翻看，边看边满意地频频点头。何晏在一边心中暗喜：看来我这算将功赎罪了。

司马懿看完，问何晏：没了？

何晏回禀：没了，就这些。这些证据足够置他们于死地了。

司马懿摇摇头：不对，根据我们掌握的情报，一共有八族人参与了谋反。

何晏掰着指头数：曹、邓、丁、李、毕、桓、张……只有七族啊！没错，就这些！

司马懿继续坚定地摇头：不对，还有。

何晏又窘又急，脱口而出：你是说还有我吗？

司马懿这才面露笑容，点点头，命左右武士把何晏拿下。

司马懿派人把案卷整理完毕，便要在朝廷上公开曹爽的罪状，然后再由三公九卿等高官组成的合议庭审议通过，便可以把曹爽集团夷三族了。当然啦，其实剩下的"廷议"都只不过是走走过场罢了。曹爽在司马懿的眼里，早就已经是一个死人了。

但是，司马懿万万没有料到，廷议还真不是走过场。居然真有一位超重量级的高官、司马懿本人的死党，挺身而出为曹爽求情说话。

站出来说话的人，是太尉蒋济。

蒋济之前相信了司马懿绝不伤害曹爽兄弟的保证，这才托尹大目给曹爽送信，劝他迷途知返，回头是岸。曹爽愿意乖乖回来，蒋济这封信毫无疑问在很大程度上影响了他的判断。

现在，司马懿要食言。他不单要杀曹爽，还要灭曹爽满门。

蒋济深深地感到了内疚。我不杀曹爽，曹爽却因我而死！蒋济对不起曹爽，更对不起曹真的在天之灵。

蒋济想为曹爽说话，但他知道，自己肯定无法完全扭转司马懿的心意。他所能做的，顶多只是为曹真家族保留一支香火。所以，在廷议的时候，蒋济站出来说："曹真之功勋，不可绝嗣。希望能够给曹爽留一点儿骨肉，以继承曹真一脉的香火。"

留香火干什么？等孩子长大以后上演赵氏孤儿吗？司马懿断然拒绝。

经过廷议，司马懿向朝野公布了对曹爽谋反集团的定罪书。"春秋之义：'臣下对君主、子弟对父兄，不可以有篡夺谋反的企图，有企图就必须伏法。'曹爽作为皇室的支属，世蒙国恩，受先帝握手托孤、口授遗诏，居然包藏祸心，蔑弃顾命，跟何晏、邓飏、张当等人图谋篡位，桓范也是其党罪人，都应论'大逆不道'之罪，按律诛灭三族！"

司马懿对曹爽务求斩草除根，但是对于几个小人物却表现出了宽大的胸怀。斩关出奔高平陵的司马鲁芝、劝谏曹爽不可回洛阳的主簿杨综，司马懿一律宽恕。他说："这都是各为其主啊，应该褒奖他们以劝勉部下为主子尽忠。"于是为鲁芝和杨综升官。

另有一位义女夏侯令女的事迹，值得一提。

曹爽的堂弟曹文叔，娶了夏侯文宁的女儿夏侯令女为妻。两人没过上几天好日子，曹文叔就死了。夏侯令女估计家里会把自己重新嫁掉，便事先断发为信，表示绝不再嫁。

过了一段时间，娘家人估计夏侯令女差不多该平静下来了，就打算把她再嫁出去。夏侯令女得知此事，抽刀削下自己两只耳朵以表决心。娘家人没有办法，不好再勉强。

夏侯令女从此寄居在曹爽府中。曹爽出事之后，夏侯家的族人上书朝廷，表示与曹家断绝一切婚姻关系，强行派人把夏侯令女接回来。夏侯令女的父亲知道女儿性情刚烈，怕她寻短见，就找人探她口风。探口风的人回来报告："夏侯令女说'事到如今我也唯有听从你们的安排了'。"夏侯文宁这才稍稍放心，家里人也放松了警惕。

有一天，夏侯令女的母亲去卧房找女儿，叫她不应，开门进去一看，女儿正蒙头躺在床上。母亲过去一看，发现被子上洇出斑斑血迹。母亲大惊，连忙喊人来，再打开被子一看，夏侯令女已经用刀把鼻子割去，血流如注。

闻风赶来的家人大为惊骇，莫不为之心酸。母亲哭着说："人生在世，好像轻尘栖弱草，何必做人如此认真？况且你夫家要满门抄斩了，你这是守的哪门子节呀？"

夏侯令女毅然回答："仁者不因盛衰而改节，义者不因存亡而变心。曹家之前风光的时候，我尚且要守节不移，何况如今曹家衰亡，我怎忍心弃之？禽兽之行，我岂能为之？"

司马懿听说了此事，大为感动。他特许夏侯令女领养孩子以继承曹家的香火。

就在嘉平元年（249年）的正月里，囚车押送着曹爽谋反集团的骨干成员及其三族亲属数百人，缓缓走向洛阳北郊。押送队伍全副武装，一路警戒。沿途观者如潮，大家都在指指点点：

看，这就是曹爽啊，他父亲是好汉，这小子却是败家子！

这几个就是台中三狗，看他们今后还怎么咬人？

快看，那个就是拿官位换臧霸爱妾的邓飏，"以官易妾邓玄茂"说的就是他！

甚至有些儿童拍着手唱起歌谣来："何邓丁，乱京城！何邓丁，乱京城！……"

曹爽集团，曾经代表了曹魏帝国年轻一代的光荣与梦想，厉行新政、朝气蓬勃，如今却落得千载骂名！

几家欢喜几家愁，政治斗争中从来就是成王败寇。

曹爽早就已经形容枯槁，心如死灰。仿佛这个世界早就已经不属于他，又似乎他根本就不属于这个世界。曹爽想起年少时父亲的谆谆教诲，想起与曹叡在东宫无忧无虑地玩耍，想起与司马懿一起接受托孤，想起初任大将军时的意气风发，想起几天前他人生中最漫长的那个夜晚……

曹爽现在已经没有一丝后悔与仇恨，他在脑子里把自己的一生像电影快进般过了一遍。

这一切，就像一场春梦，了无痕迹啊。

北郊已经到了。

这里还残留着一些烧焦的竹筒和满地的纸钱、香灰。可能是前几天过年的时候，有人来此爆竹、祭祖吧？

刽子手们把曹爽、何晏、邓飏、丁谧、李胜、桓范、毕轨、张当一字排开，他们的身后是无辜的家属。行刑人员过来验明正身，另外一些监斩官员交头接耳窃窃私语，不知道在说什么。

时辰已到，开刀问斩。人头落地，血流成河。呜呼！

这群曾经满怀梦想和激情的年轻人，不满于沉闷的太平，企图干出自己的事业。他们在"正始"这个令人遐想的年代，奋斗过，折腾过，堕落过。

正始时代已然结束,现在是嘉平元年的正月。

是非成败转头空,青山依旧在,几度夕阳红?

行刑结束,刽子手们开始清理现场。朔风野大,纸灰飞扬。远远的,似乎有个人在野唱,歌声缥缈,若隐若现:

苕之华,芸其黄矣。心之忧矣,维其伤矣。

苕之华,其叶青青。知我如此,不如无生。

有些事情自己做，
有些事情只能留给子孙做

一边是洛阳北郊的人头滚滚，一边是朝堂之上的表彰大会。

对于这次行动，首功当然是司马懿。其次如高柔、蒋济等，也各有封赏。高柔，进封万岁乡侯；蒋济，进封都乡侯。

蒋济内心不安，力辞封邑，拒不接受。拒绝的原因很简单：蒋济实在过不了自己这一关。蒋济身为曹魏资深谋士，什么样的阴谋诡计没有用过？什么样的下三烂手段没有见过？人可以无耻，但是不能无耻到这样的地步。资深谋士蒋济，这一次被司马懿深深地伤到了。他的那封夺命信，客观上起到了助纣为虐的作用。蒋济越想越气，忧心成疾，一命呜呼。蒋济的夺命信，终于要了他自己的命。

李宗吾曰：成大事者，必须脸皮厚、心子黑。话虽露骨，岂不信哉？

至于厚黑宗师司马懿，则似乎已经封无可封。他做过了大将军，做过了太尉，连传说中的太傅都做过了，还有什么天大的官职可以嘉奖这位元老功臣呢？再往上一步，只剩龙椅了……

另一方面，司马懿最大的政敌曹爽之死震慑朝廷。百官背地里纷纷猜测，太傅此举可能是改朝换代的前奏吧。

基于这两个考虑，百官上书奏请封司马懿为丞相。朝廷准奏。

丞相，是汉末以来最敏感的职位，有着非同寻常的政治意义。我们来观察一下汉末以来的历代丞相和相国。

最后一任丞相：曹丕。

倒数第二任丞相：曹操。

倒数第三任丞相（相国）：董卓。

由此可见，朝廷任命司马懿为丞相，是抱着一种怎样的心态。

与丞相职位一起到来的，还有颍川的四县封邑，以及"奏事不名"的特许荣誉，即上奏折时可以不必称自己的名字。

路人皆以为，自己已知司马懿之心。然而司马懿却怅叹：知我者谓我心忧，不知我者谓我何求！

司马懿做出了一个令朝野惊讶的举动：固辞丞相一职。

司马懿完全明白丞相一职在政治上究竟意味着什么。司马懿并没有篡夺之心，当然不会自置嫌疑之地。你们把老夫看成什么人了？

百官纳闷，不过很快就释然了——哦，老太傅要故作姿态，博取高名。没关系，这个我们在行，配合你就是了。于是继续力劝司马懿接受丞相之职。司马懿继续推让，他还上书朝廷表明心迹："臣亲受先帝顾命，忧深责重。幸赖天威，消灭奸佞。赎罪而已，功不足论。三公之官，圣王制作之大法，当为万世垂宪；丞相之职，则是秦朝始设，汉代因袭。如今三公之官皆备，而重蹈秦汉的老路复设丞相之职，即便是为别人所设，臣也要谏止，何况为臣而设，更要力争。否则四方之人将怎么看待为臣？"

朝廷百官有点儿摸不着头脑了：难道是我们以小人之心，度君子之腹？要不再试试吧。大家接着劝司马懿接受丞相之职，司马懿前后上书十几道，坚决推辞；朝廷上这才明了司马懿是真心推辞，便不再勉强。

到了年底，朝廷又试图再做一次努力，给司马懿加两项特殊荣誉：一是朝会不拜，二是加九锡。

九锡，原指官爵的九个等级，出自《周礼》。经过王莽的改造，变成了九种人臣所能享受的最高级别的礼器。历史上享受过"加九锡"待遇的有哪些名人呢？司马懿之前，有王莽、曹操、孙权。也就是说，"九锡"比"丞相"的政治意味更强烈：担任过丞相的人要改朝换代，只是曹氏父子这一家的事情；而根据历史上的成例，加九锡之后无一例外下一个步骤就是称帝或子弟称帝。

朝廷的意思很明显，他们误以为司马懿嫌丞相的政治意味不够浓烈，希望朝廷不要这么扭扭捏捏，来点儿更明白、更痛快的。

没想到，司马懿再次上书固辞。他说："太祖皇帝（曹操）有大功大德，汉室尊崇之，所以加九锡。这是往年的异常情况，而非常例，不是后代君臣可以轻易效仿的。"

朝廷百官再一次大跌眼镜。他们开始反思：我们是不是看错人了？难道司马太傅真的是周公而不是王莽？

他们实在不敢相信，在世风日下、人心不古的末世，居然还有像周公一样的大圣人存在，身居百官之首，手握天下重权，而能赤胆忠心、扶保少主。那之前诛杀曹爽集团时的心狠手辣又怎么解释呢？

大家百思不得其解。

司马懿的心思，岂是区区路人甲所能猜透的？

司马懿能够立身朝廷数十年而不败，爬到今天这个位置，靠的乃是十足的忍耐力与小心谨慎。他饱读历代史籍，绝对清楚什么事情该做，什么事情不该做；什么事情应该自己做，什么事情只能留给子孙做；什么事情可以替子孙铺路开道，什么事情最好连路都不要铺。

改朝换代当皇帝，当然是天大的诱惑；可是我司马懿七十一岁的老骨头了，说不准哪天就一命呜呼了，现在如果老夫聊发少年狂，过把瘾再死，我是过瘾了，可是要给子孙遗祸啊！

历史上的事情，靡不有初，鲜克有终。善始善终，难之又难。儿孙自有儿孙福，我何必越俎代庖瞎操这份闲心？倘若儿孙有能耐，可以改朝换代，那他们大可以做去，而我司马懿仍能保住大魏元勋、曹氏纯臣的名节。倘若儿孙无能，我现在篡了曹氏天下，则身死之后必将族灭，为天下笑。

何苦来哉？

其实司马懿和当年曹操在《让县自明本志令》中的独白一样，人在江湖身不由己，一旦踏入政界就必须不断往上攀登，不断巩固自己的势力，不断应对敌人的明枪暗箭。哪里是希望做皇帝呢？不过是自保而已。

所以，解决曹爽集团之后，司马懿还得马不停蹄地对曹家的忠实盟友——夏侯氏下手。

夏侯玄是当初曹爽集团的骨干分子之一，但是自从曹爽为了伐蜀而调他去当征西将军、假节、都督雍凉诸军事之后，他与曹爽集团走得并不近。高平陵政变的时候，夏侯玄一无所知。

司马懿处理曹爽集团，务求斩草除根，但的确没有任何证据能够指向远在长安的夏侯玄。然而，夏侯玄现在是西北防区最高统帅，手握重兵，毕竟是一个巨大的威胁。所以，司马懿借了朝廷的旨意，调夏侯玄回中央担任大鸿胪的职位。

大鸿胪是九卿之一，相当于今天的外交部部长——当时的外交部可没有今天这么吃香，不过是打理打理诸侯与少数民族的事务。也就是说，司马懿想借这个职位缴了夏侯玄的枪。

夏侯玄能有什么办法？他是曹爽的表弟，又是曹爽集团的羽翼。曹爽死后夏侯玄一直惴惴不安，生怕司马懿下一个就是拿自己开刀。从现在看来，司马懿并没有要大动干戈的意思，而只是想做笔交易——要么放弃你的兵权，要么放弃你的性命。

夏侯玄当然不会以卵击石，他明智地选择了保命。夏侯玄乖乖地交出了兵权，回到洛阳担任大鸿胪，从此跟说各种奇怪语言的民族打交道。司马懿对夏侯玄的表现感到满意，便没有继续迫害之心。他把西北防区最高统帅的职位，交给了铁杆心腹郭淮。

曹爽在军界有两大残余势力，一个在明，一个在暗；一个在西北，一个在东南。西北的这个明势力，终于被彻底拔除改姓司马，东南的那个暗势力也已蠢蠢欲动，下文再表。

夏侯玄暂且平安，另一位姓夏侯的人却有了恐惧感。他就是夏侯玄的叔叔、曹魏名将夏侯渊的儿子、现任征蜀护军的夏侯霸。

夏侯玄应征回洛阳，夏侯霸从司马懿一贯心狠手辣的作风做出了事后被证明是错误的判断：夏侯玄此去凶多吉少。我是你夏侯玄的叔叔，你又是曹爽的表弟，那我夏侯霸自然也会被司马懿看成曹爽一伙的。夏侯霸通过这个简单的逻辑推理断定自己就要大祸临头了。他在想要不要有所行动。

另外一个人物，为夏侯霸心中摇摆不定的天平加上了一个决定性的砝码——夏侯霸现在的顶头上司、新任西北防区最高军事统帅郭淮。

夏侯霸与郭淮的关系一向不佳，以前有夏侯玄压着，郭淮只好让夏侯霸三分；如今曹爽倒台，夏侯玄前途未卜，郭淮岂会放过自己？夏侯霸内心更加惶恐不安。他终于下定决心，采取行动避祸。

有什么办法能够避祸呢？军事叛变肯定不行，自己无拳无勇，死路一条。逃吧，普天之下，莫非王土，有井水的地方就有司马懿的势力。夏侯霸想了想，有了主意：往境外逃窜。

所谓境外，有三个选择：少数民族控制区、蜀汉、东吴。东吴太远，首先否决；少数民族控制区太弱，不足以提供外交庇护，也否决；蜀汉么……

夏侯霸一想到蜀汉，就两眼冒火。自己的父亲夏侯渊，当年就是在与蜀汉作战时，在定军山下被黄忠砍下了头颅。杀父之仇，不共戴天呀！

夏侯霸在内心中反复挣扎。父仇乃是家仇，而司马懿迫害曹氏、夏侯氏，乃是国恨。家仇孰与国恨？夏侯霸决心权且放下父仇，投奔蜀汉。

夏侯霸想清楚后，单人匹马，带上盘缠，一路向南跑来。他的计划是，从阴平郡进入蜀汉。夏侯霸一路狂奔，来到魏国的边境线。他对这一带了如指掌，闭着眼睛都能知道哪里有巡逻部队，哪里是边检的盲点。

夏侯霸躲开边检，悄悄进入蜀汉境内。进了蜀汉，夏侯霸可就基本等于瞎子一个了。蜀汉地形极其复杂，盘山错节。夏侯霸骑马很难在山路上行走。他只好下马徒步，牵着马走。

天黑了，寒风凛冽。夏侯霸找了个避风的小山坳，躲起来偎依着马取暖。他微微打盹，但又不敢睡着。蜀道之上，在当时乃是猛兽和强人出没的所在。夏侯霸生怕在睡梦中身首异处，或者成了猛兽的腹中食。

天刚蒙蒙亮，夏侯霸继续起程。他饿了就啃干粮，渴了喝山泉水，用自己的双脚一步一步地爬过一座又一座山岭。夏侯霸没有料到，蜀汉的边境居然会荒凉到这个地步，连一户人家都看不到，更不用说店肆、旅舍了。他带出来的金银珠宝，全成了废铜烂铁；而他带出来的贵如黄金的干粮，则已经所剩无几了。

干粮吃完了，夏侯霸饿着肚子行走了半天，实在扛不住了。他看着爱马，摸了摸它长长的鬃毛和消瘦的身躯，狠下心来杀死了这匹心爱的战马。他连筋带血地生吃了一顿马肉，把剩下的肉包裹起来，带着上路了。

夏侯霸过上了一种最原始的生活。目之所及，无非穷山恶水；耳之所闻，尽是空山鸟语。远离了人类文明，一个昼夜居然可以变得如许漫长。

孤独的旅人，形单影只，唯有同样无家可归的白云可以做伴。夏侯霸似乎触及了生命的本真。十九世纪的德国诗人赫尔曼·赫塞有诗为证：

> 瞧，她们又在
> 蔚蓝的天空里飘荡
> 仿佛是被遗忘了的
> 美妙的歌调一样。
> 只有在风尘之中跋涉过长途的旅程
> 懂得漂泊者的甘苦的人

才能了解她们。

在这极目荒凉的原始世界又走了几日，快被世界遗忘了的夏侯霸，战靴早已磨破了。脚底磨出的血泡，破了又长，长了又破。走到这天，双脚像废了一样，实在难以继续前进。夏侯霸躺在一块凸出的岩石下面，仰天长叹：难道我夏侯霸就要死在这里吗？

这时候，远远听到一个声音，唱着蜀地的山歌，由远及近。夏侯霸大为振奋，大喊大叫。歌声戛然而止。没多久，远处走来一个山民，畏畏缩缩地朝夏侯霸张望。夏侯霸顾不得脚伤，爬起来冲山民喊：快！快带我去见你们县官！

山民很惶恐，他打量着夏侯霸，摆出随时准备逃跑的架势。夏侯霸掏出盘缠：你能找县官来接我，这些钱都是你的！

在洪荒世界里如同废铜烂铁一般的金银珠宝，回到文明世界立马发挥出功效来了。

山民将信将疑，警惕地挪过来，一把夺过夏侯霸的钱，转身就要跑。夏侯霸急了，冲他大喊：叫你们县官来！大大有赏！

山民回过头来，猛点头，然后步履如飞，翻山越岭而去。

夏侯霸除了在这里等，别无他法。

蜀汉方面，也已经得到了敌方高级将领夏侯霸叛逃出境，进入蜀汉的消息，正派人大规模搜寻。忽然某县县官上报：有山民报告，在该县某处山岭发现了夏侯霸。成都方面赶紧着令该县迅速搜寻，同时派出人来迎接夏侯霸。

夏侯霸被接出深山，重见天日，再世为人。

他被热烈迎接到成都，蜀汉皇帝刘禅亲自接见了夏侯霸。刘禅抱歉地对夏侯霸说："令尊当年在乱兵中不幸遇害，并非先父亲手所杀，所以希望你能放下仇恨，不计前嫌。"接着他又指着自己的儿子，对夏侯霸说，"这是你们夏侯氏的外甥啊。"

原来，刘禅的皇后是张飞的女儿，而张飞的妻子是夏侯霸的堂妹。当年夏侯霸的堂妹独自出来打柴，被张飞抢到，带回去结为夫妻。所以刘禅以这一层亲戚关系来安抚远道而来的夏侯霸。

总之，夏侯霸从此就在蜀汉扎下根来。不管如何，曹魏的西北总算成了司马懿的势力范围，但是曹魏的东南却有一场密谋推翻司马懿的惊天阴谋，正在悄然酝酿。

这样当罪人：
宁负卿，不负国家

蒋济还活着的时候，有一次与司马懿闲聊本朝人物，聊到王凌。司马懿想听听蒋济的看法，便问："王凌这个人，怎么样？"蒋济随口回答："王凌文武俱赡，当今无双。他的儿子王广志向高远，王飞枭、王金虎才武过人，更在其父之上。"司马懿听完，习惯性地眯起眼来，认真地点了点头。

蒋济看到司马懿这个表情，悚然动容。他回到家，越想越不对，对家人懊悔地说："我今天这一句话，恐怕要害人家被灭门了。"

王凌，是当年汉朝廷的第一智者司徒王允的侄子，今年快八十岁了。他经历了无数的劫难，看惯了刀光剑影，听腻了鼓角铮鸣。他早就拥有了曹魏东南战区最高统帅的权力，当年芍陂之战指挥得当，苦战击退了数倍于己的吴军，从而被曹爽刻意拉拢，提拔为车骑将军，仪同三司，进封南乡侯。

王凌虽然是车骑将军，但仍然坐镇东南，他的外甥令狐愚也做到了兖州刺史。舅甥二人都在东南官居高位，只手遮天，俨然是个东南王。

王凌受曹爽的恩惠而得以一跃成为车骑将军、仪同三司，成为曹魏帝国数得上号的人物，而令狐愚在出任兖州刺史之前也是曹爽的长史，因此二人都暗中把曹爽当作朝廷中的靠山。

但是，没过多久，王凌听说司马懿在洛阳发动政变，曹爽与天子被困在高平陵。王凌也踌躇过，要不要挥军北上，以武力支援曹爽。他甚至想过，如果曹爽挟天子来扬州，自己一定鼎力支持。但是，司马懿的动作实在太快，曹爽也实在够没脑的，一天工夫，政变就结束了。

王凌没办法，只好继续蛰伏。

王凌和他叔父王允，共享着太原王氏共同的基因。他不安于现状，他不想止步于车骑将军的位置上混吃等死。尽管车骑将军已经是太尉、大将军之下军界的三号人物，但王凌仍然不满足，他隐隐觉得，这辈子不能就这么算了。

蒋济死后不久，司马懿就把出缺的太尉的帽子给王凌送来，以示拉拢。王凌志向高远，岂是一顶太尉的帽子可以拉拢的？

而且，王凌极其讨厌这种感觉。我王凌明明和你司马懿年纪相仿，却要你来恩赐我官职，凭什么？

当年我叔父王允，凭借隐忍与谋略，一举剿除朝廷第一权奸董卓；今日我王凌也应当有此抱负，铲除你这个当代董卓！

王凌非常懂政治。如果自己孤身起来反抗司马懿，那是叛变；如果能够挟天子以反抗司马懿，那是锄奸。但是，天子在司马懿手中，怎么办？

办法并不是没有——另立中央。

王凌找来外甥令狐愚商量。令狐愚也是个颇有才干和野心的人，为王凌所看重。王凌说："齐王曹芳，既年幼又无能，完全是司马懿的掌中傀儡。楚王曹彪，年长而有才，可以立为帝，你看何如？"令狐愚同意舅舅的意见，两人决定寻找机会发动兵变，在许昌拥戴曹彪，另立中央。

计议已定，令狐愚派部将张式到楚王的封地来探曹彪的口风。

曹彪，就是一代才子曹植的名篇《赠白马王彪》的被赠对象"白马王彪"。如今，他的爵位是楚王。曹彪是曹操的儿子，他与曹植一样，对于曹丕苛待宗室的政策很不满意，深感郁郁不得志。他时时吟哦曹植的赠诗：

变故在斯须，百年谁能持？离别永无会，执手将何时？
王其爱玉体，俱享黄发期。收泪即长路，援笔从此辞。

曹彪越是吟咏此诗，越是对曹植那悲愤抑郁之情产生共鸣，难以自遣。难道我曹彪空负一身才华，就要在这区区封地了此残生吗？

这时候，令狐愚的部将张式秘密找上门来。张式代表令狐愚问候曹彪："我家主公派我来向王爷问候，天下事尚未可知，请王爷自爱。"曹彪明白了令狐愚的意思，也简略地回答道："替我回谢令狐大人，我深感厚意。"

此后，令狐愚与曹彪通过张式时时来往，互通消息。而王凌也派心腹前往洛阳，把这件秘事告知在京为官的儿子王广。王广在京城亲眼见识过司马懿的手段，料知父亲不是司马懿的对手，便回信劝说："废立皇帝，乃是大事；劝父亲勿为祸始！"

王凌哪里还听得进去。他自负在东南只手遮天，而且自忖才能不在司马懿之下。如果以扬州和兖州同时举事，以令狐愚为左膀右臂，自己的儿子王飞枭、王金虎勇武有力，足当大任。就算按照最坏的打算，事有不成，也可以就近归附东吴。

王凌打好了如意算盘，却发生了一件计划外的事情：令狐愚病死了。王凌恨得咬牙切齿，在这个节骨眼上居然出这种岔子，没奈何，只好权且继续蛰伏，寻觅时机。

王凌以为自己潜伏得够深。他并不知道，司马懿早已盯上了他。

出卖王凌的人，叫杨康。杨，是杨康的杨；康，是杨康的康。

杨康，和另外一位名叫单固的，皆是令狐愚的心腹，对令狐愚和王凌的计划多有知晓。不同的是，单固是君子。

当年，令狐愚与单固的父亲是铁哥们，因此总想着要照顾单固，屡次请他出来做官。单固知道令狐愚没有前途,早晚一死,拒不答应。单固的母亲看不过去,发话了:"你令狐叔叔是你爹的老朋友,所以屡次找你做官,也是为你好。你就去吧。"单固是孝子,谨遵母命,出仕。

单固的母亲哪里知道,她亲手将儿子推进了火坑。

没多久,令狐愚患了重病,眼看活不长了。单固辞去了职务,回家供养老母。而杨康则奉了司徒高柔的征召前往洛阳。君子小人,分道扬镳。

杨康得知主子令狐愚的死讯,便把令狐愚和王凌的计划一股脑儿全告诉了高柔。杨康喜滋滋的,心想:估计凭着这个功劳,我能混个侯爵当当吧。

高柔得知了这么重大的消息,不敢怠慢,连忙找到司马懿。司马懿听到此事之后,不动声色。他安排了心腹黄华接替令狐愚的班,为兖州刺史。

这年,东吴的大帝孙权已经七十岁了。他感到自己的生命之火正在渐渐熄灭。他深知自己的子弟无能,生怕死后曹魏大举入侵,长驱直入。孙权下令:掘开涂水堤。

王凌得知这个消息,非常高兴——这是一个明目张胆布置兵力的好机会。他向朝廷上表,请求发兵讨贼。

王凌此举,有两个考虑:

第一,掩人耳目。

王凌虽然是东南战区最高统帅,而且身兼太尉之职,但是平时一旦自行其是采取大规模的军事行动,必将引起中央的注意,而扬州的重兵必须靠中央的命令才能调动;王凌想以讨伐吴军为借口,掩饰兵变的痕迹。

第二,壮大实力。

兵变,仅仅靠扬州的兵力肯定不够;王凌想借此向中央讨要一些军队,以壮大自己的力量,确保兵变的成功率。

司马懿对王凌的心思洞若观火,怎会同意他的上表?当然是拒绝。

王凌没有办法。以前，兖州是他的势力范围，可如今这位新刺史黄华是敌是友还不明朗。王凌派心腹杨弘去探黄华的口风，希望能够拉他入伙。如果能够发动兖、扬二州的势力，兵变的成功率就会高很多。

杨弘奉着王凌的命令，前往兖州刺史府。他知道，他将要做的这件事，乃是足以夷灭三族的不赦之罪。杨弘心里犹豫，他不知道应不应该跟着王凌走到底。他简直怀疑，这位年近八十的老主子已经年老荒悖了。

杨弘还有妻儿老小和大好青春，他不想和一个行将就木的老头一起疯。

杨弘来到刺史府，先把王凌的意思给黄华讲明。杨弘边讲，边观察黄华的脸色。他发现黄华的脸色变了，便赶紧自明心迹：我杨弘反对王凌这样自取灭亡，希望刺史大人明鉴。

黄华是司马懿派来的人，岂会跟着王凌发疯？他听到杨弘这么说，便把杨弘留下。两人联名秘密上书司马懿，汇报王凌的反状。

司马懿收到这封绝密上书，暗暗点头：王凌啊，你既然不想安享天年，那就由老夫送你上路吧。

司马懿深知王凌的军事才能，所以不敢怠慢。他清楚，两个儿子和朝中的大臣，打起仗来都未必是王凌的对手。对付王凌这样年近八十的老家伙，只能靠自己这个年过七十的老骨头出马才能扎得住场子。

司马懿亲自点起兵马，乘坐战舰迅速南下。

派出去的杨弘迟迟没有回来，引起了王凌的警觉。他知道，事情已经败露了。已经没有办法了，他只能做困兽之斗。

两位历尽沧桑的老人，即将在曹魏帝国的东南大地上，进行最后的对决。

司马懿却不想打仗。他今年七十三岁，一来年纪已经不容许他再进行剧烈的军事作战，二来司马懿在军事方面早已经臻于不战而屈人之兵的化境。

所以，司马懿干了两件事情，来屈这位"文武俱赡"的王凌的兵。

第一件事情，赦免王凌的一切罪过。他请求了皇帝的诏书，对王凌下达特赦，既往不咎。

第二件事情，以私人名义给王凌写了一封言辞极其恳切的信，托人火速给王凌送去。他在信中，表达了对王凌的宽慰与谅解。

司马懿从来不怕跟敌人对打，因为没有人能打得过他；他只怕敌人逃跑。

辽东之战，他最怕公孙渊跑到境外；洛阳政变，他最怕曹爽跑到许昌；这一次，他最怕王凌跑到东吴。所以，他派人紧急送去的诏书与私人书信，正是缓兵之计。干完这两件事情之后，司马懿命令战舰开足马力，急如星火般直扑王凌的驻地。

王凌其实无兵可调。他手上有的那点儿兵实在少得可怜，而要调动扬州的重兵又必须得到朝廷的旨意。王凌当然也有都督东南诸军事的权力，可以调发郡县兵，此刻他正在试图做此努力。他还有另一手打算——出奔东吴。

就在这个关头，王凌先后接到了来自朝廷的特赦和司马懿的信。司马懿在信中承诺：我绝不会拿你王凌怎么样。

似曾相识的承诺。

王凌曾经在心里暗笑曹爽愚蠢，但他此刻犯了一个和曹爽一样的错误。这是个致命的错误，这个错误会要了他王氏三族的性命。这个错误就是——相信司马懿。

所以，王凌放弃了抵抗的念头。当他放弃这个念头不久，便得到消息：司马懿的水师和陆军，已经抵达本地！

王凌震惊。他现在才知道，当年的孟达是怎么死的了；他现在也知道，不久前的曹爽又是怎么自投罗网的了。时间已经不容许王凌逃往东吴，更不要说召集各郡县的兵丁，布置防御了。

即便是天王老子、大罗神仙，恐怕也只有束手就擒的份。

王凌没有办法，他派主簿王彧拿了朝廷颁发给自己的印绶、节钺，前往司马懿军中。同时，他让人把自己捆绑起来，跪在河边，等候司马懿的发落。

战舰上的司马懿拿到了王凌的印绶、节钺，又看到王凌远远地跪在河边，便笑着对王彧说：王大人这是干什么？皇上已经赦免他了，你过去给他松绑吧。

王彧回来，传达了司马懿的意思，给王凌松绑。

王凌既然被赦免了，又想到自己毕竟和司马懿的兄长司马朗是铁杆兄弟，便放了心。他估计，司马懿即便再心狠手辣，哪怕看在其亡兄的情分上也会宽宥自己。

王凌想到这里，又恢复了往日的自信。他派人驾了一只小船，向司马懿的大船靠拢，想过去叙叙旧。

小船向大船靠过来，王凌远远地喊道：太傅别来无恙啊？

司马懿望见王凌，皱皱眉头，问左右：谁允许他过来的？

王凌的小船开了一半，大船那边来人，截住王凌：太傅有令，严禁靠近。

王凌愣住了。小船停在了水中央，距离司马懿的大船十余丈，不知何去何从。

蒹葭苍苍，白露为霜。所谓伊人，宛在水中央。

没有浪漫，只有死寂。

王凌不尴不尬地立在船头，上不见天，下不着地，退无从退，进不可进。他感到前所未有的无助。再这样沉默下去，王凌就要疯了，他率先打破死寂，远远地冲司马懿喊："太傅想见我，派人带个书信来召我就行了，何必带领军队亲自过来？"（卿以折简召我，我敢不至邪，奈何引大军来乎？）

司马懿笑笑，派人回话："只怕王大人不是呼之即来之人啊。"（因卿非折简可召之客耳？）

王凌何等聪明，听到这句话，终于明白了司马懿是不可能放过自己的。一切希望都破灭了！他歇斯底里地冲司马懿大声喊叫："太傅负我！"

司马懿冷冷地回答："我宁负卿，不负国家。"

王凌心如死灰。他隐隐觉得这句话的语式像极了太祖曹操的名言："宁我负人，毋人负我。"然而，对比起来，曹操那句原本狠毒的话听起来竟是那么率真可爱，而司马懿这句话则冠冕堂皇地令人绝望。

　　是啊，我王凌所反对的，不仅仅是他司马懿，而且是国家。我成了国家的罪人，将来史家编书，可能要把我写进叛臣传了吧？

　　因为，现在司马懿就是国家。

　　白发苍苍的王凌被五花大绑，押进囚车，由六百步兵、骑兵押往洛阳。

　　王凌坐在囚车里，想到了叔父王允。当年王允巧使离间计，挑拨董卓、吕布父子反目成仇，一举消灭了当朝权奸。但是后来，董卓的余部李傕、郭汜报复，王允被逼自杀。如今，自己为了曹魏的江山而反抗司马懿，却落得个如斯下场。何必生在这荒唐的乱世呢？

　　王凌又想到了司马朗，那是一位多么正直忠厚的青年啊。当年刚刚进入丞相府时，相府之中除了汝颍世家，便是谯沛集团，在这两个集团之外的人时时感受到自己似乎是异类。当时，王凌、贾逵、司马朗三个年轻人，不约而同地走到了一起，互相砥砺，互相扶携，结下了深厚的友谊。后来，司马朗死了；再后来，贾逵也死了。只有自己孤独地活到现在。

　　也许，我也早该死了。

　　王凌问车外的士兵：这是到哪儿了？

　　士兵不敢轻易回答王凌的问题，他请示了队长，队长说：项县。

　　虽然明知身处绝境，但人在临死之前总会爆发出求生的本能。王凌心头仍然还抱有最后一丝幻想，他试探着问队长：能否给我几个钉棺材的钉子？

　　你不给，说明我还有活路；你给，那我就不再挣扎。

　　队长不敢做主，派人请示太傅。司马懿知道王凌是在试探自己的生死，他不屑地撇撇嘴：给他。要多少，给多少。

　　队长回来，手持数枚钉子，递给王凌。

王凌这才知道，自己已经完全是死路一条。王凌还有最后一件保存了很久的撒手锏，可以坏了司马懿的好事。他从怀里悄悄取出这件"撒手锏"来。

这是一个小小的酒瓶，瓶里装的是剧毒的药酒。王凌现在能做的，就是免于受辱。他抖抖索索地拧开瓶盖，老泪纵横。忽然，王凌感到不对，猛抬头，却见一座祠庙赫然在目。王凌惊问：这是什么庙？

身边的士兵回答：这是前豫州刺史贾逵大人的祠庙。

王凌再也控制不住自己的情绪，冲着贾逵祠放声大喊："王凌对大魏社稷忠心耿耿，唯你有灵，能够知道啊！"（王凌是大魏之忠臣，惟尔有神知之。）

王凌对神灵喊完内心的冤屈，又对身边的人说："行年八十，身名并灭！"还没等周围的人反应过来，王凌一仰脖子，把一瓶药酒喝得点滴不剩。士兵们大惊失色，赶紧报告司马懿。等相关负责人员赶来时，王凌早已七窍流血、气绝身亡。

司马懿正在船里昏昏欲睡。得知王凌的死讯后，他冷笑一声：你以为这样就能躲过受辱么？

王凌身死，令狐愚与曹彪之间的联系人张式浮出水面，向司马懿自首。司马懿成立专案小组，彻查此事。顺藤摸瓜，把已经辞职在家的君子单固给摸出来了。

司马懿派人把单固叫来，当面质问："你知道叫你来什么事吗？"

单固很茫然："不知道啊。"

司马懿笑笑："我提醒你一下，你主子令狐愚是不是要造反？"

单固继续茫然："没有啊。"

司马懿懒得与单固多废话，直接把单固全家下狱，反复拷打。单固咬紧牙关，誓死不承认。司马懿不耐烦了，直接把证人杨康叫出来与单固当面对质。皮开肉绽、体无完肤的单固面对杨康，这才知道是谁出卖了自己和老主子。他冲杨康啐了一口带血的唾沫，骂道："你这混账既对不起刺史大人，又灭我族，你难道以为你就能幸免吗？"（老庸既负使君，又灭我族，顾汝当活邪？）

单固这样说，就等于已经招了。司马懿把这些人的罪状一起上报朝廷，要将王凌、令狐愚、单固等人都夷三族，王凌、令狐愚的尸体也被从棺材里挖出来，在就近的广场上暴尸三日。

　　王凌即便自杀，也没有能够躲过屈辱。

　　大反派杨康，当然也没有好下场。他这个告密者，同样被夷三族。临刑之时，单固再次痛骂杨康："老奴，你罪有应得！你死后，有何面目于九泉之下面对其他死者？"（老奴，汝死自分耳。若今死者有知，汝何面目以行地下也？）杨康低首不语。

　　刽子手手起刀落，再度血流成河。

　　司马懿在亲征王凌之时，其实已经是在和死神赛跑了。因为他的身体，已经越来越不行了。但是他仍然强支病体，要亲手完成最后一件事情。

　　朱元璋的儿子曾经责怪朱元璋杀戮太重，朱元璋苦笑："我这是在帮你拔除荆条上的刺啊。"

　　司马懿要在生命的最后时刻，为儿子们拔除最后一根毒刺。

盖棺论未定，
功过后人评

王凌集团已经全部伏法，但司马懿很清楚，还有一个人在逍遥法外。

楚王曹彪。

曹彪是这次谋反案的主角、王凌计划拥立为帝的对象，而且有多重证据表明，曹彪对这起谋反案涉足甚深。

司马懿与曹彪往日无冤近日无仇，对曹彪的生死当然无所谓。但是，司马懿试图借题发挥，达到另一个目的。

司马懿请奏朝廷，赐死楚王曹彪。朝廷准奏。

司马懿接着请示朝廷：曹彪谋反事件，绝非偶然。有一个曹彪，就还能有千百个曹彪。所以，请将所有的宗亲诸侯，都召集在邺城，设置监察官员，严格监视，严禁彼此交流，更严禁他们与其他官员交流。

朝廷再准奏。

曹叡时代，因为曹植的上疏而对诸侯王稍稍放松的政策，再次收紧，而且比曹丕时代有过之而无不及。曹家的王爷、侯爷们，这下子彻底成了囚徒。

唯愿生生世世，莫生在帝王家！相信这是曹魏皇族共同的心声。

司马懿办完这件事情之后，终于放心了。王凌的位置，由扬州刺史诸葛诞继任。诸葛诞是诸葛亮的族弟，所谓诸葛氏龙虎犬之"犬"。诸葛诞在曹魏的表现比较本分，而且还刚刚成为司马懿的亲家——他的女儿，是司马懿的儿子司马伷的妻子。

但是，这个人又用错了。毫无疑问，他也是一个潜水很深很深的人。诸葛诞的问题只好留给司马懿的儿子来解决了。

司马懿办完这些事情，返回洛阳。天子曹芳派使者持节，策命司马懿为相国、封安平郡公，孙及兄子各一人为侯。至此，司马懿食邑五万户，司马家族封侯者十九人，权势滔天，天下无双。

司马懿继续保持晚节，力辞相国和郡公之位。

六月，司马懿病重。司马懿装病装了一辈子，这次来真的了。

司马懿躺在病榻之上，静静地等待着。他对这个世界已经无欲无求，这个世界也许已经不再需要他。有无数人正在盼着司马懿死去，有无数人在依赖司马懿活着。司马懿的生命，对于他们至关重要，对于此刻的司马懿自己而言，则反而似乎可有可无。

司马师和司马昭侍奉在床边。司马师，此时已经是卫将军，大将军之下军界的第四号职务，坐镇洛阳城；司马昭，已经多次接受过独当一面的重任，对蜀作战中指挥邓艾和蜀汉的名将姜维多次交过手，现为安东将军，是许昌军区的最高军事统帅。

有子如此，夫复何憾？

何况，还有担任太尉职位的弟弟司马孚。司马孚虽然与自己一直走得不太近，但是每次在最关键的生死时刻，以沉稳见长的司马孚永远都是己方的中坚力量。司马懿相信，今后也会如此。

司马懿没有什么后事好交代的。我能做的，都已经做完了；我来不及做的，就留给你们了。我现在的事情，就是干干净净、无挂无碍地离开这个人世。我对这个世界已经没有半点儿留恋。

因为，我寂寞了。

当年与自己一起出道的人物，如今都已成一抔黄土。世间再无够格做我上司之人,世间再无值得我辅佐的主公,世间再无旗鼓相当的同僚,再无将遇良才的对手。我不过是仗着命长,才能欺负这些小儿辈罢了,倘若让我带着今天的头脑与能力重返建安时代,丞相府的高级谋士群不知能否有我的一席之地呢?

司马懿感到自己的生命力在一点一点地消逝;他甚至能清晰地听到生命从体内撤出的声音。

司马懿的头脑始终很清醒,并没有像他当年骗李胜时扮演的那样昏聩不堪。这是他唯一感到欣慰的。即便我的身体已经不堪重负,我的智慧依旧活跃如初。

但是,这样清醒的意识,随着身体机能的损坏,随着体力的丧失,也在渐渐变得缥缈而奇幻起来……

司马懿生命最后时刻所看到的,也许是当年他在兄长庇护下,在乱世逃亡时透过马车的布帘,看到的那一方纯净的天空吧?

曹魏嘉平三年、蜀汉延熙十四年、东吴太元元年八月五日(公元251年9月7日),司马懿逝世,享年七十三岁。

按照司马懿生前的遗嘱,他的遗体被安葬在洛阳东北八十里处的首阳山,不筑坟头,不树墓碑,保持原地形不变。下葬时,司马懿的遗体穿着平常的衣服,不用任何器皿陪葬。

司马懿的最后一个要求是,日后司马家族的任何死者都不得与自己合葬。

孤独是王者的品格,寂寞是枭雄的做派。

千秋万世名,寂寞身后事。

司马懿的政治遗产,全部由司马师继承。司马懿死后一年,吴帝孙权也去世了,成为中国历史上首个活到七十周岁以上的皇帝。东吴诸葛恪总揽朝政,兴重兵进攻曹魏,司马师指挥毌丘俭、文钦,击败诸葛恪的进犯。

这一战,史称"新城之战",对东吴的政局产生了巨大的影响:诸葛恪惨败之后,在国内独断专权,被吴主孙亮和孙峻设计杀死。从此，东吴的朝政陷入权臣轮流执政的混乱之中。

司马师的作风比司马懿硬朗而专断，天子曹芳不堪其苦，联合了几个人试图以夏侯玄代替司马师的位置。事发，夏侯玄等人皆被夷三族。司马师把曹芳打回原形继续做齐王。他借着"不应该由长辈继承晚辈之位"的理由，拥立十四岁的曹髦为天子。

天子废立，引起拥曹派的反感。毌丘俭、文钦发动兵变，反对司马师独裁，被司马师指挥诸葛诞、邓艾等人镇压。毌丘俭战死，文钦父子逃亡东吴，两家人留在曹魏的，全被屠杀。继王凌之后的淮南第二叛，就此结束。

次年，文钦的儿子文鸯以极其强悍的武力强袭司马师的大营。司马师的眼睛上有肿瘤，刚动过手术正在观察期，受惊吓而致使眼睛震出眼眶而死。

司马昭继承了兄长的全部政治遗产。诸葛诞在淮南叛乱，并向东吴求援，东吴派出文钦援助诸葛诞。司马昭围城大半年，城中内讧，诸葛诞杀死文钦。司马昭趁机攻城，斩诸葛诞，夷三族。淮南三叛，至此全部结束。

天子曹髦血气方刚，明封司马昭为晋公，暗中谋划武装政变。他乘车率兵要攻击司马昭，司马昭的死党、贾逵的儿子贾充指挥部下成济杀死了曹髦。司马昭想知道朝中的意见，便询问陈群的儿子陈泰："为今之计宜何如？"陈泰回答："腰斩贾充以谢天下。"司马昭问："不能杀比他小的吗？"陈泰说："只能杀比他大的。"司马昭最后把枪手成济夷三族，以掩饰自己的罪过，立曹奂为帝。至此，司马昭之心，路人皆知。

司马昭觉得统一天下的时机已经成熟，派钟会、邓艾二人伐蜀。公元263年，蜀汉灭亡。继承诸葛亮遗志的蜀汉名将姜维挑拨钟会杀死了邓艾，后试图杀死钟会复国未果，二人皆死于乱兵之中。

司马昭死后，其子司马炎继承父志。他在公元265年学习曹丕，让曹奂禅位于己。

曹魏灭亡，晋朝建立，史称西晋。

始终与司马懿父子若即若离的司马孚，以魏国纯臣自命，对此感到痛心疾首。

公元280年，晋朝多路水师消灭苟延江东的东吴，波澜壮阔的三国时代，至此终成过往。

司马懿被追封为晋宣帝，被视为晋朝的实际奠基者。

司马炎与他的父亲和爷爷不同，他成长于深宅大院之中，并没有过多地接触过兵戎战事和民间疾苦，没有呼吸过半点儿民间新鲜空气。所以，西晋的开国与中国历史上任何统一王朝都不同，刚开国便有亡国的气象。

西晋是世家大族们的黄金时代。他们争奇斗富，以聚敛为能事。西晋开国之后，吸取曹魏亡国的教训，大肆分封同姓诸侯，使得地方上形成一个个潜在的割据势力。当时，边境的胡族大量渗透进中原，也成为一股不安定的因素。

在如此局势下，司马炎只不过做了些轻徭薄赋、与民休息之类的工作，而没有开阔的眼界和大手笔的制度来消解汉末分裂近百年所形成的离心势力，更没有一个光明理想充当国家的官方哲学。"得国不正"属于道德评价，不好苛求；"立国不正"却是事实，无须避讳。

司马炎撒手人寰，继承人是历史上著名的白痴皇帝司马衷。他的太太、贾充的女儿贾南风，是历史上恶名昭彰的黑桃皇后。两人联手，引发了诸侯王相互征伐的乱局，史称"八王之乱"。

在这样的衰世和乱局下，一方面思想界毫无出路，又受文化高压，便转向清谈的玄学。玄学最早是阮籍、嵇康等人避祸和暗讽的途径，后来竟为贵族所效仿，成为无聊的谈话沙龙。至阳至正的儒学，则暂时衰微，由北方一些传统的世家保存下来。中华民族的文化命脉不绝如缕。

另一方面，八王之乱后的晋朝元气大伤，匈奴、鲜卑、氐、羌、羯等胡人部族崛起入侵，史称"五胡乱华"。事实上，相比起晋室的皇帝和贵族们来，这些新兴的胡人中反倒颇有几位识大体的人物。

公元312年，司马衷的继任者司马炽被攻入洛阳的匈奴人掳去，受尽凌辱后被杀。

公元317年，司马炎的孙子、西晋末代皇帝司马邺再度被攻入长安的匈奴人俘虏，再度受尽凌辱后被杀。西晋灭亡。

西晋立国五十二年，真正统一的时间不到十二年，可谓昙花一现。然而，这朵昙花，却堪称是中国史上最黑暗腐败、最没有希望和活力的罪恶之花。

希望在南渡。

司马懿的一位曾孙司马睿渡江到建康（今南京），借助王导、王敦和当地世族的力量重建朝廷，史称东晋。受尽教训的贵族们，终于开始有所反思，有所变革。北方则由遗留的汉人和新来的胡人通过铁血的交织进行新的文化整合、制度创生，孕育历久弥新的中华文化。

这就是司马懿身后的故事，西晋的简史。司马懿生前似乎没有走错任何一步棋，而他的子孙却满盘皆输。

司马懿生前飞龙在天，死后亢龙有悔。

为什么？

盖棺论未定，功过后人评。

历史上对于司马懿的评价，基本是负面的。我无意翻案，这个案也不好翻。

史料已经封闭，史学却是开放的。我们能做的是，通过认真梳理史料，来做出负责任的评价。

对于司马懿，从他活着的时候起，便有一些人给予负面评价。譬如高堂隆和陈矫。当然，更多的是朝廷和百官的官样文章，以伊尹、吕尚、周公来比喻他，拔到无比的高度。

从司马懿本身来看，他在能力上确有其过人之处。他擅长军事与谋略，善于隐忍和韬晦，在对政治斗争的把握上，在汉末三国都属一流。司马懿利用他的能力，精心计算着每一步人生的棋招，几乎不曾有过失败。与他对垒的人物，或明或暗的对手，如曹操、诸葛亮、曹爽、孟达、公孙渊、王凌……无不是当时的俊彦，但亦无一不败下阵来。

司马懿的品德，为后人诟病最多。但我们看他的所作所为，无论是铲除曹爽还是王凌，无非是为了自保。何况，曹爽、王凌也自有取死之道，放在哪个朝代也难以幸免。古人说司马懿以狐媚事上，也属偏激之辞。司马懿在曹操这样的雄猜之主手下，不收形敛迹，如何得以久全？而曹丕的刻薄内忌、曹叡的果决好法，也都不是善与的主。司马懿加强自身修养，戒骄戒躁，谦虚自持，很难说是"狐媚"。

至于称司马懿欺负孤儿寡母，更是过甚其词。司马懿受托孤之命，对曹叡的忠心耿耿，有目共睹。反而是曹爽，强迁郭太后于永宁宫；司马懿受太后旨意发动政变，很难说完全违背了郭太后的意图。

最大的疑点在于，司马懿究竟有无篡位之心。

很难说有，也很难说没有。人到了司马懿这样的位置，不可能没有考虑过篡位与否的问题。甚至一代完人诸葛亮，面对李严劝加九锡的建议，照样给出"如果能扫灭曹贼，即便加十锡都可以，何况九锡"这样有点儿犯上的话来。

而司马懿，从来不曾有过这样的言行。他对九锡、相国、丞相、郡公之类的荣誉和职位一律推辞。起码可以说，司马懿本人，并没有篡位之心。有人说，这是在装。但是，如果这个人能够装好人装一辈子，装到死为止，那客观讲，这个人不也算是一个好人吗？

孔子的六世孙子顺有句名言："人都是装出来的。装一辈子，就是君子；坚持不懈地装，就习惯成自然了。"（人皆作之。作之不止，乃成君子；作之不变，习与体成；习与体成，则自然也。）

司马懿的一生，可以是这句话的一个注脚。

司马懿不是没有可以诟病之处。他在处理公孙渊、曹爽、王凌之时，杀戮太重，乃是人生抹不掉的污点。

但是人们对司马懿评价很低，原因何在？

我觉得，有两个思维习惯在作祟：

一、原心论罪。即评价人主要不看其客观功绩，而看其主观动机。动机再好，即便一无所成，也是好人；动机一坏，即便功比天高，也是坏人。

二、血统基因论。龙生龙，凤生凤，老鼠的儿子会打洞。逆推上去，你司马懿的儿孙尚且如此，你司马懿想必也不是什么好东西。

这两个思维习惯究竟是否有助于我们的思考，我不作评价。但是我觉得，骂人必须要骂到痛处，否则被骂者也难以心服。

指摘司马懿的办法，不在于对他个人私德的揣测，而在于他是否能秉持公义。

司马懿最大的问题，在于：只能救己，不能救时。

汉末三国，世道人心，每况愈下。但是，在汉末的时候，由于曹操、刘备、诸葛亮一批杰出政治人物的存在，还是有一些良好的政治变革和向上的苗头。司马懿既然拥有如此杰出的才能，便当负起匡救时代的重任，身居宰辅之位，以榜样之力，默默扭转江河日下的世运。

然而，他并没有做到。他所做的，不过是穷则独善其身，达则独善其身而已。

孙权看不起贾诩，认为他没有资格成为三公，并非因其能力不足。的确，从匡救时代来讲，贾诩与荀彧相比，完全是天上地下。

时代在向下，人要向上；个人违逆了时代，自然就会受伤。所以，司马懿选择识时务，无可厚非。但是，倘若在衰世不能有这等精神，而一味顺着衰世的时运，以成自己之功，则整个民族将走向万劫不复。

司马氏统一中国，便是利用了这种向下的时运。

汉末最大的弊病，乃是缺乏一种光明正大的精神。当时的士人，知有家族、有郡守、有恩公，而不知有天子，不知有天下。曹操、诸葛亮试图扭转这种局面，所以实行"名法之治"，以破灭虚伪造作的假道德，恢复真实本我的真道德，然而世家大族的势力实在巨大。曹操死后，他生前一心维持的世家与寒族的平衡关系被打破。司马懿笼络世家，利用这种力量来形成了自己的势力。他本人有一定的儒学修养，但是他所用的计谋和立身之道，其实无非权谋而已，并非浩然正道。儒家的修养，不过是他的缘饰罢了。

所以，既然司马懿立身非以正道，那他的子孙继续变本加厉，则西晋的立国非以正道，可想而知。立国非以正道，君主便无资格要求天下人行正道。所以，司马氏强调的所谓"名教"不过是虚文而已，遭到了思想界的非暴力抵制，是为玄学思想的兴起。玄学一起，再加上后来的走样，则整个时运更加向下。

这才是司马懿的根本要害。

当然，以上仅是我的一己之见。

好在，历史是开放的。

后记：历史之中的人性，照亮人性之下的历史

我想探讨的，是历史与人性。

历史有如大江大河，经历了秦汉的汪洋浩瀚之后，在汉末急转直下，进入了"历史的三峡"（唐德刚语）。在这个时代，通货膨胀、司法黑暗、官员腐败、瘟疫横行、兵连祸结。要么吃人，要么被人吃。每一个人都是这出惨剧的领衔主演，这里不提供观众席。

司马懿毫无思想准备地猝然降临在这个乱世，他必须正视放弃灵魂抑或放弃生命的残酷抉择，必须直面吃人抑或被吃的血腥歧途。

在这命运的十字路口，本时代最优秀的两个人物——司马懿和诸葛亮做出了不同的选择。

诸葛亮一生力矫时弊，以正道自勉，以公德为先，最后个人的事业以失败告终，留下千古遗恨；

司马懿一生顺应时势，以权谋求存，以私德立身，最后个人的事业以喜剧收场，为子孙开创大晋江山。

但是，如果把历史的时间轴拉伸，则可以发现：诸葛亮生前失败，却青史流芳；司马懿生前成功，却败在了后人心中。成败异势，冥冥中究竟是什么力量在操控一切？

这就是人性之下的历史。

相比起历史的滚滚洪流，也许人性细致而微观的蜕变更能吸引人。

没有谁生来就老谋深算，即便被民国怪才李宗吾奉为一代"厚黑宗师"的司马懿也不例外。恰恰与后世"厚黑宗师"的刻板印象相反，司马懿和我们一样，也曾是个充满朝气与理想的青年。他出生在世风日下的70年代末，在迷茫与兵荒马乱中跨越世纪，在曹操、曹丕、曹叡三个极难伺候的老板手下打工，通过不懈的隐忍与奋斗，最终成就了无冕之王的伟业。

细细观察司马懿的一生，我们可以发现他从稚嫩而锋芒毕露到老辣而重剑无锋的整个转变。活了七十多年，他终于完全适应了黑暗的社会，如鱼得水，乐在其中。

然而，司马懿成功之日，也正是他被酱缸文化染透之时。

这就是历史之中的人性。

司马懿唯一的传记是唐朝官修正史《晋书·宣帝纪》。但是由于编纂者好奇谈、喜怪诞，且所据史料或为司马氏篡改，或因为尊者讳而曲笔，《宣帝纪》可信程度不可高估。

本书以《后汉书》《三国志》《晋书》《资治通鉴》为据，参之以《华阳国志》以及汉魏晋史料的后人辑佚本，稽考钩沉出一代枭雄司马懿的传奇人生。几个历史公案，参考了陈寅恪、唐长孺、周一良、田余庆、方诗铭、方北辰等大师、先生的成果，或随文做了说明，或因出于叙事完整性的考虑而未在文中说明，不敢掠美，在此一并致谢。

语言风格，尝试融会好玩抓人的网络语言与简白耐读的史话类读物之长，力求表达生动而清楚。效果如何，要请读者检验。

本书一定限度采用了小说笔法。所谓小说笔法，乃是对历史中当事人的处境与遭遇做最大程度的体认，以当事人眼界为视角，设身处地地体验每个人所面临的历史局部，从而拼缀出一个完整而依稀的历史形象来。譬如擒杀孟达，曹叡得到的信息是什么，诸葛亮的出发点是什么，孟达的处境是什么，司马懿的算盘又是什么，分别予以同情的描写，从而呈现一个完整的事件。

柯林武德在《历史的观念》中云："历史乃是过去在心灵中的重演。"还原历史之所以可能，小说笔法之所以可采，原因正在于此。

总之，本书本着信者传信、疑者析疑、大关节一准正史、小细节吸收考古与社会史最新研究成果的原则，力图以司马懿为导游，为您全景式展现汉末三国近百年波谲云诡的真实历史。

是为后记。

附记：本书初版之时，大陆还没有一部司马懿的历史传记，所以我不揣浅陋，草就此书。目前，市面上以司马懿为主角的图书已有十几种之多。其中柳春藩先生的《正说司马懿》、方北辰先生的《司马懿：谁结束了三国》、仇鹿鸣先生的《魏晋之际的政治权力与家族网络》也为重新理解司马氏提供了很好的视角。我吸收这些新成果，对本书进行了初步修订，改正了部分史料的误用，删去了一些油滑的流行语，同时希望读者朋友能继续赐予教正。我的邮箱是：czqinmou@163.com。剑眉枉凝先生、李浩白先生对本书初版贡献良多，并此致谢。

秦涛
2016年7月于慈溪雨窗

附录：司马懿年表

汉光和二年 179年	1岁	司马懿出生于河内郡温县司马世家，父司马防，兄司马朗。
汉光和三年至 中平六年 180~189年	2~11岁	司马懿在温县的童年生活以及早期读书生涯。
汉初平元年至 兴平元年 190~194年	12~16岁	董卓之乱，司马懿随兄司马朗避祸黎阳，后返回温县。杨俊、崔琰夸赞司马懿非平凡之人。
汉兴平二年至 建安五年 195~200年	17~22岁	司马懿继续在温县的读书生涯，期间与隐士胡昭交往密切。约在此期间，与张春华成婚。
汉建安六年 201年	23岁	司马懿出任河内郡上计掾。曹操征辟司马兄弟，司马朗出仕，司马懿以身染风痹为名拒绝。
汉建安七年至 建安十二年 202~207年	24~29岁	司马懿在家装病。
汉建安十三年 208年	30岁	司马懿在曹操强迫下出任文学掾，辅助曹丕。长子司马师出生。
汉建安十四年至 建安十九年 209~214年	31~36岁	司马懿稳步升迁，依次担任黄门侍郎、议郎、丞相东曹属、主簿。期间，次子司马昭出生。

汉建安二十年 215年	37岁	随曹操出征汉中,灭张鲁势力。司马懿劝曹操趁机攻打刘备,曹操不听。
汉建安二十一年至 建安二十二年 216～217年	38～39岁	司马懿与陈群等组成"太子四友",成功为曹丕击败曹植、夺取太子之位,升任太子中庶子。兄司马朗病逝。
汉建安二十三年 218年	40岁	升任军司马,协助曹操处理军政。司马懿建议实行大规模的军屯,曹操采纳。
汉建安二十四年 219年	41岁	关羽北伐威震华夏,曹操欲迁都,司马懿成功劝阻,并献离间孙刘之计。司马懿劝曹操称帝,曹操称要做周文王。父司马防去世。
魏黄初元年 220年	42岁	曹操病逝,司马懿主持丧礼,与贾逵合作扶柩入邺城,协助曹丕完成汉魏禅让。曹丕为天子,升任司马懿为尚书,随后转督军、御史中丞,监视百官动态。
魏黄初二年 221年	43岁	司马懿升任侍中、尚书右仆射,成为尚书台二把手。
魏黄初六年 225年	47岁	曹丕南巡,司马懿留镇许昌,转抚军大将军、假节,领兵五千,标志着司马懿正式进入军界。 曹丕南征,司马懿坐镇后方,足食足兵。
魏黄初七年 226年	48岁	曹丕病逝,遗命曹真、陈群、司马懿辅政。曹叡即位。年底,司马懿击退东吴诸葛瑾、张霸的进犯,进封骠骑将军。

魏太和元年 227年	49岁	入驻南方军区大本营宛县，负责荆豫二州防务。年底，新城太守孟达谋反，司马懿急行军一千二百里，攻城十六日，次年正月擒斩孟达。
魏太和二年 228年	50岁	春，诸葛亮首次北伐。夏，司马懿提出新的平吴战略，得到曹叡认可。八月，魏吴石亭之战，大司马曹休败死。冬，诸葛亮二次北伐。
魏太和四年 230年	52岁	升任大将军，加大都督、假黄钺，配合大司马曹真伐蜀。司马懿消极怠工、曹真遇雨受挫，班师。曹真病危。
魏太和五年 231年	53岁	诸葛亮四次北伐，司马懿受命赴长安御敌。曹真病逝。诸葛亮退兵，司马懿强令追击，大将张郃遇伏身亡。
魏太和六年至 青龙元年 232～233年	54～55岁	司马懿大兴西部屯田、冶炼、水利等业，为应对诸葛亮的北伐做准备。在此期间，司马师涉足其中的浮华案发。因此案获罪的邓飏等人，成为日后曹爽的班底。
魏青龙二年 234年	56岁	诸葛亮五次北伐，屯驻五丈原。司马懿深沟高垒坚守不战。相持百日，诸葛亮病逝，司马懿追至赤岸而还。
魏青龙三年 235年	57岁	司马懿升任太尉，派部将牛金击退蜀汉马岱进犯。关东饥荒，司马懿运粮救灾。
魏青龙四年 236年	58岁	司马懿抓获白鹿，进献曹叡，被寄托以周公之望。司马懿长孙、司马昭长子司马炎出生。

魏景初元年 237年	59岁	辽东公孙渊宣布独立。曹叡大兴宫室，司马懿劝谏。
魏景初二年 238年	60岁	司马懿长途奔袭，破襄平、擒斩公孙渊。曹叡病危，急召司马懿入京。
魏景初三年 239年	61岁	曹叡病逝，遗命曹爽、司马懿辅政。曹芳即位，加司马懿都督中外军事、录尚书事。曹爽请加司马懿为太傅。司马师出仕，为散骑常侍。
魏正始元年 240年	62岁	曹爽提拔何晏、邓飏、夏侯玄、李胜等人为党羽。司马懿奏请罢除建筑工程，让农民返乡种田。司马昭出仕，任洛阳典农中郎将。
魏正始二年 241年	63岁	东吴四路攻魏，司马懿出兵击退。
魏正始三年 242年	64岁	司马懿在淮北任用邓艾等兴修水利。曹爽于朝中推行改革新政。
魏正始四年 243年	65岁	司马懿出击吴诸葛恪，恪烧营遁走。
魏正始五年 244年	66岁	曹爽伐蜀，司马昭随军出征，不利。司马懿写信给曹爽部下夏侯玄，劝其退兵。曹爽大败而归。
魏正始六年 245年	67岁	曹爽裁撤中垒、中坚营，两营兵力归属其弟曹羲。司马懿劝阻，不听。矛盾激化。
魏正始七年 246年	68岁	曹爽干预军政，强迁百姓于沔南。司马懿劝阻，不听。沔南百姓果为吴军侵略，损失惨重。
魏正始八年 247年	69岁	曹爽强迁郭太后于永宁宫，专擅朝政。夫人张春华病逝，司马懿托病不参与朝政。

魏正始九年 248年	70岁	司马懿诈病骗过曹爽派来探病的李胜。曹爽对司马懿不再设防。
魏嘉平元年 249年	71岁	司马懿父子趁曹爽集团随天子拜谒高平陵之际发动政变，诛杀曹爽党羽三族。群臣奏请司马懿为丞相、加九锡，固辞不受。
魏嘉平二年 250年	72岁	兖州刺史令狐愚、太尉王凌密谋立楚王曹彪为帝。
魏嘉平三年 251年	73岁	王凌谋反事泄，司马懿亲提大军平叛。王凌投降，后自杀。司马懿诛杀余党三族。曹芳加司马懿为相国、安平郡公，固辞不受。八月五日，司马懿病逝于洛阳，年73岁。长子司马师为抚军大将军、录尚书事。
晋泰始元年 265年	—	司马懿之孙司马炎完成魏晋禅让，追尊司马懿为高祖宣皇帝。